CCTV10
百家讲坛
LECTURE ROOM

易中天 著

品三国

上

上海文艺出版社

图书在版编目（CIP）数据

品三国.上／易中天著. –上海：上海文艺出版社.2006.7
（2006.9 重印）
ISBN 7 –5321 –3043 –6

Ⅰ.品… Ⅱ.易… Ⅲ.①《三国演义》评论②中国 –古代
史 –研究 –三国时代 Ⅳ.①Ｉ207.413②K236.07

中国版本图书馆 CIP 数据核字（2006）第 072095 号

出 品 人：郏宗培
责任编辑：赵南荣
封面插图：戴敦邦
封面设计：周艳梅
责任校订：唐让之
印制主管：居致琪

品 三 国

上

易中天 著

上海文艺出版社出版、发行

地址：上海绍兴路 74 号

电子信箱：cslcm@ publicl. sta. net. cn

网址：www. slcm. com

新华书店 经销 常熟市华通印刷有限公司印刷

开本 640 ×978 1/16 印张 16 插页 1 字数 230,000

2006 年 7 月第 1 版 2006 年 9 月第 4 次印刷

印数：750,001—850,000 册

ISBN 7 –5321 –3043 –6/Ⅰ·2328 定价：25.00 元

目　　录

开场白 大 江 东 去

这是一个英雄辈出的时代,这是一段扑朔迷离的历史,这是一些引人入胜的故事,这是一个津津乐道的话题。正史记录,野史传说,戏剧编排,小说演义。不同时期有不同的评点,不同作品有不同的描述。是非真假众说纷纭,成败得失疑窦丛生。三国,究竟应该是怎样的面目呢?

观众朋友们大家好!从今天起,我们讲三国。

所谓"三国",通常是指从汉献帝初平元年(公元190年)到晋武帝太康元年(公元280年)共九十年这段历史。把这段历史称之为"三国",在名目上多多少少是有些问题。因为曹丕称帝,是在公元220年;刘备称帝,是在公元221年;孙权称帝,是在公元222年。这个时候,魏、蜀、吴三国,才算是正儿八经地建立起来了。按理说,三国史,应该从这时开始,到三家归晋止,那才是名正言顺的"三国"。但是,纵览古今,几乎没有这么讲的。这么讲,曹操、关羽、周瑜,还有鲁肃等等,就都不能出场了。青梅煮酒、三顾茅庐、赤壁之战、败走麦城这些故事,也都讲不成了。大家说能行吗?

实际上,无论是正史(比如《三国志》),还是小说(比如《三国演义》),差不多都会从董卓之乱甚至更早一些说起。这其实才真正是历史的态度。因为曹、刘、孙这三大势力或三大集团,是在东汉末年的军阀混战中发展壮大起来的;魏、蜀、吴三足鼎立的局面,也早在他们建国之前就已基本形成。看历史,必须历史地看。没有前因,就没有后果。只看"名",不看"实",咬文嚼字,死抠字眼,那不叫"严谨",只能叫"钻牛角尖"。

那么,这九十年间是个什么世道呢?

也就两个字:乱世。展开来说,就是烽火连天,饿殍遍野,战事频仍,民不聊生。或者借用鲁迅先生的话说,就是"梦里依稀慈母泪,城头变幻大王旗"。然而,乱世出英雄。越是沧海横流,越能显出英雄本色。因此,这又是一个英雄辈出的时代,一个充满阳刚之气、既有英雄气概又有浪漫情怀的时代。不知多少风流人物在这里指点江山激扬文字,不知多少盖世英雄在这里大显身手叱咤风云,正所谓"江山如画,一时多少豪杰"。

列举这些熟悉的姓名,那将是一个长长的名单。雄才大略的曹操,鞠躬尽瘁的诸葛亮,英武潇洒的周瑜,坚忍不拔的刘备,他们都是这个时代的英雄,也都是我们民族的英雄,因为他们都想把分裂变成统一,把乱世变成治世,求得社会的和谐、天下的太平。当然,他们也都无一例外地认为,这个历史使命应该由他们自己,或者说由他们那个集团来承担,决不肯拱手让给他人。因此,他们之间有矛盾,有冲突,有摩擦,有战争,甚至你死我活杀气腾腾,结果是"一将功成万骨枯",说起来真是让人感叹不已,悲喜交加!

这在当时,大约也是没有办法的事;而历史,也只能在悲剧性的"二律背反"中前进。一方面,是战争只能用战争来结束;另方面,则是为了结束战争,人民必须先饱受战争的苦难。因此,当我们赞美和欣赏那些乱世英雄的时候,不要忘记那时人民所承受的痛苦。

逐鹿中原的结果是一家独大,龙争虎斗的结果是天下一统。这就是西晋。西晋的情况其实更加不堪,这里先不说它,且说三国。三国的一个特点是时间短。魏、蜀、吴三国的存在,不过半个世纪;加上"前三国"时期,也不过九十年。这样短暂的时间,在我们民族的历史上,真不过"弹指一挥间"。人们甚至来不及认真反思和细细品味,眼睛一眨,就已老母鸡变鸭。历史往往是由胜利者来书写的,民间修史则难免见仁见智,或者偏听偏信。因此,魏、蜀、吴三国刚一灭亡,史书的记载就众说纷纭,学者的见解也莫衷一是。比如诸葛亮的出山,就有"三顾茅庐"和"登门自荐"两种说法;而赤壁那场大火,也有黄盖诈降纵火和曹操烧船自退两种记载。三国,是一段精彩纷呈又让人眼花缭乱的历史。

三国历史的戏剧性使它成为文学艺术家垂青的对象。在民间,它也是人们津津乐道的话题。知道刘备的,肯定比知道刘秀的多;知道曹操的,也肯定要超过知道王莽的。这不能不归功于文学艺术作品,尤其是《三国演义》的影响。文学艺术作品的感染力是超过史学著作的,文学艺术作品又是需要想象和虚构的。充满想象和虚构的文学艺术作品以史为据,为线索、为题材,虚虚实实,半真半假,更为这段原本就扑朔迷离的历史平添了许多暧昧。

就说周瑜。

提起这位江东名将,人们首先想到的,往往是"三气周瑜"的故事,是"既生瑜,何生亮",以及"周郎妙计安天下,赔了夫人又折兵"等等。可惜那是小说,不是历史。历史上的诸葛亮并不曾气过周瑜。就算气过,怕也气不死。为什么呢?因为周瑜的气量是很大的。《三国志》对他的评价是"性度恢廓",也就是性情开朗,气度宽宏。同时代人对他的评价也很高。刘备说他"器量颇大",蒋干说他"雅量高致"。顺便说一句,蒋干这个人,也是被冤枉了的。他是到过周营,但那是赤壁之战两年以后,当然没有上当受骗盗什么书。蒋干的脸上也没有白鼻子,反倒是个帅哥。《江表传》的说法是,"干有仪容,以才辩见称,独步江淮之间,莫与为对",看来是个才貌双全的漂亮人物。

周瑜也一样,也是一个漂亮之极的英雄。他的"帅",在当时可谓家喻户晓。《三国志》说他"长壮有姿貌",还说"吴中皆呼为周郎"。郎,就是青年男子。呼人为郎,带有赞美的意思。所以,"周郎"就是"周帅哥"。同时被呼为"孙郎"的孙策,则是"孙帅哥"。当然,一个人的"帅",不仅仅是外貌,更重要的是内在的气质。周瑜恰恰是一个气质高贵、气度恢弘的人。他人品好,修养高,会打仗,懂艺术,尤其精通音乐。即便酒过三巡,醺醺然之中,也能听出乐队的演奏是否准确。如果不准,他就会回过头去看,当时的说法是"曲有误,周郎顾"。因此,我甚至怀疑他指挥军队也像指挥乐队,能把战争变成艺术,把仗打得十分漂亮,就像艺术品一样。

周瑜的仗打得确实漂亮。赤壁之战中,他是孙刘联军的前线总指挥。苏东坡的《赤壁怀古》说:"遥想公瑾当年,小乔初嫁了,雄姿英发。

羽扇纶巾,谈笑间强虏灰飞烟灭。"羽扇,就是羽毛做的扇子。纶巾,就是青丝做的头巾。羽扇纶巾在当时是儒雅的象征。本来,贵族和官员是应该戴冠的。高高的冠,宽宽的衣,峨冠博带,即所谓"汉官威仪"。但是到了东汉末年,不戴冠而戴巾,却成为名士的时髦。如果身为将帅而羽扇纶巾,那就是儒将风采了。于是我们就不难想象出当时的场景:曹操的军队列阵于长江,战舰相连,军旗猎猎,江东之人,魂飞魄散,胆战心惊。然而周瑜却安之若素,从容不迫。他戴纶巾,摇羽扇,运筹帷幄,指挥若定,终于克敌制胜,以少胜多。这真是何等的惊心动魄!这个时候的周瑜,真可谓少年英雄,意气风发,光彩照人!

当然,战争不是艺术,不可能那么潇洒,那么儒雅,那么风流倜傥,更不可能谈笑风生之间,不可一世的"强虏"就"灰飞烟灭"了。这个时候的周瑜,迎娶小乔已经十年,也并非"小乔初嫁了"。苏东坡那么说,无非是要着力刻画周瑜的英雄形象罢了。文学作品是不能当作历史来看的,但要说历史上的周瑜英武儒雅,却大体不差。周瑜二十四岁就被孙策任命为"建威中郎将",驰骋疆场,建功立业。也就在这一年,孙策和周瑜分别迎娶桥公之女大桥和小桥为妻,这就是苏东坡所谓"小乔初嫁了"。可见周瑜这个人,是官场、战场、情场,场场得意。对于一个男人来说,难道还有比这更让人羡慕的吗?这样一个春风得意的人,怎么还会嫉妒别人,又怎么会因为嫉妒别人而被气死呢?我们嫉妒他还差不多。

没错,周瑜和刘备集团是有过明争暗斗,也曾经建议孙权软禁刘备、分化关张,这事我们以后还会说到。但那是其集团政治利益所使然,与心胸和气量无关。而且,周瑜忌惮的是刘、关、张,不是诸葛亮。老实说,那时周瑜还真没把诸葛亮当作头号劲敌,怎么会去暗算他?反倒是原本高风亮节的诸葛亮,却因为编造出来的"三气周瑜",被写成了"奸刁险诈的小人"(胡适先生语),想想这真是何苦!

于是我们发现,历史距离我们,有时候竟是那样的遥远。

实际上,许多历史事件和历史人物都有三种面目,三种形象。一种是正史上记载的面目,我们称之为"历史形象"。这是史学家主张的样子。这里需要说明一下,就是"历史形象"不等于"历史真相"。历史有没有"真相"?有。能不能弄清楚?难。至少,弄清楚三国的历史真相,很难。因为我们已经找不到当时的原始档案,也不能起古人于地下,亲口问一问。就算能问,他们也未必肯说实话。这就只能依靠历史上的记载,而且主要是"正史"。但即便是"正史",也有靠不住的地方,靠不住的时候。史学大师吕思勉先生的《三国史话》,就多次提到《三国志》、《后汉书》等等记载未必可靠。何况刘备的那个蜀汉,还没有官修史书。《三国志》中的有关记载,竟是"耳闻目见"加"道听途说"。这样一来,我们又只能寄希望于历史学家的考证。然而历史学家的看法也不一致。比如蜀汉政权"国不置史,注记无官"一事,就被唐代史学家刘知幾认为是污蔑不实之词,谓之"厚诬诸葛"。这可真是越来越说不清。因此,我们只能把"历史形象"定位为史书上记载的,或者历史学家主张的形象。而且还得说清楚,即便这个形象,也并非只有一种,也是有争议的。

第二种是文艺作品包括小说和戏剧中的面目,我们称之为"文学形象"。这是文学家艺术家主张的样子,比如《三国演义》和各种"三国戏"。

还有一种是老百姓主张的样子,是一般民众心中的面目,我们称之为"民间形象",比如各种民间传说和民间习俗、民间信仰,也包括我们每个人自己心目中的形象。其实,我们每个人的心目中,也都有一个历史人物形象的。因此,一部历史剧拍出来,总会有观众议论"像不像"的问题。其实,这些历史人物,谁都没有见过,却可以议论"像不像",可见每个人心里都有一本"账"。

文学形象和民间形象的形成,也有一个历史过程。大体上是越到后代,就越不靠谱,主观臆想和个人好恶的成分就越多。当然,有了科学的历史观以后,又另当别论。但我们前面说过,文学艺术作品的感染力是超过史学著作的。街头巷尾的口口相传,其力量同样不可小看。民间人士不是历史学家,不需要"治学严谨",也不必对谁负责,自然"想唱就唱"。这原本也没什么。但是,正如鲁迅先生所说:"地上本没有路,走的人多了,也便成了路。"同样,一种形象,如果说的人多了,就有可能从"假象"变成"真相"。

就说诸葛亮。

诸葛亮这个人,至少从晋代开始,就是许多人追捧的对象,可谓魅力四射,粉丝如云。当时有一位郭冲先生,大约是诸葛亮的铁杆粉丝,感觉大家对诸葛亮的崇拜还不够,于是"条亮五事隐没不闻于世者",其中第三件事就是空城计。这五件事,都被裴松之在为《三国志》作注的时候驳回。驳空城计的证据是:诸葛亮屯兵阳平的时候,司马懿官居荆州都督,驻节宛城,根本就不可能出现在阳平战场,哪来的什么空城计?

不过这个故事实在太好听了,于是《三国演义》便大讲特讲,三国戏也大演特演,所谓"失空斩"(失街亭、空城计、斩马谡),历来就是久演不衰的折子戏。但这个故事不是事实,也不合逻辑。第一,司马懿不敢进攻,无非是害怕城中有埋伏。那么,派一队侦察兵进去看看,行不行?第二,司马懿"果见孔明坐于城楼之上,笑容可掬",距离应该不算太远,那么,派一个神箭手把诸葛亮射下城楼,来他个"擒贼先擒王",行不行?第三,按照郭冲的说法,当时司马懿的军队有二十万人,诸葛亮只有一万人;按照《三国演义》的说法,当时司马懿的军队有十五万人,诸葛亮只有二千五百人。总之是敌众我寡。那么,围他三天,围而不打,行不行?何至于掉头就走呢?所以裴松之作注时,就断定郭冲所言不实。裴松之说:"就如冲言,宣帝(司马懿)既举二十万众,已知亮兵少力弱,若疑其有伏兵,正可设防持重,何至便走乎?"

所以,空城计是靠不住的。其他如火烧新野,草船借箭,也都是无中生有。火烧博望是有的,但那把火是刘备所放(先主设伏兵,一旦自烧屯伪遁,惇等追之,为伏兵所破),没听说有诸葛亮什么事。火烧赤壁也是有的,但那是周瑜部将黄盖的主意和功劳,也没诸葛亮什么事。借东风就更可笑。诸葛亮"沐浴斋戒,身披道衣,跣足散发",登坛祭风,简直就是装神弄鬼,所以鲁迅先生说《三国演义》"状诸葛多智而近妖"。这里说的"妖",不是妖精或妖怪,是"妖人",即巫师或神汉一类。

诸葛亮当然不是"妖人"。不但不是"妖人",还是"帅哥"。陈寿的《上〈诸葛亮集〉表》说他"身长八尺,容貌甚伟"。汉代的八尺,相当于现在的五尺五寸,也就是一米八四。诸葛亮出山的时候,年龄则是二十六岁。二十六岁的年龄,一米八四的个子,而且"容貌甚伟",大家可以想想是什么形象。至少,不可能是一身道袍,一脸长须的。羽扇纶巾大概是事实,因为那是当时的时尚,也就不是诸葛亮的专利。所谓"羽扇纶巾,谈笑间强虏灰飞烟灭",说的是周瑜,不是诸葛亮。就算有"借东风"这事,也该是周瑜去"借"(民间传说便有说周瑜借东风的),要不然杜牧怎么说"东风不与周郎便,铜雀春深锁二乔"?

其实诸葛亮在赤壁之战期间的主要功绩,是促成了孙刘的联盟;他对刘备集团的主要贡献,则是确立了联吴抗曹、三分天下的政治策略,并身体力行。实际上诸葛亮是杰出的政治家和外交家,未必是杰出的军事家。他的军事成就是有争议的,他的军事才能也不像后世传说的那么玄乎。历史学家缪钺先生就曾在《三国志选注》的"前言"中指出:"诸葛亮征南中事,当时传说不免有夸大溢美之处,譬如对于孟获的七擒七纵,是不合情理的,所谓'南人不复反',也是不合事实的。"诸葛亮也不像文学作品和民间传说中说的那样迭出险招。爱出险招的是郭嘉。而诸葛亮的特点,无论是史家的评论,还是他的自我评论,都是"谨慎"。陈寿说他"治戎为长,奇谋为短,理民之干,优于将略",应该说是实事求是的评价。也就是说,诸葛亮是萧何,不是张良和韩信。

但是,到了《三国演义》里面,诸葛亮就集萧何、张良和韩信于一身,不但运筹帷幄决胜千里,而且神机妙算未卜先知。任何人,只要按照他的"锦囊妙计"行事,就战无不胜,攻无不克,刘备集团的大将如关羽、张飞、赵云辈,有如他手中的提线木偶,理解也执行,不理解也执行。这当然不是事实,但有原因。什么原因呢? 我们以后再说。

其实,"锦囊妙计"的故事是有的,可惜是发生在曹操身上。这事记载在《三国志·张辽传》里,时间则是在建安二十年(公元 215 年),我们以后再说。"空城计"的故事大约也是有的,曹操、文聘、赵云可能都使过。不过这事有争议,我们也只好以后再说。但是,即便没有争议,大家也不会讲,因为民间不喜欢曹操。

民间对于三国,也是很关注的,其热情决不亚于史学家。我们知道,中国四大古典名著中,《红楼梦》在文学史上的地位最高,有"闲谈不说《红楼梦》,读尽诗书也枉然"的说法。但正如鲁迅先生所说:"细民所嗜,则仍在《三国》、《水浒》。"也就是说,老百姓喜欢的还是《三国》和《水浒》。事实上对中国社会影响最大的,不是《红楼》,而是《三国》和《水浒》。比如屠宰业奉张飞为祖师爷,编织业奉刘备为祖师爷,强盗奉宋江为祖师爷,小偷奉时迁为祖师爷,没听说过哪个行业奉《红楼梦》人物比如贾宝玉、王熙凤为祖师爷的。所以,三国人物的民间形象,也很值得研究。

就说关羽。

关羽确实有令人崇敬之处,那就是特重情义。他被曹操俘虏后,曹操对他"礼之甚厚",关羽自己也说"吾极知曹公待我厚",但他仍然不肯背叛刘备,最后的选择是"立效以报曹公乃去"。结果曹操对他更为敬重(曹公义之),竟然任其重返敌营(奔先主于袁军)。从这里我们也可以看出,关羽固然是义薄云天,曹操也堪称侠肝义胆,至少是尊重侠肝义胆的。可惜人们都只记住了关羽的"情",忘记了曹操的"义",这不公平。

民间崇拜关羽虽然有道理,但有些信仰和习俗也很奇怪。比方说剃头匠奉关羽为祖师爷,就匪夷所思。关羽并没有当过剃头匠呀!再说东汉时也不剃头。想来想去,也就是他们手上都有一把刀。不过关老爷手上的刀是杀头的,不是剃头的。清代有一剃头铺门前挂一对联云:"问天下头颅几许,看老夫手段如何",倒很像关羽的口气。

另一件奇怪的事是把关羽当作财神。关羽是身经百战的将军,当战神还有道理,怎么会是财神呢?这当然也有道理,我们也以后再说。不过,我看总有一天,关羽会变成爱神,供奉到婚姻介绍所去,因为他对爱情的追求是很执着的。据《三国志·关羽传》裴松之注引《蜀记》和《华阳国志》,关羽曾经爱上了一个女人,一再向曹操表示要娶其为妻。这话说多了以后,曹操便"疑其有异色,先遣迎看"。一看,果然国色天香,结果"因自留之",害得关羽很是郁闷(羽心不自安)。此事如果属实,曹操就太不地道了。

现在我们知道,三国这段历史,其实有三种形象:历史形象、文学形象和民间形象。那么,我们应该怎么看?

首先还是要弄清楚"历史形象",这就要读正史,比如《三国志》。《三国志》的作者是陈寿。陈寿是四川南充人,他在西晋统一后五年(公元285年)就完成了《三国志》,时间隔得不久,治学态度又严谨,比较靠得住。不过,正因为陈寿治学态度严谨,许多当时的材料都弃而不用,《三国志》就比较简略。于是又有裴松之的注。裴松之是山西闻喜县人,生活在南朝刘宋时代。他作注的时候,距离陈寿完成《三国志》

大约一百三十年。裴注的特点，是补充了大量材料，包括陈寿舍弃的和陈寿没见到的，并加以辨析。无法考证和辨析的就存而不论。可见裴松之的治学态度也是很严谨的，所以裴注也比较靠得住。所谓"正说"，依据就是这两个：陈寿的"志"，裴松之的"注"。其他的史书，当然也可以参考，但如果发生冲突，那就还是"先入为主"，以"寿志裴注"为据的好。

不过，"文学形象"和"民间形象"也并非就没有意义或没有道理。事实上，很多人是把三国尤其是《三国演义》当教科书来看的。正如孙犁先生所说："谋士以其为智囊，将帅视之为战策"，清代统治者还把《三国演义》作为"内部文件"发给亲贵。钱锺书先生的《管锥编》也谈到好几起后人学"空城计"的事实，甚至认为"空城计"是"不欺售欺"的典型范例。钱先生说："夫无兵备而坦然示人以不设兵备，是不欺也；示人实况以使人不信其为实况，是欺也。"毛宗岗父子的批语（简称毛批）也很有道理："惟小心人不做大胆事，亦惟小心人能做大胆事。……孔明若非小心于平日，必不敢大胆于一时。仲达不疑其大胆于一时，正为信其小心于平日耳。"不过魏禧的说法更有意思："若遇今日山贼，直入城门，捉将孔明去矣。"可见即便是民间形象和文学形象，甚至即便是张冠李戴、移花接木、无中生有，也能给人教益。因为一种形象能够形成，能够流传，自然有它的道理。我们要做的工作，就是要把这些道理讲出来。

这就又有三件事要做。一是要"还原"，就是告诉大家历史的本来面目是怎么样的。二是要"比较"，就是看看这三种形象究竟有什么不同。三是要"分析"，就是弄清楚历史形象为什么会变成文学形象和民间形象。我们希望通过这三项工作，来为大家品读三国。

这当然并不容易。

其实，正如历史有三种形象，历史也有三种读法。一种是站在古人的立场上看历史，这就是钱穆先生所谓"历史意见"；一种是站在今天的立场上看历史，这就是钱穆先生所谓"时代意见"；还有一种站在自己的立场上看历史，这就是"个人意见"。任何人讲历史，都不可能不涉及这三种意见。毕竟，"大江东去，浪淘尽千古风流人物"。再辉煌的事件和人物，都可能只留下一些模糊的印象，任人评说。张升的词说："多少六朝兴废事,尽入渔樵闲话。"其实"尽入渔樵闲话"的,又岂止是"六朝兴废事"? 那是可以包括一切历史的。正所谓"一壶浊酒喜相逢,古今多少事,都付笑谈中"。

在今后的节目里,我们将笑谈三分,品读三国。那么,从何说起呢? 我想,还是从那个历史形象、文学形象、民间形象最复杂,分歧最多,争论最大的人说起,就让他引领我们走进那段原本就很复杂而又波澜壮阔的历史吧!

请看下集:真假曹操。

第一部

魏 武 挥 鞭

第一集　真假曹操

范文澜先生的《中国通史》将汉献帝初平元年（公元190年）到晋武帝太康元年（公元280年）这一段，称之为东汉三国史上的"分裂时期"。讲"三国"，其实就是讲这段历史；而首当其冲的人物，则是魏的实际开创者曹操。曹操是一个千百年来褒贬不一、终难盖棺定论的人物。对他的说法评论之多，意见分歧之大，世所罕见，其民间形象则更是不堪。那么，作为一个人，历史上真实的曹操究竟是怎样的呢？

讲三国，先得讲曹操。

曹操在历史上的形象不算太好，客气的说法是"奸雄"，不客气的就是"奸臣"，甚至"奸贼"。但鲁迅先生说他是英雄。先生在《魏晋风度及文章与药及酒之关系》一文中说："曹操是一个很有本事的人，至少是一个英雄。我虽不是曹操一党，但无论如何，总是非常佩服他。"

这就有了三种评价，也有了三个形象：英雄、奸雄、奸贼。那么，哪一种评价最准确？

这就要弄清楚历史上真实的曹操究竟是个什么样的人。这并不容易。鲁迅先生说，读《三国演义》，看三国戏，"不是观察曹操的真正方法"。靠得住的，当然还是史书。但先生又说："历史上的记载和论断有时也是极靠不住的，不能相信的地方很多，因为通常我们晓得，某朝的年代长一点，其中必定好人多；某朝的年代短一点，其中差不多没有好人。"曹魏，恰恰就是年代很短的，所以曹操"自然也逃不了被后一朝人说坏话的公例"。

坏话说多了，就成了成见。成见一代一代传下去，就积重难返。具体到曹操,事情更麻烦。因为影响极大的两部书——《资治通鉴》和《三国演义》,对曹某人都不那么友好。《三国演义》就不说了,那是把曹操看作"国贼"的。《资治通鉴》在编撰过程中,也删掉了不少对曹操有利的史料。这其实也是一种"时代意见"。宋人大约多半是不喜欢曹操的。苏东坡《志林》说,当时市井说书,听众"闻刘玄德败,频蹙眉,有出涕者;闻曹操败,即喜唱快"。这是北宋。南宋就几乎公认曹操是"贼"。此后元明清,曹操背的基本上是骂名。说好话的也有,不多。到十八世纪中,乾隆一锤定音,曹操被定为"篡逆",再也翻不过身来。

其实早在晋代,对曹操的评价就开始出现分歧。王沈《魏书》和司马彪《续汉书》是比较肯定曹操的,甚至曲笔回护;孙盛《异同杂语》和吴人《曹瞒传》就不太客气,对曹操的酷虐奸诈多有披露。东晋史学家习凿齿,更是首创"篡逆"之说。由此而至南北朝和隋唐,史家都是褒贬不一,张作耀先生的《曹操评传》一书有很详尽的描述。可见对于曹操,不但"时代意见"不同,"历史意见"就很分歧。再加上每个人的"个人意见",曹操的"真面目"就更难弄清了。

不过有一点可以肯定,就是他挨骂。

世界上没有无缘无故的爱,也没有无缘无故的恨。曹操遭人骂,自然有他的原因。什么原因呢? 也很多。但说得最多的,是"奸"。比方说,篡汉,在古人看来就是奸。狡诈,在古人看来也是奸。不过,最让一般民众痛恨的,还是曹操说了"宁教我负天下人,休教天下人负我"这句话。一个人,宁肯自己对不起普天下的人,也不能让天下的人对不起自己,这个人就太坏了。所以,我们必须弄清楚这个案子,看看是不是事实。

这事《三国志》没有记载,只见于裴松之注所引《魏书》、《世语》和孙盛《杂记》。事情大概是这样的。董卓入京后,表曹操为骁骑校尉。曹操拒绝董卓的任命,逃出洛阳,抄小路回家乡。路过朋友吕伯奢家时,把他们一家都杀了。为什么要杀呢? 三书的说法不一。《魏书》的说法是:"伯奢不在,其子与宾客共劫太祖,取马及物,太祖手刃击杀数人。"《世语》的说法是:"太祖自以背卓命,疑其图己,手剑夜杀八人而去。"孙盛《杂记》的说法是:"太祖闻其食器声,以为图己,遂夜杀之。"看来,曹操杀了吕伯奢一家,是没有问题的,有问题的是杀人动机。按照《魏书》的说法,是正当防卫,或者防卫过当。按照《世语》和孙盛《杂记》的说法,则是因疑心太重而误杀。《魏书》是比较维护曹操的,我们姑且不论,就看后两种说法。

后两种说法中,孙盛《杂记》的说法又更具体。一是曹操听见了一些声音(闻其食器声),二是曹操杀人以后说了一句话:"宁我负人,毋人负我。"所谓"食器声",应该不是洗锅碗的声音,是磨刀子的声音。曹操这才疑心,才杀人。杀了以后,才发现人家是准备杀猪宰羊款待自己,误杀了好人,这才会"既而凄怆曰:宁我负人,毋人负我"。凄怆(音创 chuàng),就是凄惨、悲伤。也就是说,曹操发现自己误杀无辜以后,心里也是很凄惨,很悲伤的,只好自我安慰,自我排解,很勉强地为自己的错误行为做一个辩护。当然,这种辩护并不能洗刷他的罪过。但能够"凄怆",总算还没有"丧尽天良"。

然而《三国演义》的改动就大了。"凄怆"的心情没有了,"宁我负人,毋人负我"也变成了"宁教我负天下人,休教天下人负我"。这又有什么区别呢?前一句话翻译过来,就是宁肯我对不起别人,不能别人对不起我。这里说的"人"(别人),是特指的,就是吕伯奢一家,是"个别人"。后一句话说的,则是普天之下的人,是"所有人"。这个范围就大不一样。虽然都是恶,但恶的程度不同,分量不一。这是第一点。

第二点,曹操当时说"宁我负人,毋人负我"这个话,只是就事论事。意思是虽然我错杀了人家,对不起人家,但现在也没有办法。我现在走投无路,也只好是宁肯我对不起人家,不要让人家对不起我了。应该说,他还保留了一部分善心在里面。但是,"宁教我负天下人,休教天下人负我",就变成一贯如此,变成理直气壮了。那就是一个大大的奸贼。所以,仅凭此案就说曹操奸险歹毒,是有疑问的。

不过即便如此,毛批仍说:"此犹孟德之过人处也","犹不失为心口如一之小人"。为什么呢?因为如果换了别人,一定反过来,说宁肯天下人都对不起我,不可以我对不起天下人。但是实际上怎么样呢?实际上都是像曹操那样做的(试问天下人谁不有此心者),然而"谁复能开此口"呢?大家都装作正人君子,只有曹操一个人坦率地说出了这话。至少,曹操敢把奸诈的话公开地说出来。他是"真小人",不是"伪君子"。所以毛批说,这是曹操超过其他人的地方,因为这个世界上伪君子实在太多。毛宗岗父子是不喜欢曹操的。他们都说这是曹操的过人之处，那就应该是过人之处了。

实际上，狡诈中有真诚，或者有时狡诈有时真诚，正是曹操的特点之一。据《三国志·武帝纪》裴松之注引《曹瞒传》，公元200年，曹操和袁绍决战于官渡，许攸从袁绍营中来投奔他。刚一坐下，许攸开口便问：请问贵军还有多少粮食？曹操猝不及防，随口答道：起码还能支持一年。许攸毫不客气地说：不对！重讲！曹操又改口说：还可以支持半年。许攸冷笑一声：老朋友大概是存心不想打败袁绍吧？怎么一而再、再而三地不讲实话？曹操是聪明人，他知道许攸如果不是掌握了情报，便是看透了自己的心思，瞒是瞒不过去了。而且，如果再不讲真话，就难以取得许攸的信任和帮助，于是笑笑说：刚才不过是开个玩笑罢了！实打实地说，顶多只够一个月了。许攸见曹操实话实说，便将自己对战局的分析和解决的办法和盘托出，一仗就打得袁绍再也翻不过身来。

曹操如此奸诈，有没有真实的一面？有。公元220年，征战了一生的曹操一病不起。这时他已六十六岁，按照"人生七十古来稀"的说法，他也算活够了岁数。曹操是个豁达的人，对于生死一类的事看得很开，对自己的功过得失似乎也无所萦怀。他留下了一份写得断断续续的《遗令》（载《全三国文》卷三《魏武帝》），算是最后的一个交代。然而，这个天才的杰出的政治家，却出人意外地不谈政治。对自己一生的功过得失也只说了一句话：我在军中执法，总的来说是对的（吾在军中执法是也）。至于发的小脾气，犯的大错误，不值得效法。余下的篇幅，就是一些琐事的安排。比如婢妾和艺妓们平时都很勤劳辛苦，我死了以后让她们住铜雀台，不要亏待她们（吾婢妾与伎人皆勤苦，使著铜雀台，善待之）。余下的熏香分掉，不要用来祭祀，免得浪费。各房的女人闲着也是闲着，可以学着编丝带草鞋卖，等等，等等，颇有些絮絮叨叨，婆婆妈妈。

这就很让后世的一些人看不起。陆机是晋人，说得还算委婉。他在《吊魏武帝文》里文绉绉地说："系情累于外物，留曲念于闺房"，"惜内顾之缠绵，恨末命之微详"。苏东坡就不那么客气了。他说不管什么人，只有"临难不惧，谈笑就死"，才称得上是英雄。像曹操这样，临死之前，哭哭啼啼，"留连妾妇，分香卖屦"，算什么事呢？因此他撇了撒嘴说:"平生奸伪,死见真性。"(《孔北海赞》)意思也很明显:别看曹操平时人模狗样的,装得一副英雄豪杰气派,地地道道的一个奸雄,死到临头,还是露了马脚。

苏东坡是我最喜欢的一位文学家,但对他老先生这番高论,却实在不敢苟同。曹操是病死的,不是拉到刑场上去砍头,你要他如何"临难不惧"? 曹操并没有呼天抢地哭哭闹闹地不肯去死,又怎么不英雄? 老话说:"慷慨赴死易,从容就义难。"曹操虽非就义,但死得还算从容。能絮絮叨叨地安排这些后事,就是从容的表现。不错,和许多英雄人物临死前的慷慨陈词、豪言壮语相比,曹操这份《遗令》一点也不英雄,完全上不了台面,和普通老百姓没什么两样。但我以为这正是真实的曹操。他本来就是一个人,不是神。他本来就是一个普通人,不是(也不想做)什么超凡脱俗的"圣人"。而且,以他的身份地位,居然敢于把"凡夫俗子"的一面公开暴露出来,并不遮遮掩掩,装腔作势,正是曹操的过人之处和英雄本色:我就是个俗人,你们又能怎么着? 我就是想什么就说什么,爱怎么做就怎么做,你们又能怎么样? 因此我以为,曹操这份《遗令》,实在比那些充满了政治口号、写满了官腔套话的"遗嘱",要真实得多,也可爱得多。反倒是了不起的苏东坡,多少露出了点庸人的尾巴。

当然苏东坡说得也对:"平生奸伪,死见真性。"只不过我们和苏先生对那"真性"的理解不同,评价也不同。在我看来,那就是"人性"。曹操不是杀人机器或政治符号,他是一个人,一个有血有肉有思想有感情的人。如果说,平时为了政治斗争的需要,他不得不把内心世界遮蔽起来(即所谓"平生奸伪"),那么,临死之前,就没什么顾忌了(即所谓"死见真性")。"鸟之将死,其鸣也哀;人之将死,其言也善。"曹操临终前的"善言",流露出的是他对生活的眷恋和对亲人的感情。

曹操确实是儿女情长的人。曹操南征北战,戎马一生,享受天伦的时间不多,因此对家人的感情特别珍惜。据《三国志·后妃传》裴松之注引《魏略》,曹操在临终前还说过这样的话。他说:我一生所作所为,没有什么可后悔的,也不觉得对不起谁,惟独不知到了九泉之下,如果子修向我要妈妈,我该怎么回答。子修就是曹昂,是曹操的长子。曹昂的生母刘夫人早逝,便由没有生育的正室丁夫人抚育,丁夫人也视为己出。后来曹昂阵亡，丁夫人哭得死去活来，又常常哭着骂着数落曹操：把我儿子杀了，你也不管。曹操一烦，便把她打发回了娘家，因此去世前有这样的说法。

其实曹操还是做过努力的。他亲自到丁夫人娘家去接她，丁夫人却坐在织布机前织她的布，动都不动，理都不理。曹操便抚着她的背，很温柔地说：我们一起坐车回家去，好不好呀？丁夫人不理他。曹操走到门外，又回过头来问：跟我回去，行不行呀？丁夫人还是不理他。曹操没有办法，只好和她分手。以曹操脾气之暴躁，为人之凶狠，做到这一步已很不简单。何况曹操还让丁夫人改嫁，不让她守活寡，只是丁夫人不肯，她父母也不敢。当然不敢的。就是敢嫁，也没人敢娶。

但曹操也会翻脸不认人。比如许攸就有点自己找死。他既恃旧，又恃功，一直对曹操不那么恭敬客气，常常当着众人和曹操开玩笑，甚至直呼曹操的小名说：阿瞒呀，没有我，你就得不到冀州了。曹操表面上笑着说：是呀是呀，你说得对呀，心里却恨得咬牙切齿。后来曹操攻下邺城，许攸又指着邺城城门对曹操身边的人说：这家伙要不是有了我，就进不了这个门啦！曹操便再也不能容忍。当年在官渡，曹操危在旦夕，对许攸的放肆只好忍了又忍，这会儿可就没有这个必要了。于是曹操便毫不犹豫地要了他的性命。

前面讲的这两个故事，都不见于《三国志》，而见于裴松之的注。前一个故事被裴松之注在《后妃传》，后一个故事则注在《崔琰传》。但其所引，却同出一书，那就是魏国人鱼豢所撰《魏略》。可见，即便在同一本书里，曹操也有两种形象。

其实还有更不可思议的事。

许攸是他的恩人，却被他杀了，而一些"恶毒攻击"他的人却又被他放了。官渡之战时，陈琳在袁绍手下当差，为袁绍起草檄文，对曹操破口大骂，骂得狗血喷头。这篇檄文已被裴松之注在《袁绍传》，大家不妨去看看，的确很是不堪。后来袁绍战败，陈琳被俘，曹操也只是说：骂人骂我一个就行了，怎么骂我祖宗三代呢？陈琳谢罪说，箭在弦上，不得不发。曹操也就算了，仍任命他为司空军谋祭酒。这事记载在《三国志·陈琳传》正文，不是野史，应该可信。

还有背叛他的人，也放了。魏种，原本是曹操最信任的人。张邈反叛时,许多人倒戈跟随了张邈,曹操却十分自信地说:只有魏种是不会背叛我的。谁知魏种也跟着张邈跑了,气得曹操咬牙切齿:好你个魏种! 就是跑到天涯海角,我也饶不得你! 但当魏种果然被俘时,曹操却叹了一口气说:魏种是个人才啊! 又任命他去当河内太守。毕谌的母亲、弟弟、妻子、儿女被张邈扣押,曹操便对他说:令堂大人在张邈那里,你还是到他那里去吧! 毕谌跪下磕头,说自己没有异心,感动得曹操流下眼泪。谁知毕谌一转身连招呼都没打一个,就背叛曹操投奔了张邈。后来,毕谌被俘,大家都认为他这回必死无疑。谁知曹操却说:尽孝的人能不尽忠吗? 这正是我到处要找的人啊! 不仅不治毕谌的罪,还让他到孔夫子的老家曲阜去做了鲁国相。这两件事,都记载在《三国志·武帝纪》正文,也应该可信。

甚至对于背叛了自己的朋友,曹操也很看重当年的情谊。陈宫和曹操有过一段不平常的交往,曹操出任兖州牧,就是陈宫的功劳。后来陈宫死心塌地地帮吕布打曹操,被俘以后,也死不肯投降。曹操便叫着他的字说:公台,你死了不要紧,你的老母亲可怎么办呀! 陈宫长叹一声说:陈某听说以孝治天下者不害人之亲,老母是死是活,全在明公您了。曹操又问:你的老婆孩子又怎么办呢? 陈宫又说:我听说施仁政于天下者不绝人之后,老婆孩子是死是活,也由明公看着办了。说完,头也不回,昂首就刑。曹操流着眼泪,为他送行。陈宫死后,曹操赡养了他的老母,还帮着把他女儿嫁了,对他们家比当初是朋友时还要好。《三国志》里面,没有陈宫的传,这事是记载在《吕布传》里的。裴松之注引《典略》,则说得更详细。

看来,曹操是宽宏大量的。

但是,这个宽宏大量的人却又心胸狭窄,斤斤计较,而且有仇必报,不择手段。没有什么他不敢杀的人,也没有什么他杀不了的人。据《三国志·武帝纪》裴松之注引《曹瞒传》,当年在兖州时,他就杀了鼎鼎大名的边让。边让,陈留人,博学有辩才,所著《章华台赋》传诵一时,大将军何进曾特予征召,蔡邕、孔融、王朗等名士也都极为推崇,他本人也做过九江太守,后来辞官在家。边让自己是名士,自然不大看得起曹操这个宦官养子的儿子,可能很说了些侮辱不恭的话,自以为曹操不敢把他这个大名人怎么样。谁知此时的曹操还不是宰相,肚子里也还撑不了船,悍然把他杀了,而且还杀了他一家。沛相袁忠和沛人桓邵也看不起曹操,边让被杀后,两人逃到交州,家人却落入虎口。后来桓邵自首,跪在曹操面前求饶,曹操却恶狠狠地说:下跪就可以免死吗?当然不能。结果桓邵也被推出去斩首。

曹操干的这件事,影响极坏,当时就引发了一场叛乱,事后也一直被人们议论。前面提到的陈宫,也是因为边让之死而离开曹操投奔了吕布。有了这次教训,加上官也大了,野心也大了,慢慢学得"将军额上跑马,宰相肚里撑船",报复起来,也就不那么直截了当。但报复还是要报复,嫉妒还是要嫉妒的。即便是老朋友,也不例外。比如娄圭,字子伯,少有猛志,智勇双全,追随曹操,立功极多,曹操常常自叹不如(子伯之计,孤不及也),却还是杀了他。他和许攸的死,还有孔融的死,都记载在《三国志·崔琰传》裴松之的注里面,读者可以去查看。

这就是曹操了。他可能是历史上性格最复杂、形象最多样的人。他聪明透顶,又愚不可及;奸诈奸猾,又坦率真诚;豁达大度,又疑神疑鬼;宽宏大量,又心胸狭窄。可以说是大家风范,小人嘴脸;英雄气派,儿女情怀;阎王脾气,菩萨心肠。看来,曹操好像有好几张脸,但又都长在他身上,一点都不矛盾,这真是一个奇迹。

实际上,曹操是真实的,也是本色的。包括他的奸诈、狡猾、残忍、暴虐,都表现得从容不迫,落落大方,真诚而坦然。这实在是一种"大气"。"惟大英雄能本色,是真名士自风流。"从这个角度看,曹操是英雄,而且是大英雄。不过,这个大英雄又是很奸诈的,因此也可以叫做"奸雄",即"奸诈的英雄"。事实上,历史上对曹操的评价(英雄、奸雄、奸贼),总离不开"奸"和"雄"两个字。有强调奸的,有强调雄的,也有认为他既奸又雄的。所以我认为曹操是"奸雄",不过前面要加上"可爱的"三个字。

那么,曹操是"可爱的奸雄"吗?

请看下集:奸雄之谜。

第二集　奸　雄　之　谜

作为历史上性格最复杂、形象最多样的人，曹操是真实的，也是本色的。这种本色使他成为英雄，而且是大英雄。不过，这个大英雄又同时被看作大奸雄。我们在上一集提出的说法则是"可爱的奸雄"。那么，曹操是"奸雄"吗？作为"奸雄"，他"可爱"吗？

在上一集，我们得出了一个结论：曹操是"可爱的奸雄"。现在就来分析这个结论。

先说"奸雄"，再说"可爱"。

所谓"奸雄"，就是"奸而雄者"。像严嵩那样，鬼鬼祟祟，偷偷摸摸，奸而不雄，就只能叫"奸贼"；像董卓那样，横行霸道，蛮不讲理，雄而不奸，就只能叫"枭雄"。枭雄这个词，也有多种解释。枭，本义是猫头鹰，引申为首领、魁首、雄长，比如盐枭、毒枭；也引申为骁勇、豪雄、桀骜不驯，比如枭骑、枭将。所以，《现代汉语词典》对"枭雄"的解释，就是"强横而有野心的人物；智勇杰出的人物；魁首"。鲁肃说"刘备天下枭雄"（《三国志·鲁肃传》），黄权说"刘备有枭名"（《后汉书·刘焉传》），便都是看出刘备乃"智勇杰出的人物"，骁勇、豪雄、桀骜不驯；而我们把董卓看作枭雄，则指他"强横而有野心"。枭雄是"强横而有野心"，则奸贼就是"奸猾而有贼心"，奸雄就是"奸猾而有雄心"。奸雄者，奸诈而又豪雄也。那么，曹操是这样的人物吗？

是。

曹操从小就奸猾。他这个人，出身不好，家教不好，小时候的表现也不好。曹操，字孟德，小名阿瞒，又名吉利，沛国谯县（今安徽省亳州市)人。陈寿的《三国志》说他是西汉相国曹参之后,这是胡扯。因为曹操原本不该姓曹,姓曹是因为他的父亲曹嵩为曹腾所收养。曹嵩和曹腾并无血缘关系,即便考证出曹腾是曹参之后,与曹操又有什么相干? 事实上曹嵩的亲生父母究竟是谁,在当时就是一个谜,连陈寿也只能说"莫能审其生出本末"。曹操自己,也讳莫如深。他作《家传》,自称"曹叔振铎之后",把家世追溯到周文王那里,更是胡扯。然而东汉末年,社会上和官场里十分看重出身门第,曹操虽然憎恶这种风气,但出于政治上的需要,也不能不老鼠爬秤杆——自己抬自己。

实际上曹操出生成长于一个宦官家庭。他的父亲曹嵩是曹腾的养子,而曹腾则是当时颇有名气的大宦官,封费亭侯,任大长秋。大长秋是宦官中的大官,秩二千石,用今天的话说就是"省部级"。曹腾的为人,在宦官当中算是相当不错,和士人的关系也比较好。他做过一些不光彩的事,也做过许多好事、大事,所以《后汉书》中有传。但不管怎么说,曹操总归是宦官养子之子。这在当时,就要算作出身不好。但家境应该是好的,至少不缺钱花。曹操的父亲曹嵩后来官居太尉(名义上的全国最高军事长官),就是出钱一亿买来的。曹家既然这么有钱,曹操小时候就完全有可能过着纨绔子弟的生活。

曹操受的家教可能也不怎么样。曹嵩对他这个儿子的教育,大约是很少过问的。曹操自己的诗说:"既无三徙教,不闻过庭语。"所谓"三徙",是说孟子的母亲为了保证儿子有一个好的环境,不受坏的影响,竟三次搬家。所谓"过庭",则是说孔子的儿子两次从庭院中走过,孔子都叫住他予以教育,一次叫他学诗,一次叫他学礼。这样的事情,在曹操家里都没有发生过。看来,曹操小时候,父亲母亲都不怎么管教他。

父母不管教,家境又不错,曹操便成为一个"问题少年"。《三国志》裴松之注引《曹瞒传》说,曹操年少时,"好飞鹰走狗,游荡无度"。他叔叔实在看不下去,常常提醒曹嵩应该好好管教一下他这个儿子。曹操知道了,便想出一个鬼点子,来对付他那多管闲事的叔叔。有一天,曹操远远地见叔叔来了,立即作口歪嘴斜状。叔问其故,则答以突然中风。叔叔当即又去报告曹嵩。等曹嵩把曹操叫来一看,什么事都没有。曹操便趁机说,我哪里会中什么风! 只因为叔叔不喜欢我,才乱讲我的坏话。有这么一个"狼来了"的故事垫底,自然以后叔叔再说曹操什么,曹嵩都不信了,曹操也就更加胡作非为。

曹操的哥们袁绍、张邈等人,大约也是同类角色。他们常常聚在一起胡闹,事情做得十分出格。南朝宋临川王刘义庆的《世说新语》说,有一次,一家人家结婚,曹操和袁绍去看热闹,居然动念要偷人家的新娘。他俩先是躲在人家的园子里,等到天黑透了,突然放声大叫:有贼!参加婚礼的人纷纷从屋里跑出来,曹操则趁乱钻进洞房抢走了新娘。匆忙间路没走好,袁绍掉进带刺的灌木丛中,动弹不得。曹操急中生智,又大喊一声:贼在这里! 袁绍 急, 下子就蹦了出来。

显然,青少年时代的曹操,是一个典型的公子哥儿,游手好闲,不务正业,鬼点子和坏主意层出不穷。这说明什么呢? 说明曹操是一个调皮捣蛋、不守规矩的人,也是一个奸诈狡猾、诡计多端的人。所以《三国志》说他"少机警,有权数,而任侠放荡,不治行业",因此许多人没把他放在眼里(世人未之奇也),甚至鄙视他(薄其为人)。比如南阳名士宗世林,就自称有"松柏之志",坚决不和他交往(见《世说新语·方正》)。

然而有一个人却十分看好曹操,他就是当时的太尉桥玄。桥玄认为曹操是难得的人才,将来平定天下,非操莫属,因此竟以妻子相托。桥玄说:"天下将乱,非命世之才不能济也。能安之者,其在君乎?"这话是记载在《三国志》正文的,应该靠得住,也有道理,因为曹操并非一般的流氓地痞或纨绔子弟。孙盛的《异同杂语》说他"才武绝人,莫之能害,博览群书,特好兵法",有一次行刺宦官张让时,竟能舞着手戟全身而退。这说明曹操是一个胸怀大志、雄心勃勃的人。既雄心勃勃,又奸诈狡猾,十分符合"奸雄"的定义。

那么,曹操自己怎么看?

曹操自己好像也很认同"奸雄"这个评价。这个评价是许劭给出的,而结交许劭则是桥玄的建议。许劭,字子将,汝南平舆(今河南省平舆)人,是当时最有名的鉴赏家和评论家。他常在每个月的初一,发表对当时人物的品评,叫"月旦评",又叫"汝南月旦评"。无论是谁,一经品题,身价百倍,从此进入上层社会。曹操自然也希望得到许劭的好评。但不知是曹操太不好评,还是天机不可泄漏,无论曹操怎样请求,许劭都不肯发话。最后,许劭被曹操逼得没有办法,才冒出这么一句:你这个人呀,是"治世之能臣,乱世之奸雄"。

这个材料《三国志》里面没有,只见于裴松之注所引孙盛《异同杂语》。其实此事《后汉书》和《世说新语》也都有记载,但版本不同。《后汉书》的说法是"清平之奸贼,乱世之英雄";《世说新语》的说法是"乱世之英雄,治世之奸贼",而且说是桥玄说的。这两种说法意思相近,和孙盛《异同杂语》的说法则相反,那么哪一个可靠?张作耀先生《曹操评传》认为《后汉书》所说是实,孙盛《异同杂语》的说法则是"窜改"。张先生当然有张先生的道理,但问题是:《异同杂语》的作者孙盛是晋人,《后汉书》的作者范晔是南朝宋人,却不知先成书的《异同杂语》如何"窜改"后成书的《后汉书》?另外,裴松之和范晔是同时代人。裴松之的《〈三国志〉注》完成于宋文帝元嘉六年(公元429年),范晔的《后汉书》开始于宋文帝元嘉元年(公元424年),也差不多同时。裴松之不采用范晔听到的说法,却采用孙盛《异同杂语》的说法,这笔墨官司真不知该怎么打?

实际上,孙盛《异同杂语》也好,《后汉书》和《世说新语》也好,很可能都是道听途说。不要以为史书上的话都可靠,有时就连见于正史的记载也都靠不住。史学大师吕思勉先生的《三国史话》,在引用包括《三国志》在内的诸多史书时,往往会在后面跟一句:"这话怕靠不住","怕也未必确实的",或者"这话亦系事后附会之辞"。比如《三国志》和《后汉书》都说曹操攻打陶谦是为了报父仇,吕先生就说"这句话是不确的"。诸如此类的地方很多。吕先生告诉我们:"历史上的事实,所传的总不过一个外形,有时连外形都靠不住,全靠我们根据事理去推测他、考证他、解释他。"《三国志》和《后汉书》异口同声的事情尚且都要怀疑,说法不一致的地方又岂能不甄别?只不过我们已经弄不清了。

当然,裴松之可能是有道理的。我们先看裴注所引孙盛《异同杂语》怎么说。孙盛是从曹操的个性特征和所作所为说起的,这就是"才武绝人,莫之能害,博览群书,特好兵法",后面还提到曹操抄集兵法、注释兵书。说完这些,才说到许劭的评语:"治世之能臣,乱世之奸雄"。而且,孙盛还记载了曹操当时的反应:"太祖大笑"。我们知道,孙盛的《异同杂语》并非歌功颂德之作,反倒对曹操的一些不堪之处时有披露。因此，这本书肯定曹操的部分，应该说相对可靠。

但是，这段话到了《三国演义》那里，就没有了前面的那些铺垫。"太祖大笑"也变成了"操闻之大喜"。这个改动就太肤浅了。有人说，《后汉书》的说法也差不多，是"操大悦而去"。喜和悦并无多大区别，难道作为"前四史"之一的《后汉书》也肤浅？我的回答是：《三国演义》肤浅，《后汉书》不肤浅。为什么呢？因为两书所载许劭的说法不同，说话时的语境也不同，岂能同日而语？

我们就来看《后汉书》怎么说。《后汉书·许劭传》说："曹操微时，常卑词厚礼，求为己目。劭鄙其人而不肯对。操乃伺隙胁劭，劭不得已，曰'君清平之奸贼，乱世之英雄'。操大悦而去。"这就再清楚不过。首先，曹操是很希望许劭能够点评自己一下，以便炒作一把的，因此又请客，又送礼，又说好话，低三下四（卑词厚礼，求为己目）。可惜许劭看不起他，不买账（鄙其人而不肯对）。曹操没有办法，只好采取非正当手段（伺隙胁劭），这才逼出了许劭的话。

想当时许劭一定很为难。不说是不行的，因为已经受到了威胁。说得不好听也是不行的，曹操不会放过他。说得太离谱更不行，批评家的学术声望不能不顾。这才有"清平之奸贼，乱世之英雄"的说法。有"奸贼"二字，讨厌曹操的人可以满意。有"英雄"二字，曹操本人可以满意。何况那时"清平"的可能性已微乎其微，做"乱世之英雄"倒大有可能，也很对曹操的心思，当然是"大悦而去"。所以，《后汉书》并不肤浅；而我们在理解这一点的时候，不能忘记许劭受到威胁或胁迫这样一个场景和情境。

然而，《三国演义》把这个语境删掉了。说法呢，采用的又是孙盛的："治世之能臣，乱世之奸雄"，却又把"大笑"改成了"大喜"。"大喜"只有一个意思，就是高兴，兴高采烈去当奸雄，好像曹操立志要当奸雄似的。这就不真实，也肤浅。因为世界上没有从小就立志要当奸雄的人，奸雄都是逼出来的。处在治世，就是能臣；处在乱世，就是奸雄。当然，所谓"治世之能臣，乱世之奸雄"，也可以理解为"治理天下的能臣，扰乱天下的奸雄"。如此，则奸能与否，在于曹操的主观愿望。显然，许劭也看出曹操是个人物。至于是成为能臣还是成为奸雄，则要看他是处在治世还是乱世，或者要看他想治理天下还是想扰乱天下。

　　这样一分析，曹操"大笑"的含义就复杂多了。一，我怎么会是"治世之能臣，乱世之奸雄"呢？太可笑了！二，当一个"治世之能臣"固所愿也，如果不能，当"乱世之奸雄"也不错。三，我想当能臣就能当能臣，想当奸雄就能当奸雄，那可太好了！反正，曹操是一定要成为一个人物的，至于是"能臣"还是"奸雄"，无所谓！事实上，这种"无所谓"正是一种"大气"，一种将生死成败、进退荣辱置之度外的豁达大度，一种我行我素、笑傲江湖的英雄本色。

　　曹操确实是很大气的。读他的诗和文，常会感到他的英雄气势。哪怕是信手拈来，嬉笑怒骂，随心所欲的短章，也因有一种大气而不显粗俗。尤其是他的《观沧海》，是何等的气势："东临碣石，以观沧海。水何澹澹，山岛竦峙。树木丛生，百草丰茂。秋风萧瑟，洪波涌起。日月之行，若出其中；星汉灿烂，若出其里。"这样的诗，确非大手笔而不能作。钟嵘说："曹公古直，甚有悲凉之句。"这种悲凉，除如刘勰所说，是"良由世积乱离，风衰俗怨，并志深而笔长，故梗慨而多气也"外，与曹操对宇宙人生的哲学思考也不无关系。曹操毕竟是乱世英雄，对于生命的毁灭，他比谁都看得多，比谁都想得多。他的感慨，是多少要带点终极关怀的意味的。

　　也许，正是这种对宇宙人生的透彻了悟，使曹操自始至终都能够以笑容面对艰难困苦和曲折坎坷。如果去读《三国志·武帝纪》，我们就会发现，笑、笑曰、太祖大笑这些字眼，竟会频频出现。当然，曹操的笑是各种各样的。有放声大笑，开怀大笑，也有自我调侃的苦笑、嘲笑，还有讥笑、冷笑，甚至是充满杀机的冷笑。然而曹操始终在笑。曹操也哭。他的战友去世，他的朋友去世，他的亲人去世，也会嚎啕大哭。但如果是做错了事情，打了败仗，遭到人家的羞辱，曹操绝对不会哭，他一定是笑。因为曹操豁达开朗大气磅礴，他是一个性情中人和本色英雄。

　　这种本色使曹操这个"奸雄"平添了许多可爱。

　　生活中的曹操是很可爱的。他常常穿薄绸做的衣裳，腰里挂一个皮制的腰包，用来装手巾之类的零碎东西，有时还戴着丝绸制的便帽去会见宾客。与人交谈时，也没什么顾忌，想说什么就说什么，想怎么说就怎么说。说到高兴处，笑弯了腰，一头埋进桌上杯盘之中，弄得帽子上都是汤汤水水。这些细节，是一部对曹操不太友好的书《曹瞒传》告诉我们的,其本意是要给曹操扣上"佻易无威重"(轻浮)的帽子。然而我从中读出的,却是曹操的率真风趣、洒脱随和。

曹操确实风趣。他喜欢开玩笑,常常正经事也用玩笑话说。据《三国志·毛玠传》,建安十七年机构改革时,有人要求裁并东曹,其意在排挤秉公办事、不徇私情的东曹掾毛玠。曹操的回答却很幽默。他说,日出于东,月盛于东。东西,东西,人们总是先说东而后说西,为什么要裁并东曹呢?结果,被裁并的是西曹。这就既改革了机构,又保护了毛玠。

战场上的曹操也很可爱。据《三国志·武帝纪》裴松之注引《魏书》,建安十六年曹操西征马超、韩遂时,和韩遂在战场上约见。韩遂的士兵听说曹操亲自出场,都争先恐后伸长了脖子要看他。曹操便大声说:你们是想看曹操吧?告诉你们,和你们一样,也是个人,并没有四只眼睛两只嘴,只不过多了点智慧!这话说得很实在,也很可爱,还很洒脱。

作为朋友的曹操更可爱。曹操喜欢开玩笑,也喜欢会开玩笑的朋友。太尉桥玄是最早赏识曹操的人,和曹操算是"忘年交"。据《三国志·武帝纪》裴松之注,曹操在祭祀桥玄的文章里就讲了一句笑话,说当年桥老曾和他"从容约誓":我死以后,路过我的坟墓,如果不拿一斗酒一只鸡来祭一祭,车过三步,你肚子疼起来可别怪我。这就比那些官样文章的悼词可爱得多,情感也真实得多。

曹操最可爱同时也最遭人嫉恨之处是他说真话。本来,搞政治斗争,在官场上混,是难免要讲些假话的,至少要讲官场套话,何况曹操是"奸雄"。但只要有可能,他就讲真话,或讲得像真话,不做官样文章。他的《让县自明本志令》(又名《述志令》),原本是一篇极其重要的政治文告,称得上"政治纲领"四个字的,却写得实实在在,明明白白,通篇大白话,一点官腔都没有。

曹操一开始就说,我这个人,本来是没有什么雄心壮志的。因为我知道,我出身不好,不是什么"岩穴知名之士",很怕人家看不起。因此,"欲为一郡守,好作政教,以建立名誉,使世士明知之"。后来国家遇到了动乱,我觉得一个男子汉应该为国家效劳,建功立业,我就出来带兵打仗。这个时候我的要求也不高,只想当个征西将军,死了以后能够在墓碑上写上一行字——"汉故征西将军曹侯之墓"，我就心满意足了。但即便是这个时候，我也不想多带兵。因为我的实力越大，我的敌人就越多啊！所以我胜利一回，裁军一回，这说明什么？说明我的志向是有限的（此其本志有限也）。但是我也没有想到，怎么现如今我给弄出这么大动静来了。现在我的野心大一点了。我想当个什么呢？我想当个齐桓公，晋文公。因为现在是天下大乱，诸侯割据。我只想称霸，不想称帝。我现在已经是大汉朝的丞相了。作为人臣之贵，已经到了极点，我心满意足，再无奢望。但是我必须在这个位置上坐着。为什么呢？因为"设使国家无有孤，不知当几人称帝，几人称王"。没有我曹某人在这里镇着，那些七七八八的人还不都翻天了？有人说，我曹操应该功成身退。我应该到我封的那个侯国去安度晚年，应该把我的职务和权力交出来了。对不起，不行！职务我是不辞的，权力我是不交的。为什么呢？"诚恐己离兵为人所祸也"。谁都知道，我现在手握兵权，才有了这一呼百应的权威。一旦交出去，那你们还不害我吗？那我的老婆孩子就不能保全，皇上也不得安全。"既为子孙计，又己败则国家倾危"，所以我绝不交权。至于皇上封给我的一些土地，那是不需要的。我要那么多土地干什么呢？这个我让出去。总之，"江湖未静，不可让位；至于邑土，可得而辞"。这叫做"不得慕虚名而处实祸"。

　　这话说得实在是再直白不过，直白得你没有话说。你说我没有野心？我有一点，而且我的野心是一点一点大起来的。你说我有很大的野心？我不想当皇帝，我只想当晋文公，齐桓公，九合诸侯，统一中国。你说我清高？我不清高，我实在得很。我的权力，我的实惠，我一点都不让。你说我不忍让？我忍让啊！封给我那些虚的东西，什么土地啊，头衔啊，我都让出去。而且最可爱的在于什么？在于曹操还明明白白说，我为什么要写这篇文章，我为什么说这些话？就是想让你们天下人都没话可说（欲人言尽），都给我把嘴巴闭起来！这实在是不能再实在了。这种话，也只有曹操这样大气的奸雄才说得出来。

　　曹操实在是聪明。在一个人人都说假话的时代，最好的武器就是实话。这不但因为实话本身具有雄辩的力量，还因为你一讲实话，西洋镜就拆穿了，讲假话的人就没辙了，他们的戏就演不下去了。当然，曹操这样说，并不完全出于斗争策略，还因为他天性爱讲真话，说实话。即便这些实话后面也有虚套,真话后面也有假心,有不可告人的东西,也隐藏得很自然,不露马脚。甚至哪怕是说假话,或者说一些半真半假的话,或者是把假话藏在真话的后面,也讲得坦荡,讲得流畅,讲得理直气壮。可以说,曹操这个家伙,就连撒起谎来,都是大气磅礴的谎。

这就是曹操了。他大气、深沉、豁达、豪爽、洒脱、风趣、机敏、随和、诡谲、狡诈、冷酷、残忍,实在是一个极为丰富、多面,极有个性又极富戏剧性的人物。所以,曹操既有奸诈的一面,又有坦诚的一面。他的奸与诚统一于"雄",他的善与恶也统一于"雄"。曹操的人性中是有恶的,所以我不称他"英雄"而称他"奸雄"。这一点,以后还要细说。

不过,曹操的人生道路,原本是有两种选择的。那么,在一开始,他就想做奸雄吗? 如果他也曾有过做能臣的想法,为什么后来又做不成了呢?

请看下集:能臣之路。

第三集　能臣之路

　　曹操年轻的时候，曾经被预言为"治世之能臣，乱世之奸雄"，面临着人生道路的选择；而"乱世之奸雄"的评价，则几乎成了他的盖棺定论。实际上，曹操原本是想做"治世之能臣"的。那么，是什么原因使得他做不成"治世之能臣"；而当他做不成能臣的时候，他又是怎么办的呢？

　　在前面的节目里，我们讲过一件事情，就是当时最有名的人物鉴赏家和评论家许劭曾经给曹操一句评语："治世之能臣，乱世之奸雄。"这句话其实可以有两种理解。一，处在治世，就是能臣；处在乱世，就是奸雄。二，治理天下，就是能臣；扰乱天下，就是奸雄。那么，曹操是选择做能臣呢，还是选择做奸雄呢？

　　曹操其实是想做能臣的。

　　汉灵帝熹平三年（公元 174 年），二十岁的曹操被举为孝廉，担任郎官。孝是孝子，廉是廉士。一个人如果被举为孝廉，他就有了做官的资格，就像现在有了一个学历，就可以去考公务员一样。那么担任郎官是怎么回事呢？汉代官制，皇帝要从亲贵子弟当中挑选一些大家认为道德品质、思想表现和外部形象都比较好的年轻人做郎。郎这个字有两个意思，一个是年轻人或者小伙子，还有一个意思就是侍卫。实际上到宫廷里面去做郎，也就是做皇帝的侍卫。因为他要在皇宫的走廊里站岗，所以称之为郎，侍卫长就叫做郎中令。在皇帝的身边做了郎，就参与了帝国的政治，耳濡目染可以得到锻炼，所以做了郎官以后很快就可以去担任别的官职，这是汉代培养干部的一种方式。但是后来就不那么讲究了,做郎官的不一定是亲贵子弟,也不一定是在皇帝身边做侍卫,不过是走向仕途的一个资格和阅历,相当于现在的"第三梯队"或"后备干部"。按照规定,郎官任满,就可以派出去当县级干部,或者县令,或者县丞,或者县尉。不过到了东汉末年,所有考核程序大体上也都是走过场,主要看有没有背景。曹操是朝中有人的。祖父曹腾,封费亭侯;父亲曹嵩,位至三公。所以曹操为郎官不久,便被任命为洛阳北部尉。

尉,就是掌军事或刑事的武官。《汉书·百官公卿表》的注说:"自上安下曰尉,武官悉以为尉",所以县有县尉,郡有郡尉,朝廷有太尉、中尉、廷尉、卫尉。洛阳北部尉是县尉。汉代官制,县令以下,有丞有尉,丞理民事,尉管治安。不过洛阳是东汉的京都,是帝国最大的县,县尉就不止一人,有东西南北四个,俸禄则是四百石。所以,曹操担任的这个洛阳北部尉,就是京都地区一个副县级的公安局长。

推荐曹操担任洛阳北部尉的人,是司马懿的父亲司马防,当时官居尚书右丞,相当于宫廷副秘书长。不过东汉时期的尚书,名义上是秘书处,实际上是宰相府。司马防一推荐,曹操就被任命了。据说曹操当时并不愿意,他的野心是想做洛阳令。但主管任命的"选部尚书"(相当于人事部长)梁鹄根本不考虑曹操的想法,曹操也就只好走马上任。

这是曹操担任的第一个官职,记忆是很深刻的。据《三国志·武帝纪》裴松之注引《曹瞒传》,后来曹操被汉献帝封为魏王,还特地把司马防请到邺城,盛情款待。酒过三巡,曹操问:司马公,你看孤王今天还可以去当一个副县级的公安局长吗?司马防说,当年老夫推荐大王的时候,大王当那个洛阳北部尉正合适呀!于是曹操"大笑"。

曹操的问话和大笑,倒并不完全是小人得志。得意洋洋的成分有没有?有。曹操这个人,从来就不掩饰自己情感。一旦得意,一定会把尾巴像旗杆一样高高地翘起来。但这一回,却不仅仅是因为当了魏王而自鸣得意,也不仅仅是对当年梁鹄的安排耿耿于怀,恐怕还因为想起了一段很值得回忆的往事。

这段往事和曹操担任的这个职务有关。

我们知道,洛阳北部尉是不好当的。这个差使,官不大,权不多,责任却很重大,麻烦也很不少。因为天子脚下,权贵甚多。这些权贵,没有哪个是把王法放在眼里的,没有哪个是不惹是生非的,也没有哪个是惹得起的。然而首都地面的治安又不能不维持,这就非得有一个既不信邪又有鬼点子的家伙,去当那个副县级的公安局长不可。曹操恰恰就是这样一个"奸而雄者"。所以司马防说的话,也不完全是为自己打圆场,而是实事求是。

事实上曹操是很称职的。他一到任,就把官署衙门修缮一新,又造五色大棒,每扇大门旁边各挂十来根,"有犯禁者,不避豪强,皆棒杀之"。几个月后,果然来了个找死的。灵帝宠信的宦官蹇硕的叔叔,依仗侄子炙手可热的权势,不把曹操的禁令放在眼里,公然违禁夜行。曹操也不含糊,立即将这家伙用五色棒打死。这一下杀一儆百,从此"京师敛迹,莫敢犯者",治安情况大为好转,曹操也因此名震朝野。

曹操这一棍打得许多人晕头转向,不知道这个小伙子要干什么。我们知道,一个年轻人,刚刚踏入官场就得罪权贵,是不会有好下场的。这个道理,曹操不可能不懂。蹇硕权倾朝野不可一世,曹操也不是不知道。何况曹操的祖父也是太监。太监的孙子杀太监的叔叔,这事让人想不通。不过,这件事是记载在对曹操并不友好的《曹瞒传》当中的,应该是事实。

也有种种猜测。一种猜测,是曹操要一鸣惊人。有没有证据呢?有一点旁证。曹操在他的《让县自明本志令》(又名《述志令》)里面说过这样的话:"孤始举孝廉,年少,自以本非岩穴知名之士,恐为海内人之所见凡愚",因此"欲为一郡守,好作政教,以建立名誉,使世士明知之"。这段话什么意思呢? 就是曹操回忆说,他二十岁举孝廉的时候,很清楚自己年纪太轻,又没有什么名气,恐怕大家都认为是一个没有用的人,所以我当时就想做一个好官,做一点惊天动地的事情,让大家知道我曹操还是蛮能干的。

的确,这个时候的曹操,年纪还轻,只有二十岁;出身不好,生长在太监家庭;表现不佳,叫做"任侠放荡";名气不大,叫做"世人未之奇也"。甚至就连形象,可能也不太好。我们去读《三国志》,但凡形象好的,比方说周瑜啊,诸葛亮啊,都有记载;而对于曹操的容貌、长相,《三国志》是没有一个字的。《三国志》是以魏为正统的,如果曹操的形象高大魁梧,英俊潇洒,肯定大书特书。避而不谈,恐怕因为实在不怎么样。

其他的史书倒是有描述。《魏氏春秋》说:"武王姿貌短小,而神明英发";《世说新语》则说,曹操要见匈奴使节,"自以形陋,不足雄远国",便让崔琰做替身,自己"捉刀立床头"。崔琰当然是一表人才,史书上说他"声姿高畅,眉目疏朗,须长四尺,甚有威重"。然而匈奴使节评价却说:"魏王雅望非常,然床头捉刀人,此乃英雄也。"结果曹操派人把这使节谋杀了。可见曹操虽然相貌一般,但气度不凡,猜忌心也重。也可见人不可貌相。不过曹操刚出道时,是没有什么"气度"可言的。总之这个时候的曹操,没多少站得住脚的本钱。要想在江湖上扬名立万,非得干一件惊天动地的事不可。杀蹇硕的叔叔,就能收到这种效果。

第二种猜测,是曹操要建立法制。这也是有道理的。鲁迅先生就说曹操政治的第一个特色便是"尚刑名",也就是主张严明法纪,执法如山,甚至使用严刑酷法。曹操的立法和执法确实很严,杀起人来也毫不手软。这固然是形势所迫,也是性格使然。曹操这个人,生活上是比较随便的。他吃不讲究,穿不讲究,长期在外行军打仗,对女人大约也只能将就,不能讲究。有人便因此认为他轻浮。其实曹操并不轻浮,也不喜欢轻浮的人。他曾经给孔融写信,说我虽然进不能施行教化移风易俗,退不能建立仁德团结同僚,但是我抚养战士,杀身为国,打击那些轻浮虚华又爱结党营私的小人(浮华交会之徒),办法还是很多的。可见曹操十分憎恶轻浮,他自己当然也不轻浮。他穿便衣,说笑话,作辞赋,听音乐,只不过是他紧张工作之余的一种放松,也是他内心世界丰富的一种表现,没准还是他麻痹敌人的烟幕弹。他行文、做事、用人的不拘一格,更不是轻浮,而是大气。大法无法。对于曹操这样的大手笔,根本就用不着那么多的格式,那么多的讲究。造五色大棒,将不法之徒乱棍打死,就是这种性格和手笔的初试锋芒。

　　当然,曹操杀蹇硕的叔叔,也可能事出偶然。毕竟,那时的曹操,还只是一个刚刚踏入官场的初生牛犊,生瓜蛋子,不知深浅,也不知天高地厚。他只想到做官就要做个好官,做好官就得令行禁止,杀一儆百,没想到蹇硕叔叔这只大尾巴狼会撞到他的枪口上。这就没办法了。说出去的话,泼出去的水,也只好把他这只鸡杀了给猴子看。但即便如此,也不简单。曹操的出道,可谓先声夺人,出手不凡。

　　曹操此举也颇受后世好评,一些历史学家赞之曰"不畏强暴"、"执法如山"。这大约因为他之所杀,是宦官的家人,而且这个宦官还是权倾一时的人物。但我想,如果撞到他的枪口上的是别的人呢?大约也是格杀勿论的。所以,这一棒,打出了曹操的威风,打出了曹操的正义,也打出了他的杀气,打出了他嗜杀的性格。在这一棒里,铁面无私和心狠手辣是并存的。曹操后来杀了那么多的人,而且杀起来毫不手软,这件事应该算是开端。它既表现了曹操的善(对抗强权),也表现了曹操的恶(不惜杀人),还表现了曹操的铁腕性格和霹雳手段,一朝权在手,便把令来行。我总觉得,这里面是有"恶"的成分的。不过,曹操所处,乃是乱世及其前夜。乱世用重典。曹操想不做恶人,怕也难。

　　不管怎么说,我们现在是无法准确知道曹操当时的想法了。可以准确知道的是,他确实得罪了权贵,得罪了宦官集团。不过,权贵们拿他也没有办法。第一,曹操是正义的;第二,曹操有后台。最后只好明升暗降,打发他到顿丘(今河南省清丰县)当县令,《曹瞒传》的说法是"近习宠臣咸疾之,然不能伤,于是共称荐之,故迁为顿丘令"。

　　曹操在顿丘令任上的表现应该不俗。据《三国志·曹植传》,曹操曾对曹植回忆过这段经历。曹操说:"吾昔为顿丘令,年二十三,思此时所行,无悔于今。"可惜没过多久,就因为受堂妹夫宋奇的牵连而被免官。后来,曹操又被召回朝廷当议郎,以后还担任过济南相(故城在今山东省历城县东)等职务,其间一次被免,两次辞官,三次被征召议郎。所谓"议郎",也就是"调研员"。曹操想,调研员就调研员吧,那就好好调研。地方官就地方官吧,那就好好执政。然而他上书朝廷,力陈时弊,却泥牛入海无消息。他执法如山,打击豪强,肃清吏治,安定地方,则如蚍蜉撼树,以卵击石。之所以尚未招致杀身之祸,只不过有曹嵩这个大后台罢了。但朝廷借口他"能明古学",多次打发他去当有职无权的闲官议郎,则已不难看出其用心。

其实,年轻的曹操可能还不懂得一个道理,那就是做能臣要有条件。第一要看时世。如果是兵荒马乱烽烟四起,大约便只能像诸葛亮《出师表》里面说的那样,"苟全性命于乱世,不求闻达于诸侯"。第二要看政局。如果是"城头变幻大王旗","乱哄哄你方唱罢我登场",也以装疯卖傻为宜。因为一不小心"站错队",便有性命之虞。所以孔子说:"邦有道则智,邦无道则愚。"(也就是装傻,比装疯含蓄一点)第三要看人主。如果那人主弱智,或昏庸,不识货,你的"货色"再好,也是不顶用的,只能空怀一腔报国情。最后,即便是治世,是明君,也还要看他的兴趣、心情。比如汉文帝,不能算是糊涂虫(有所谓"文景之治"),也很欣赏贾谊(官拜大中大夫)。但是怎么样呢?"可怜夜半虚前席,不问苍生问鬼神",后来还把他贬到了长沙,害得他终日以泪洗面,竟哭死在那里。

曹操刚刚出道那会儿,还不能算是乱世,但时局已是十分混乱。曹操生于东汉桓帝朝,长于灵帝朝,是在桓帝永寿元年(公元155年)出生、灵帝熹平三年(公元174年)入仕的,而桓、灵两朝,要算是汉王朝四百年间最黑暗、最混乱的年代。所谓"桓灵之时",几乎就是君昏臣奸、政治腐败的代名词。比方说,灵帝时期,朝廷是卖官的,而且明码实价,公开招标。价钱则是一万钱一石官秩,比如秩四百石的副县级四百万钱,秩二千石的正部级二千万钱,如果位列三公,再加一千万。这是买卖。如果正式任命,交一半。这些钱官员们当然不会自己掏腰包,便在上任后拚命盘剥百姓,朝廷也睁眼闭眼,不闻不问。当时一个名叫司马直的,被任命为太守。委任状刚到,就要他交钱,还说考虑到他家庭困难,减免三百万。司马直感叹说,为民父母,还要靠盘剥百姓来求官,于心何忍! 就辞官不做。朝廷见外快落空,就下令不准辞官。司马直没有办法,只好在半路自杀。临终前,他留下遗书,痛斥这种做法是亡国的征兆,一时轰动朝野。

现在看来,司马直是白死了。因为终灵帝一朝,卖官的事不但没有终止,反倒变本加厉。曹操的父亲曹嵩官居太尉,据说就是花钱一亿买来的,算是过了把"三公"的瘾(不久就被免去)。"三公"地位崇高,想过这个瘾的人很是不少。当时有个名叫崔烈的,是冀州名士,书香门第,素有清名,靠着自己的努力,历任郡守,官至九卿。但他看见大家都在买官,便也耐不住寂寞。这时,皇帝的保姆程夫人告诉他,她可以搞到优惠价,崔烈就交了一半的钱给程夫人,皇帝也马上大会公卿,拜崔烈为司徒。不过皇帝很快又后悔了,当着众人的面说这一回帝国做了亏本生意。程夫人一听也急了,说崔烈的官怎么是买来的呢?明明是我帮他弄到的嘛!此言一出,公卿哗然,靠一个女人得官,还不如花钱买呐!

这事弄得崔烈很没有面子,连他儿子都不以为然。崔烈的儿子崔钧官居虎贲中郎将,有一天穿着铠甲从军营中回家。崔烈就问他,老夫位列三公,外间有何议论?崔钧说,大人少有英名,历任卿守,大家都说大人位居三公当之无愧。不过这一回,大人却让天下失望。崔烈问为什么。崔钧说,因为大人的身上有铜臭。崔烈勃然大怒,拿起手杖就打崔钧。崔钧掉头就跑,身上的铠甲哗哗作响。崔烈骂他说,为父一打你就跑,这是孝道吗?崔钧说,当年大舜侍奉父亲,小杖则受,大杖则走,非不孝也!崔烈无言以对,他自己也感到惭愧。

如此看来,桓灵两朝实在可以说是腐败透顶了。

不过,把东汉灭亡的账都算在桓帝和灵帝的身上,是不公平的。事实上,自王莽篡政光武中兴后,大汉王朝就没再打起过精神。外戚擅权,宦官专政,军阀称雄,奸臣拼命抓权,贪官拼命捞钱,老百姓则只好去吃观音土。道德的沦丧,更是一塌糊涂。当时的民谣说:"举秀才,不识书,举孝廉,父别居";"直如弦,死道边,曲如钩,反封侯",可见少廉寡耻和口是心非已成风尚,反腐倡廉和整顿纲纪都无济于事。公元142年(汉顺帝汉安元年),朝廷派了八位御史到全国各地巡察,希望整顿一下地方官员的腐败问题。

特派员当中最年轻的一位名叫张纲,刚刚走出京城,就下令挖一个大坑,把车轮子卸了扔进去。部下问他什么意思,张纲冷笑一声说:"豺狼当道,安问狐狸!"也就是说,帝国的朝政被那些大奸大恶所把持,抓几个小鱼小虾小贪官有什么用!

曹操的时代,就是豺狼当道狐狸猖獗。曹操担任地方官的时候,曾经下大决心用霹雳手段整顿秩序,令行禁止,雷厉风行。他罢免贪官,打击不法,邪恶势力提起曹操无不谈虎色变,甚至逃之夭夭(小大震怖,奸宄遁逃,窜入他郡),结果"政教大行,一郡清平"。然而怎么样呢?找他茬子告他刁状的小报告也不断送达御前,朝廷则多次发出变更他任职的调令。如果不是他老爹曹嵩明里暗里护着,恐怕他不会有什么好果子吃。

这下子曹操把朝廷和官场都看透了。他清楚地看出,东汉王朝已不可救药,天下大乱已不可逆转。即便不乱,腐朽的朝廷和官场也不需要什么"治世之能臣"。深感报国无门的曹操不再建言献策(太祖知不可匡正,遂不复献言),并谢绝了朝廷的又一次任命(这一次是任命为秩二千石的东郡太守),回到家乡(称疾归故里),筑室城外,闭门读书,闲暇时以狩猎自娱。当然,他并没有死心,仍然在关注着国家的命运。

曹操再次出山时,时局已十分动荡。公元189年,灵帝驾崩,留下十四岁的儿子刘辩和九岁的儿子刘协,根本控制不了局势。以大将军何进为首的士人集团和以"十常侍"为代表的宦官集团在宫廷斗争中两败俱伤,政权落到了西北军阀董卓的手里。董卓一伙,在当时的士大夫们看来简直就不是人。董卓是虎,吕布是狼,他们的部下则是野狗。据说,董卓最喜欢做的事情,就是在大宴群臣的时候,一面搂着后宫女子寻欢作乐,一面随机地从宴席中拉出一位官员当场打死,或者用最残酷的刑法折磨被他逮捕的反对派。总之,董卓废立皇帝(废刘辩为弘农王,然后毒死;立刘协为皇帝,是为献帝),屠杀百官,秽乱后宫,他的士兵们则在洛阳城里烧杀掠抢,奸淫妇女。大汉王朝的首都,变成了惨绝人寰的重灾区。

这是不得人心的,也是不可能得到地方支持的。相反,董卓成了全国各地共同声讨的对象,他也控制不了地方。一方面是朝纲紊乱,另方面是烽烟四起。所以,公元189年董卓入京后,大汉王朝就实际上灭亡了,从此天下大乱。

乱世英雄起四方,有枪就是草头王。中央政权失去控制之后,拥兵自重的地方官就成了割据一方的诸侯王。帝国境内,开始了地方自治、军阀割据和诸侯兼并。曹操是肯定再也做不成什么"治世之能臣"了,他必须重新考虑自己人生道路的选择。其实,身处乱世,也可以有三种选择:英雄、枭雄、奸雄。董卓、袁绍、袁术选择了做"乱世枭雄"。那么,曹操的选择是什么?

请看下集:何去何从。

第四集　何去何从

东汉王朝的政治腐败,使得曹操做不成"治世之能臣";而接下来的天下大乱,又让他面临新的选择:身处乱世,是做英雄,还是做枭雄,或者做奸雄?事实证明,在公元190年到200年这十年间,曹操堪称"乱世之英雄"。这是为什么,又有什么证据呢?

在上一集我们讲到,曹操原本是想做"治世之能臣"的,然而他却遇到了一个乱世。身处乱世而又有志向、抱负和能力的人,其实可以有三种选择:做英雄,做枭雄,做奸雄。董卓、袁绍、袁术的选择,是做"乱世枭雄";而曹操最早的选择,则是做"乱世英雄"。

汉灵帝中平六年(公元189年),灵帝驾崩,董卓入京,废少帝刘辩为弘农王,立刘协为皇帝,这就是汉献帝。于是"京都大乱"。这个时候,曹操早已回到了朝廷,担任典军校尉一职,为西园八校尉之一。西园军是汉灵帝中平五年(公元188年)八月设立的,相当于帝国的近卫军。下设八个校尉,为首的就是被曹操打死了叔叔的宦官蹇硕,为上军校尉。其次则是虎贲中郎将袁绍,为中军校尉。曹操这个典军校尉排名第四,排在下军校尉鲍鸿的后面。显然,这个时候的曹操,和当年那个副县级公安局长洛阳北部尉已不可同日而语。董卓也看出他是个人才,便表荐曹操为骁骑校尉,要和他一起共谋大事(欲与计事)。曹操凭着自己的政治敏感和远见卓识,断定追随董卓的结果只能是祸国殃民和自取灭亡,于是变更姓名,连夜逃出京城,准备逃回家乡。杀吕伯奢一家,就发生在他逃亡的路上。

不过,曹操的腿快,董卓的追杀令更快。曹操从洛阳出走,出虎牢关(在今河南省荥阳县)逃到中牟县(今属郑州市)的时候,被一个小小的亭长(级别在乡长和村长之间)疑为逃犯,捉拿归案,押解县衙。这时董卓的追杀令已经下达,中牟县衙门也收到了京城发来的文件。而且,虽然曹操一口咬定自己不是曹操,还是被县衙门里的功曹认了出来。但是,中牟县这个科级干部认为,如今天下大乱,不宜拘杀英雄,就说服县令放了曹操。这个县令,《三国演义》说是陈宫。这是不对的,因为陈宫并不曾在中牟任职。其实,中牟县的县令和功曹是谁并不要紧,要紧的是,这件事说明董卓已不得人心,而曹操已被视为英雄。

曹操跑到陈留(在今河南省开封市东南),就停了下来,因为他在陈留得到了支持。陈留一位名叫卫兹的孝廉,赞助了曹操一大笔钱财。这个事情是很重要的。三国时代的许多英雄比如刘备,开始的时候都是有人赞助的;而有钱人通过赞助英雄来参与政治,也是中国古代社会的一个传统。有了这笔钱,曹操就在这一带招兵买马准备起义,并在己吾(今河南省宁陵县)公开起兵,人马有五千之多,时间则是在中平六年(公元 189 年)的十二月。这就是曹操成为乱世英雄所做的第一件事:首倡义兵。

和曹操一起首倡义兵的还有他的老朋友张邈(《三国志·张邈传》:"董卓之乱,太祖与邈首举义")。曹氏家族对曹操也倾力支持。夏侯惇、夏侯渊、曹仁、曹洪、曹休、曹真等纷纷先后来到曹操身边,成为他手下的得力战将。

曹操的义举得到了天下豪杰的响应,各路诸侯纷纷打出旗号,要讨伐董卓,匡复汉室。汉献帝初平元年(公元 190 年),后将军袁术、冀州牧韩馥、豫州刺史孔伷(音皱 zhòu)、兖州刺史刘岱、河内太守王匡、渤海太守袁绍、陈留太守张邈、东郡太守桥瑁、山阳太守袁遗、济北相鲍信,同时起兵,组成联军,并公推袁绍为盟主。由于这些人当时都在函谷关以东,所以被称作"关东义军",简称"关东军",董卓的部队则叫"西北军"。

联军成立这事,《三国演义》说是曹操发起的,谓之"发矫诏诸镇应曹公",怕是抬举了曹操。曹操当时恐怕还没有那么大的面子。他在拒绝了董卓(同时也是朝廷)的任命后,就成了必须捉拿归案的钦犯,既无官衔又无地盘人马也不多,哪来的号召力?发矫诏的事确实有,但那是东郡太守桥瑁干的,与曹操无关。所以曹操后来回忆起此事,也只把自己看作参加者。事实上关东联军的名单里,并没有曹操的"股份"。他的头衔,也是盟主袁绍临时封的,叫做"行(代理)奋武将军"。当然,曹操接受了这个称号,并决心为平定动乱报效国家而奋不顾身。

但是,这一次,曹操又失望了。

首先是盟主袁绍徒有其表。关东军推袁绍为盟主是有道理的。袁绍出身高贵,其家族号称"四世三公",也就是袁绍父辈以上有四代人担任"三公"职务(高祖父袁安,是章帝时的司徒;叔太祖父袁敞,司空;祖父袁汤,历任司空、司徒、太尉;父亲袁逢,司空;叔父袁隗,太傅),是当时官场上威风八面的显赫家族。东汉以太尉、司徒、司空为"三公",地位仅次于皇帝,可谓"一人之下,万人之上"。袁氏家族四世三公,就位高权重,门生故吏遍天下,具有从事政治活动最宝贵的人际关系资源。袁绍自己的条件也很好。他人长得漂亮(有姿貌威容),对人也不错(能折节下士),人缘也挺好(士多附之)。更重要的是,袁绍因为反对董卓而名声大振。董卓打算废少帝(即刘辩),立陈留王(即刘协)时,曾经找袁绍来商量,并且说"刘氏种不足复遗",也就是要彻底颠覆大汉王朝,结果当场遭到袁绍反对。《三国志·袁绍传》的说法是:"绍不应,横刀长揖而去。"《献帝春秋》的说法,则是袁绍有一番义正辞严的抗议。于是董卓勃然大怒,说:臭小子,天下大事,难道不是我说了算吗?你以为董卓的刀不快是不是!袁绍也拔出刀来说,普天之下,难道只有你的刀快吗?《献帝春秋》的说法虽然被裴松之认为不实(此语妄之甚矣),但袁绍反董卓是真的,由于反对董卓而逃出京城也是真的,所以袁绍很有威望。

但是袁绍没有头脑,董卓之乱其实就是他惹的祸。灵帝去世后,士人和宦官的矛盾白热化,双方都大开杀戒。大将军何进先下手为强,杀掉了宦官头目之一、上军校尉蹇硕,接管了上军。这时,袁绍便劝他一不做二不休,干脆把宦官统统杀掉,斩草除根。然而何进却很为难,因为他的妹子何太后不同意。何太后因当年毒杀刘协的生母王美人,差点被灵帝废掉,多亏宦官求情才过了关,现在当然也不肯对宦官下手。于是袁绍又给何进出主意,劝他多召四方猛将,尤其是并州牧董卓入京,以威逼太后。董卓就是这样进京的。

这实在是馊主意。连老百姓都知道,"请神容易送神难",何况是董卓这样的凶神?只怕是引狼入室。更何况根本就没有必要。据《三国志·武帝纪》裴松之注引《魏书》,曹操听到这个消息,就曾经笑着说(注意曹操又笑了),要解决宦官问题,只要诛杀几个为首的元凶就行了。这是只用一个狱吏就能办到的事,"何必纷纷召外将乎"?结果,董卓还没进京,何进就先成了宦官们的刀下鬼。董卓一进京,皇帝也废掉了,太后也毒死了,洛阳变成了一片火海和废墟,这都是袁绍惹的祸!

袁绍这事确实做得蠢。且不说他引进的,是自己根本控制不了的一股恶势力,即便来的真是"仁义之师"和"勤王之兵",也大可不必。正如曹操所说,宦官之所以得势,是因为皇帝亲近信任他们。如果皇帝不宠信,就成不了气候。杀鸡焉用牛刀,何况这刀还不在自己手上?兵者凶器也。刀,是不能随便出鞘的。刀出鞘,就要见血。没有鸡可杀,便会杀牛。何进、袁绍辈就是该着挨杀的蠢牛犟牛。如果不是袁绍主张把宦官赶尽杀绝,逼得张让他们走投无路,狗急跳墙,何进或许还不会死于非命。搞宫廷政变是得心狠手辣,但不等于嗜血成性,更不等于滥杀无辜,最狠毒的打击只能施加于最凶险的政敌。事实上,所谓政治斗争,说穿了,就是人事的变更,权力的均衡,利益的再分配和人际关系的重新调整。得到的支持越多,胜利的可能就越大,因此应该"团结大多数,打击一小撮","首恶必办,胁从不问",怎么能像袁绍主张的这样,不问青红皂白,杀个一干二净?何况太监当中也有好人,又岂能滥杀?可惜袁绍他们不懂这个道理。何进被谋杀后,袁绍带着军队在京城捕杀太监,看见不长胡子就一刀砍将过去,许多年轻人只好脱裤子"验明正身"(《三国志·袁绍传》的说法是"自发露形体而后得免"),弄得人心惶惶。这就是给自己树敌了;而树敌过多的人,从来就没有好下场。所以曹操说："吾见其败也。"

盟主如此，他人如何？也不怎么样。比如孔伷，是个夸夸其谈的人，当时的说法叫做"嘘枯吹生"，也就是能把死的说成活的，活的说成死的，可惜能说不能干。韩馥，则是个没有主张的人。据《三国志·武帝纪》裴松之注引《英雄记》，当时各路诸侯大兴义兵的时候，东郡太守桥瑁假借京师三公的名义写信给他，说是"企望义兵，解国忧患"，韩馥居然问部下，我们是应该帮袁绍，还是应该帮董卓？他的谋士刘子惠说，我们兴兵为国，讲什么袁绍、董卓！弄得韩馥面红耳赤。

不过刘子惠这个人也不咋的。他给韩馥出的主意，竟是按兵不动，观望。刘子惠说，"兵者凶事，不可为首"，我们还是先看看别人（往视他州），有人动了，我们再动。这话韩馥听进去了，因为他最害怕的，是别人来抢他的地盘。袁绍和董卓翻脸后，逃出京城，董卓原本是要追捕他的。正好有几个名士和袁绍关系好，又得到董卓的信任，就劝董卓说，袁绍不过是不识大体，仓皇出逃，其实胸无大志。如果逼急了，反而狗急跳墙。不如任命他做一个太守，他必定感恩戴德。袁家四世三公，门生故吏遍天下，如果收服了袁绍，那么太行山以东，不就都是您的了吗？董卓一想有道理，就任命袁绍为渤海太守。袁绍逃到冀州，又被任命为渤海太守，韩馥就怕得要死，竟然派了兵去监视他，害得袁绍动弹不得。后来，韩馥也参加了关东联军，袁绍才得以行动。韩馥既然是这么个货色，怎么会去打头阵？

其他人的想法也差不多。所以联军建立以后，谁都不动，《三国志·武帝纪》的说法是"绍等莫敢先进"。曹操看不下去，对他们说："举义兵以诛暴乱，大众已合，诸君何疑？"曹操指出，如果说过去要讨伐董卓确有困难，那么，现在就是最好的时机了。为什么呢？因为过去董卓"倚王室之重，据二周之险"，虽然倒行逆施，却能为非作歹。现在不同了。他焚烧京城，劫持皇帝，海内震动，举国愕然，这是老天爷要灭他了（此天亡之时也）。所以曹操说："一战而天下定矣，不可失也！"

但是谁都不听他的，曹操只好孤军奋战，只有张邈派了一支小部队帮他,"队长"则是当年资助过曹操的卫兹(邈遣将卫兹分兵随太祖)。这一仗打得并不顺利,曹操自己也差一点阵亡,幸亏堂弟曹洪把马让给他,才得以脱身。回到酸枣大营,关东军十几万人,按兵不动,诸侯们"日置酒高会,不图进取",用今天的话说就是整天开派对,泡酒吧,玩电子游戏。曹操悲愤地说:"今兵以义动,持疑而不进,失天下之望,窃为诸君耻之!"然而还是没有人听他的。曹操再一次感到报国无门。

其实,说起来关东军将领原本也都是人才,甚至是帝国的精英。比如王匡,素有侠名;袁遗,满腹经纶。但是,一旦有了私心没了正义不敢担当,就狗屁不如。于是曹操把诸侯们也看透了。这是一伙自私自利、贪生怕死、志大才疏、色厉内荏的家伙,根本就不足与谋。所谓"关东义军",则不过同床异梦各怀鬼胎的乌合之众,也不足为凭。曹操不能不重新考虑他人生道路的选择。

曹操的选择,是自己干。

实际上,前面说过,关于曹操人生道路的选项,历史上曾经有两种说法。一种是孙盛《异同杂语》的"治世之能臣,乱世之奸雄",另一种是《后汉书》的"清平之奸贼,乱世之英雄",或者《世说新语》的"乱世之英雄,治世之奸贼"。现在看来,至少在公元190年到公元200年这十年间,曹操堪称"乱世之英雄"。因为几乎只有曹操,才决心在这个国家危难、民族危亡的时候,以区区一己之躯,担负起天下的兴亡。如果说还有人这样做的话,那就是孙权的父亲孙坚。但和曹操相比,孙坚还要略逊一筹。因为曹操不但有担当,还有谋略。那么,曹操做了哪些事,证明他棋高一着呢?

我们来看看曹操的作为。

从公元191年(汉献帝初平二年)到公元196年(汉献帝建安元年),曹操主要做了三件事,即略地、募兵和屯田。曹操能做成这三件事,又与黄巾起义有关。东汉末年,政治腐败,民不聊生,走投无路的农民头戴黄巾,在太平道教团首领的带领下,以"苍天已死,黄天当立"为口号发动了起义。这是不折不扣的官逼民反,但在曹操他们看来则是大逆不道,必须予以剿灭。不过,东汉朝廷和官场实在太腐败了,于是黄巾军便在贪官污吏们争权夺利的时候发展壮大起来,成了气候。公元192年(汉献帝初平三年),原本聚集在青州(治所在今山东省临淄市)的黄巾军一百万人进入兖州(故治在今山东省金乡县),兖州太守刘岱不听鲍信的劝告,被黄巾军所杀。鲍信就和陈宫迎奉当时已被袁绍任命为东郡太守的曹操来代理兖州牧。据《三国志·武帝纪》裴松之注引《世语》,陈宫对曹操说,现在兖州没有主宰,朝廷又无法任命,请太守前往署理,"资之以收天下,此霸王之业也"。陈宫又对兖州的官吏们说:"曹东郡命世之才也,若迎以牧州,必宁生民。"鲍信等人也都同意。于是曹操得兖州,有了一个重要的根据地。

　　曹操代理兖州牧以后,就带兵和黄巾军作战。据《三国志·武帝纪》裴松之注引《魏书》,这个时候,曹操的军事力量是不如黄巾军的。黄巾军有战士三十万,加上随军人员共一百万,曹操只有上千人,而且老兵少,新兵多,因此"举军皆惧"。为了打赢这场战争,曹操披坚执锐,亲巡将士,宣布奖惩条例,又向黄巾军宣布优待俘虏政策和投降以后的出路(开示降路),然后巧设奇兵以战胜之。结果黄巾军向曹操投降。黄巾军是一种奇怪的军队,队伍当中除了战士,还有随军的家属和农民,甚至耕牛和农具,所以号称百万。曹操把投降的黄巾军当中比较有战斗力的编成队伍,号称"青州兵",于是曹操又有了一支战斗队。

　　代理兖州牧,就有了根据地;收编青州兵,就有了战斗队。这样一来。曹操就在关东的心脏地区站住了脚。但是,他也面临着一个严重的问题,就是这么多人如何养活,如何安置。于是,曹操在公元196年(汉献帝建安元年)接受谋士们的建议,开始实行屯田制。当时,由于连年战争,许多土地已成为无主田亩。曹操就将其收归地方政府,一部分交给军士和黄巾降卒耕种,名为军屯;一部分招募失地农民耕种,名为民屯;耕牛和农具则由政府提供,同时收取五到六成的地租。这就叫"屯田"。所谓"屯",就是居住方式军事化,耕作方式集体化,可谓当时的"生产建设兵团",曹操的军政府变成了农场主。

　　这是一笔极其合算的买卖。第一,土地是业主遗弃的,耕牛和农具是从黄巾军那里收缴来的,曹操不花一分钱,可谓无本生意。

第二,地租高达五到六成,比汉初的十五分之一不知高出多少,可谓牟取暴利。但是,战士和农民从此有饭吃,大家也都愿意。第三,居住方式军事化,耕作方式集体化,等于建立了一个军民合一的新社会,建设了一支耕战合一的新军队。这支队伍,平时能干,急时能战。他这个"生产建设兵团",也既是粮库,又是兵源,岂非左右逢源?第四,屯田制度在解决了粮草和兵源问题的同时,还解决了令人头疼的流民以及由此造成的治安问题,岂非一举多得?

所以,曹操做的这件事,证明他在这个天下大乱的时代,不愧为一个深谋远虑的政治家和顶天立地的大英雄。据《三国志·武帝纪》裴松之注引《魏书》,曹操在决定实行屯田制度的时候说:"定国之术,在于强兵足食。"兵不强,食不足,又哪里能够克敌制胜?可惜诸侯们没有这个战略眼光。《魏书》说:"诸军并起,无终岁之计,饥则寇略,饱则弃余,瓦解流离,无敌自破者不可胜数。"这句话什么意思呢?就是说在天下大乱,诸侯并起的时候,除了曹操,没有一支军队有一个长远的打算(无终岁之计)。"饥则寇略",肚子饿了就去抢老百姓的;"饱则弃余",吃饱了以后就把多余的粮食都扔了。最后是什么呢?最后是分崩离析,不攻自破。因为你如果断了粮,你就没有战斗力了。实际上,就在曹操的军民官兵丰衣足食的时候,袁绍的士兵在河北吃桑葚,袁术的士兵在江淮吃河蚌,连桑葚和河蚌都没有吃的就吃人,到处都是惨不忍睹的景象(民人相食,州里萧条)。这样的人,怎么可能和曹操争雄?和他们相比,曹操又怎么可能不是英雄?

从首倡义兵,到屯田备战,曹操已经由一个血气方刚的青年将领成长为一个胸有成竹的政治高手,而其他所谓"一时豪杰",却很少有什么长进和出息。他们或者明哲保身畏首畏尾,或者醉生梦死得过且过,或者心怀鬼胎浑水摸鱼,或者争权夺利自相残杀。那边西北军还在肆虐,这边关东军已经火并。先是兖州刺史刘岱杀了东郡人守桥瑁,后是渤海太守袁绍巧掉了冀州牧韩馥,再是袁绍和袁术两兄弟互相拆台。袁术的做法,是联络北方的公孙瓒钳制袁绍;袁绍的办法,则是联络南方的刘表对付袁术。双方都使用了"远交近攻"的策略,所以《三国志》感叹说:"其兄弟携贰,舍近交远如此!"

不过,袁绍和袁术两兄弟最大的问题还不是内讧,也不是没有想到备战备荒。导致袁绍和袁术(也包括董卓)万劫不复的原因,是他们在一个重大的政治问题上犯了严重错误。正是这个错误,终于使他们面临灭顶之灾。那么,这个重大政治问题是什么? 在这个问题上,董卓、袁绍和袁术是怎样犯错误的,曹操的态度又如何呢?

请看下集:一错再错。

第五集 一错再错

　　就在曹操初步显示出乱世英雄的政治远见和豪迈气概时,另一些人却似乎在表现着自己的蛮横和愚蠢。正是他们的蛮横和愚蠢,反衬出曹操的雄才大略;也正是他们的蛮横和愚蠢,成就了曹操的盖世功业。董卓、袁绍、袁术这三个野心勃勃的枭雄,都在如何对待现任皇帝这个重大政治问题上犯了严重错误,而且并不以前车之覆为后车之鉴。那么,他们又是如何一错再错的呢?

　　上一集我们讲到,在公元190年到公元200年这十年间,只有曹操才是真正的乱世英雄。其他那些头面人物和各路诸侯,则充其量不过政客而已,注定了只可能是过眼烟云。甚至就如董卓、袁绍、袁术这样的枭雄,也都在同一个重大的政治问题上犯了严重错误。这个重大政治问题就是如何对待现任皇帝。这个问题是不可以含糊的。在当时的情况下,皇帝是国家统一的象征。对待现任皇帝的态度,也是考验一个臣子是忠是奸是善是恶的试金石。在这个问题上犯了错误,就会一失足成千古恨,永世不得翻身。

　　先说董卓。

　　董卓对待现任皇帝的态度最野蛮,他的做法是废立。董卓进京不久,就提出要换皇帝。至于理由,用他自己的话说,是因为少帝刘辩愚昧懦弱,陈留王刘协则有圣主的素质(尧图之表)。这也不是完全没有根据。据《三国志·董卓传》裴松之注引《典略》、《献帝纪》等书,董卓进京的时候,洛阳已经大乱。大将军何进被宦官谋杀,十四岁的少帝刘辩和他九岁的弟弟陈留王刘协流落民间,千辛万苦才回到京城。董卓带兵来迎接圣驾的时候，少帝刘辩哭哭啼啼，一句完整的话也说不出。问陈留王刘协，则一清二楚，对答如流。董卓当时就起了换皇帝的心思（卓大喜，乃有废立意）。

不过，这也未必是董卓换皇帝的真实原因。董卓是早就打算像以前那些权臣一样，把皇帝当成傀儡捏在手里，自己摄政掌权、继而夺权篡位的。既然是傀儡，那又何必换，愚昧懦弱岂不更好？当然，像董卓这样的枭雄，单凭自己的个人好恶和一时兴起，硬要换他一换，也不是没有可能。但他的真实意图，恐怕还是为了树立个人威望，控制中央政权。董卓是西北来的军阀，粗野蛮横，嗜血成性，既无人缘，又无威望。尽管他一再笼络士大夫，士大夫在骨子里还是看不起他。这就要想办法。董卓这个人，野蛮归野蛮，却也狡猾。据《三国志·董卓传》裴松之注引《九州春秋》，董卓初进洛阳的时候，兵马其实只有三千。董卓怕镇不住，就让他这三千人每天晚上便装出城，第二天再大张旗鼓地进来，一连四五天，天天如此，结果人人都以为他有千军万马。

董卓忽悠成功，得意洋洋。他不但镇住了满朝文武，还有了一个意外的发现，那就是京城里面那些家伙其实并不难对付。于是董卓便决定来个更大的动作，毕其功于一役，一举建立自己不可动摇的崇高地位。这动作就是换皇帝。董卓的想法很简单：你们不是都怕皇帝，都听皇帝的吗？如果我连皇帝都能换，还怕你们不听我的？而且，废掉了少帝刘辩，也就可以废掉何太后，而陈留王刘协是没有生母的，他的生母王美人被何太后毒死了。因此，立刘协为帝，就没有什么太后可以垂帘听政。这样一来，既铲除了障碍，又树立了威望，这可真是一箭双雕。

然而董卓万万没有想到，他这么一闹，就把自己闹成了"人民公敌"，弄得"天下共讨之，全国共诛之"。因为在当时正统的士大夫即所谓"正人君子"看来，皇帝是不能随便换的，哪怕换上去的也是刘家人。因为皇帝是"一国之君"，也是"一国之本"，岂能动摇？我们知道，在当时的情况下，老百姓是没有什么发言权的。掌控着舆论的，就是这些人。这样一来，维护现存秩序，保卫现任皇帝，就不但是"正义"，也是"民意"。

所以，撤换皇帝（当时的说法叫"废立"），是有极大风险的，弄不好就会搬起石头砸自己的脚。这事早就有人干过。不过,他们要撤换的,不是汉献帝,而是汉灵帝。据《三国志·武帝纪》,汉灵帝光和七年(公元184年),冀州刺史王芬勾结地方豪强,蠢蠢欲动,阴谋废掉汉灵帝,另立合肥侯。这个合肥侯不知是什么人,大约也是刘氏宗室吧!掺和这件事的,就有后来背叛袁绍投奔曹操又被曹操杀掉的许攸。这事他们也找过曹操,所以曹操和许攸也是老朋友。但是曹操断然拒绝。《三国志·武帝纪》裴松之注引《魏书》记载了曹操的话。曹操说:"废立之事,天下之至不祥也。"也就是说,撤换皇帝,是天底下最不吉利也最凶险的事,必须慎之又慎。这种事情,以前是有人做过,比如伊尹放太甲,霍光废昌邑。但那都是反复权衡成败、计算轻重以后才做出的决定,这才"计行如转圆,事成如摧朽"。如果像当年"七国之乱"那样轻举妄动,那就必败无疑。现在请诸位自己想想,你们的政治势力军事力量,比得上当年的吴楚七国吗?合肥侯的身份地位人望威信,比得上吴王刘濞、楚王刘戊吗?比不上,还要重蹈覆辙,那不是自己找死吗?

曹操这番话,实在是很够朋友。他并没有讲什么大道理,而是晓之以利害关系。可惜许攸他们听不进去,一意孤行。结果阴谋败露,许攸逃之夭夭,王芬也畏罪自杀。可见皇帝确实轻易换不得。当然,董卓不是王芬,他的情况和条件都不同。他提出要换皇帝,居然也换成了。但他最后还是为他的"倒行逆施"付出了代价:被王允和吕布谋杀,死于非命。当然,这是后话。

可惜,王芬教训并没有人吸取,董卓的事情倒有人效法,这个人就是袁绍。

袁绍也是个想换皇帝的。不过他的方式和董卓又不相同。董卓的做法是"废立"(废掉一个,换上一个),袁绍的做法是"另立"(不废这个,另立一个)。袁绍当了关东联军的盟主以后,野心就大了起来,但是胆子却没有野心大。他不敢杀去长安,赶走董卓,恢复汉室,而是打算另外立一个皇帝,候选人则是幽州牧刘虞。据《后汉书·刘虞传》,袁绍的理由是:"朝廷幼冲,逼于董卓,远隔关塞,不知存否。"也就是说,皇上年纪小(当时汉献帝才十岁),又被控制在董卓手里,天南地北的,活没活着都不知道。就算活着,也形同虚设。国不可一日无君。刘虞是"宗室长者",应该立他为皇帝。

　　袁绍的心思一看就明白,他是要在洛阳和长安的中央政府(当时董卓在洛阳,天子在长安)之外,另立一个"流亡政府"。这个"流亡政府"既然是他袁绍成立的,那么,政府首脑(在当时就是大将军)自然也非他莫属。将来,这个流亡政府如果取代了中央政府,他袁绍就是"中兴名臣",可以流芳千古的。袁绍的算盘打得很精。

　　说起来这也不是不可以。成立流亡政府,也是非常时期进行斗争的一种手段,但有一个前提,就是原来的政府必须已经灭亡,或者被颠覆,或者被推翻。然而当时的情况,却不是这样。至少,刘协还是名义上的大汉天子,董卓也还是名义上的大汉臣子,大汉王朝并没有被宣布灭亡。这个时候成立什么"流亡政府",那就是"另立中央"了。这是大逆不道。因此,第一个,刘虞自己就坚决不干。刘虞是何等精明的人,他很清楚,如果贸然答应了这事,自己立马就会变成一个靶子,非万箭穿心不可。因此,刘虞在接见袁绍使节张歧等人的时候,发表了一番义正辞严的讲话,痛斥袁绍等人不思"尽心王室"而"反造逆谋"。袁绍讨了个大大的没趣。

　　赞成的人也有,就是韩馥。这件事,袁绍是和韩馥、曹操商量过的。韩馥是个没头脑的,立马赞成,还充当了挑头举事的马前卒。不过,韩馥并没有从这件事里面捞到什么好处。皇帝没换成,他自己倒被换掉了。汉献帝初平二年(公元190年)七月,袁绍内外勾结软硬兼施,从韩馥手中夺取了冀州。韩馥让出冀州后,始终在惊恐中度日,最后自杀在厕所里。

　　曹操就没有那么傻了。他既不认为袁绍能成什么大事,也反对搞分裂。他的主张,是灭董卓,迎天子,恢复国家的统一,而不是另立中央。好在袁绍也并没有把曹操这个小兄弟太当回事。在袁绍眼里,曹操大概还是当年和他一起去偷新娘子的小伙子。据《三国志·武帝纪》正文及裴松之注引《魏书》,为了说服曹操,袁绍还在"促膝谈心"的时候,悄悄出示了一颗玉玺(大约是袁绍私刻的),意思是说你看天命在此了。曹操看了却在肚子里笑,心想你以为讹国也像偷新娘子一样啊!不过,既然袁绍把自己看作儿时伙伴,那就用儿时伙伴的态度来对待吧!于是,曹操就大笑着说,我可不听你的,我就不听你的!但在暗地里,在心里面,而且也就在这一天,曹操已经把袁绍认定为背叛国家的奸贼,一个厚颜无耻的窃国大盗,列入了必须予以消灭的黑名单(益不直绍,图诛灭之)。

袁绍的弟弟袁术也不赞成,因为袁术蔑视和嫉恨自己的哥哥袁绍。袁绍和袁术可能是堂兄弟,也可能都是袁逢的儿子。袁绍年长,为兄,却是"庶出"。袁术年幼,为弟,却是"嫡出"。他俩到底是亲兄弟,还是堂兄弟,诸家说法不一。但袁绍庶出,袁术嫡出,则可以肯定。嫡出就是正妻所生,庶出则是妾或婢所生。嫡出和庶出,在当时的情况下,地位确有高低之别。一般地说,嫡子的地位和待遇都要高于庶子,甚至认为其素质都要好得多。这一点,就连《红楼梦》也不能免俗——嫡出的宝玉高贵无比,庶出的贾环则猥琐不堪。

但这并没有道理。事实上,袁绍虽然是庶出,甚至可能是婢女所生,但他的素质却比嫡出的袁术好,在政界的威望也比袁术高,人缘自然也好得多。这就让袁术恨得咬牙切齿,非得和他老哥拼个你死我活,争个胜败高低不可。这个时候,大约支持袁绍的人是比较多的,《后汉书·袁术传》的说法是"豪杰多附于绍"。于是袁术便破口大骂,说臭小子们,不追随我,反倒去追随我们袁家的奴才(群竖不吾从,而从吾家奴乎)!又写信给公孙瓒,说袁绍不是袁家的种子(云绍非袁氏子)。这就不但激怒了袁绍(绍闻大怒),也造成了极坏的影响,为他今后的失败埋下了伏笔。

其实袁术用不着看不起袁绍,他们这哥俩实在是半斤八两,其共同特点,是出身高贵,自命不凡,又愚蠢透顶,而且一个比一个牛,一个比一个蠢。至少,他们两个都比曹操牛,也都比曹操蠢。袁绍比曹操牛,也比曹操蠢;袁术则比袁绍还牛,也比袁绍更蠢。也就是说,他们的愚蠢和他们的狂妄是成正比的。袁术最自命不凡,也最愚蠢。

袁术接到袁绍的信,肚子里面阵阵冷笑。袁术想,小老婆养的人就是没出息,居然想出这么个馊主意!另立皇帝?要立你就立自己呀!我们老袁家早就"四世三公"了,你弄个"拥立之功",撑死了也就是由"四世三公"变成"五世三公",又有什么了不起?不过袁术的反对,表面上还是义正辞严。《后汉书·袁术传》的说法是"托以公义不肯同"。《三国志·袁术传》裴松之注引《吴书》则讲得更具体:"志在灭卓,不识其他。"其实袁术哪里会去打董卓!他不赞成袁绍,说到底,实际上是另有打算。什么打算呢？自己当皇帝。

这就是袁术的做法——自立。

袁术是想做皇帝的，他一直都在做皇帝梦。袁术的逻辑是这样的：一，大汉王朝已行将就木，姓刘的已日薄西山，必将由他人取而代之。二，最有资格取代刘氏的是姓袁的，因为老袁家"四世三公"，没有人可以相提并论。三，袁家人当中，最有资格的又是他袁术，因为他袁术是嫡出，袁绍则是庶出，哪有小老婆的儿子当皇帝的道理呢？不过，袁绍势力大，人缘好，也不可小看。所以，袁术一直把袁绍看作竞争对手，必欲除之而后快。

袁术的想法也不是一点根据都没有。他的手上有一块传国玉玺，是汉灵帝中平六年（公元189年）太监张让等人作乱时丢失，后来被孙坚获得，又被袁术从孙坚夫人那里强行夺过来的。这事《后汉书·袁术传》有记载。耗子腰里别了把枪，就起了打猫的心思。袁术有了这个宝贝，又误听了一些民间的谣言，他就觉得下一任的中国皇帝非他莫属。到了汉献帝建安二年（公元197年）春，袁术终于按捺不住，正式称帝。

袁术的称帝遭到一片反对。和他关系最好的孙策，在得知他称帝的打算时，就从江东来信表示反对，并与之绝交。袁术四处碰壁，又去找吕布，要和吕布结为儿女亲家，结果吕布把袁术派来的使节抓了起来，押送许县（当时曹操已迁都许县）。袁术勃然大怒，派兵去打吕布，又被吕布打得落花流水。这个时候的袁术，已经是众叛亲离，四面楚歌。

其实，称帝之前，袁术也是征求过意见的。早在汉献帝兴平二年（公元195年）冬，袁术就曾经召开会议，说我想"应天顺民"，诸位看怎么样？袁术的部下阎象马上说，当年周文王"三分天下有其二"，尚且臣服于殷。明公比不上周文王，汉帝也不是殷纣王，怎么可以取而代之？袁术不甘心，又去问张范。张范称病，由弟弟张承代答。张承说，能不能取天下，"在德不在众"。如果众望所归、天下拥戴，便是一介匹夫，也可成就王道霸业。意思是说，当不当得上皇帝，与是不是高干子弟没什么关系。可惜这些逆耳忠言，袁术全都当成了耳边风。他实在是利令智昏。

于是曹操出手了。

　　建安二年(公元197年)的曹操已非同一般。一年前,他已经成功地将汉献帝迎奉到自己的根据地许县,可以"奉天子以令不臣"或者"挟天子以令诸侯"了。这样一个大汉王朝实际上的当家人,又是一贯主张国家统一,反对分裂的,哪里容得袁术出来跳梁?自然要来收拾这个小丑,"乃自征之"。据《后汉书·袁术传》,袁术闻讯,当时就吓了个半死(术闻大骇),掉头就跑(即走渡淮),军粮也被他的"丞相"舒仲应全部分给了灾民。袁术问他为什么要这样做。舒仲应说,反正我们是死路一条了,何不用我一个人的性命来换这么多老百姓的性命呢?袁术只好苦笑着说,阁下难道要独享这个好名声,不和我共享吗?看来,袁术自己也很清楚,自从他走了这步臭棋,已经成了过街的老鼠,很难在江湖上混下去了。

　　不过袁术也还是苦撑了两年。到了建安四年(公元199年)夏天,走投无路的袁术终于发现他这个皇帝再也做不下去,便决定把那传国玉玺让给袁绍,好歹那也是袁家的人。这倒很对袁绍的心思,因为袁绍其实也是一个想当皇帝的。据《三国志·袁绍传》正文及裴松之注引《典略》,建安元年(公元196年),袁绍大败公孙瓒于易京(今河北省雄县西北),"并其众",势力大增。于是袁绍野心开始膨胀,不但对天子"贡御希慢"(贡奉既少,又很无礼),而且私下里指使(私使)一个名叫耿苞的主簿向他报告,说是赤德已尽,黄天当立,应该顺应天意。所谓"赤德",就是指刘汉;所谓"黄天",就是指袁氏。袁绍将耿苞的密报交给大家看,没想到舆论哗然,都说耿苞妖言惑众。袁绍没有办法,只好杀了耿苞"以自解"。但他人还在,心不死,皇帝还是想当的。因此,当袁术决定"归帝号于绍"时,他心里是高兴的,《三国志》的说法是"阴然其计"。

　　可是,就连这个想法,袁术也不能如愿,因为曹操已派刘备在下邳(今江苏省睢宁县)截击,单等他来送死。袁术没有办法,只好又掉头回淮南。逃到离寿春(今安徽省寿县)八十里的江亭时,终于一病不起,呜呼哀哉,只当了三年半的皇帝,而且还是假的,没人承认。

　　据说袁术死得很惨。《三国志·袁术传》裴松之注引《吴书》说,袁术死的时候,身边已没有粮食。询问厨房,回答说只有麦屑三十斛(音胡hú,十斗为一斛)。厨师将麦屑做好端来,袁术却怎么也咽不下。其时正当六月,烈日炎炎,酷暑难当。袁术想喝一口蜂蜜水,也不能够。袁术独自坐在床上,叹息良久,突然惨叫一声说:我袁术怎么会落到这个地步啊! 喊完,倒伏床下,吐血一斗多死去。

袁术的死实在是罪有应得。当他求蜂蜜水而不可得的时候,不知他是否想过他当年的骄奢淫逸和对人民群众的横征暴敛。《三国志》说,袁术起兵之时,就"奢淫肆欲,征敛无度,百姓苦之"。《后汉书》也说他"不修法度,以钞掠为资,奢姿无厌"。称帝以后,更是"荒侈滋甚,后宫数百皆服绮縠,而士卒冻馁,江淮空尽,人民相食"。在他的治下,人民过着水深火热的日子,"江淮间相食殆尽"。他自己每天山珍海味,手下的士兵却一个个冻死饿死。这样的东西,不失败才是怪事!

当然,袁术的失败,并不完全是他个人的责任。袁术这个人,还是很有些优点的,也是很有些本事的。《三国志》说他"少以侠气闻",《后汉书》说他"举孝廉,除郎中,历职内外",董卓专政时当到后将军,岂能是草包? 实际上,是皇帝的至尊地位和至高权力使他鬼迷心窍。他是皇权制度的牺牲品。

这样一说,事情就清楚得多。从政治的角度讲,袁术最蠢的地方,还是他在大家都想当皇帝,又都不敢挑头的时候,迫不及待地当了出头鸟。要知道,出头的椽子是要先烂的。尤其是在群雄割据、势力相当的情况下,谁挑这个头,谁就会成为众矢之的。袁绍他们懂这个道理,因此尽管心里痒痒的,也只好忍住。曹操更是心里透亮。孙权劝他称帝,他一眼看穿孙权的鬼心眼,说这娃娃是想把我放在火上烤。袁术却不懂。他以为只要他一抢先,便占了上风,别人就不敢怎么样了。没想到皇帝的称号不是商标,抢先注册的结果只能是玩火自焚。

袁术死了,袁绍也得死。消灭袁绍的,也是曹操。其实袁术和袁绍兄弟的愚蠢,正在于他们始终就没有弄清楚谁才是自己真正的对手。于是,就在袁绍兄弟祸起萧墙争风吃醋的时候,曹操在他们的眼皮底下悄然崛起,成为政坛上和战场上一颗冉冉升起的新星,并一举打败了这两个自以为是的家伙。事实证明,他们两个一开始都没放在眼里的曹操,才是真正的政治高手,也才是公元208年赤壁之战以前政治斗争中最大的赢家。因为曹操比他们都更有政治头脑,知道应该怎样对待皇帝,知道应该怎样才能在这个重大问题上立于不败之地。

　　董卓废立,袁绍另立,袁术自立。那么,曹操是怎么做的呢?

　　请看下集:深谋远虑。

第六集　深　谋　远　虑

　　董卓废立,袁绍另立,袁术自立,说明他们充其量只不过"乱世枭雄",也反过来证明只有曹操才是天才的政治家。因为只有曹操,才在这个混乱的时代采取了一种成本最低、风险最小、效益最高的政治策略。那么,曹操的策略是什么呢?

　　在上一集,我们讲到了董卓、袁绍和袁术这三个"乱世枭雄"在皇帝问题上的态度和做法:董卓废立,袁绍另立,袁术自立。这三种决策,即便不能说是错误,至少也是不高明,因为成本高,风险大,效益低。相比之下,曹操的做法显然高明得多。他既不废立,也不另立,更不自立,而是把现任皇帝迎接到自己的根据地,客客气气地供奉起来。然后,利用现任皇帝的旗号,以国家的名义号令天下,征讨四方。

　　这就是通常所谓"挟天子以令诸侯"了。其实,"挟天子"这个说法是可以讨论的。包括曹操是否打算这样做和是否能够这样做,都可以讨论。因为无论曹操还是他的谋士,都没有说过这句话,也没有使用过"挟天子"的提法。这话是别人说他的。比如诸葛亮就说曹操"挟天子而令诸侯",孙权集团的人也说曹操"挟天子而征四方",袁绍则说曹操居然还想"挟天子以令我"。我们知道,那时的政治斗争很是激烈。对手的话,不一定靠得住。

　　曹操方面的说法是"奉天子",是"奉天子以令不臣"(毛玠),或者"奉天子以令天下"(贾诩)。这两种说法,看起来大同小异,其实相去甚远。那么,"奉天子"和"挟天子"又有什么不同? 曹操为什么要这样做? 是谁给曹操出的主意? 曹操是怎样实施的? 他这样做了以后,又有什么好处？

不过，在回答这些问题之前，我们先要简略地介绍一下当时情况。汉献帝初平三年（公元192年），司徒王允联合吕布发动宫廷政变，谋杀了董卓。这件事情，在《三国演义》里面说成是王允施了美人计和离间计。这当然是小说家言，貂蝉这个人也是元代的戏剧家编出来的。元代杂剧《连环计》说，貂蝉姓任，是任昂的女儿，名叫红昌，因为在皇宫里管貂蝉冠，所以叫貂蝉。不过吕布和董卓的侍婢偷情，大约确有其事；董卓因为一点小事大发雷霆，拎起手戟就扔向吕布，也大约确有其事。吕布向王允诉苦，说董卓好几次要杀他，感到害怕，也是事实。这些事，《三国志》里面都有记载。《三国志·吕布传》说，王允发现这个情况，就要吕布参加他们的行动，并担任杀手。吕布犹豫，说"奈如父子何"。王允说："君自姓吕，本非骨肉，今忧死不暇，何谓父子！"吕布就在董卓上朝时把他杀了。

这件事当然大快人心。据《三国志·董卓传》裴松之注引《英雄记》，董卓死后，横尸街头，看守尸体的人在董卓的肚脐眼上插了根灯芯，把董卓充满肥油的肚子变成了一盏灯，而且一点就着，通宵达旦。但是，胜利之后的王允也犯了和袁绍相同的错误，那就是大开杀戒，株连无辜，蔡文姬的父亲、大学者蔡邕也被诛杀。据《三国志·董卓传》裴松之注引谢承《后汉书》，杀蔡邕的时候，很多人表示反对，前来劝说。王允却说，当年孝武皇帝没把司马迁杀了，结果留下一本坏书。现在国运衰落，兵荒马乱，董卓的军队就在京郊，怎么能让一个奸人拿着笔站在年幼的皇帝身边？这事虽然被裴松之认为不实，但王允杀蔡邕，杀很多人，打击一大片，却是事实。

这就逼得董卓的旧部铤而走险，杀回长安。结果这回轮到王允暴尸街头了，只有吕布从武关杀出，到南阳投奔了袁术，朝政则落到了董卓旧部李傕（音觉jué）和郭汜的手里。这两个人一点也不比董卓文雅，可怜的汉献帝刚刚脱离虎口又进了狼窝。更糟糕的是，这两只狼还要窝里斗。李傕把皇帝抢到自己营里，郭汜则把百官抢到自己军中，正所谓"一人劫天子，一人质公卿"。后来，他们打得筋疲力尽、两败俱伤、死者数万，这才稍微安静下来。兴平二年（公元195年）七月，李傕的部将杨奉和董太后的侄子董承等人开始护送天子还京（洛阳）。这一去就是一年的颠沛流离，天子又变成了浪子。建安元年（公元196年）七月，皇帝终于回到了洛阳。面对被董卓烧毁破败不堪的京城，天子欲哭无泪。

如此混乱的局面，对于国家和民族当然是大大的不幸，却给了争霸的关东诸侯一个极好的机会，同时对他们也是一次考验，既考验他们对国家民族是否忠诚，也考验他们能不能抓住发展壮大自己的机遇。现在看来，曹操集团考试合格。曹操到了兖州后，他的谋士毛玠（音介jiè）与他有过一番谈话。这番话，奠定了相当长一段时间曹操政治战略、经济战略和军事战略的基础，堪称"曹操版"或"毛玠版"的《隆中对》。

毛玠首先为曹操分析了形势。他指出，当时的情况，是社会动乱（天下分崩），国本动摇（国主迁移），经济崩溃（生民废业），灾难流行（饥馑流亡），可谓国既不泰（公家无经岁之储），民也不安（百姓无安固之志）。这样下去，决非长久之计（难以持久）。这个时候，确实需要有一个雄才大略的人来收拾局面。这个事业，就是所谓"霸王之业"。但是，那些有此条件的人，比如袁绍、刘表，虽然实力强大（士民众强），却目光短浅（无经远之虑），不知根本（未有树基建本者也）。根本是什么？一是正义，二是实力。实力当中，又首先是经济实力。因为兵马未动，粮草先行。没有足够的粮饷，是打不了仗的。实际上，战争并不仅仅是军事力量的较量，更是经济力量的较量。当然，战争也不仅仅是实力的较量，更是人心的较量。得人心者得天下。有了正义的旗帜，就师出有名，也就能克敌制胜，这就叫"兵义者胜"。有了经济的力量，就财大气粗，也就能进退自如，这就叫"守位以财"。总之，有了这两条，就进可攻，退可守。

因此，毛玠向曹操提出三项建议，即奉天子，修耕植，畜军资。毛玠说："夫兵义者胜，守位以财，宜奉天子以令不臣，修耕植，畜军资，如此则霸王之业可成也。"为什么要"奉天子"呢？因为在当时，皇帝不但是国家元首，而且是上天的嫡子，即"天子"，也是天下人的父亲，即"君父"。这个观念，早在西周时就形成了。西周虽然没有皇帝，天子却是有的，即作为"天下共主"的周王。后来，秦灭六国，天下一统，"王制"变成了"帝制"，"共主"变成了"独主"，但取代了"王"的"皇帝"却仍然是"天子"。现在,上天的嫡子、天下人的父亲颠沛流离,食不果腹,居无定所,割据一方的诸侯都不伸手救援,许多人是愤愤不平看不下去的。如果有人能够尊奉天子,无疑会大得人心。这就是毛玠深谋远虑的地方。至于"修耕植,畜军资",其意义则已如前说。总之,"奉天子"是政治战略,"修耕植"是经济战略,"畜军资"是军事战略,所以说毛玠的话是"纲领性文件"。

曹操立即就采纳了毛玠的建议(《三国志》的说法是"敬纳其言"),而且予以实施。前面讲过的"屯田",就是"修耕植,畜军资"。另一件要做的事情,就是"奉天子"了。

但是这并不容易。毛玠提出建议后,曹操就派使者前往长安,联系朝廷,却被河内太守张杨拦住,不得过境。这时,一个名叫董昭的人出来帮了大忙。董昭这个人,按照陈迩冬先生《闲话三分》的说法,在三国中连次要人物也够不上。但我以为,董昭的"戏份"虽然不重,每次出场却都在节骨眼上。比方说,曹操的迎奉天子,陈迩冬先生就谓之"董昭教打'皇帝牌'";后来曹操成为"魏公"、"魏王",《三国志》也说"皆昭所创"。其实曹操的这些事,并非董昭一人之功。比如"奉天子以令不臣",就首先是毛玠的建议。不过,这件事能够办成,董昭的作用确实很大。

董昭原本是袁绍的人,因为袁绍听信谗言对他产生怀疑,只好离开袁绍去洛阳,半路被张杨收留。董昭见曹操的使者被张杨拦截,就对张杨说,将军不要以为袁绍和曹操是一家,我看他们两个总有一天会翻脸,而胜利者必定是曹操,因为曹操才是当今天下的英雄。现在曹操代理了兖州牧,派使节去朝见天子,路过将军这里(其实被张杨挡住),这就是将军和曹操的缘分啊!将军不如做个顺水人情,将来你们就是好朋友了。于是张杨就上书朝廷,表荐曹操。董昭又自己掏钱以曹操的名义给李傕和郭汜送礼,从此曹操和朝廷有了来往。这是汉献帝初平三年(公元 192 年)的事。

到兴平二年(公元 195 年)的十月,曹操正式做了兖州牧,力量更强大了;而汉献帝也在次年即建安元年(公元 196 年)的七月,历尽千辛万苦回到了洛阳,迎奉天子的条件更为成熟。曹操便派他的堂弟、扬武将军曹洪去洛阳,却遭到卫将军董承和袁术的拦截。这时又多亏了董昭。董昭的办法是去找杨奉。因为他发现皇帝身边那些如狼似虎的军阀当中，杨奉的实力最强而根基最浅，很希望得到外援。于是董昭便自作主张替曹操写了一封信。信里先是吹捧了杨奉一番，然后说现在天下这么混乱，"必须众贤以清王轨，诚非一人所能独建"，也就是应该联合起来。怎么联合呢？"将军当为内主，吾为外援。今吾有粮，将军有兵，有无相通，足以相济。"而且，董昭还替曹操信誓旦旦："死生契阔，相与共之。"这话说得杨奉点头称是，就举荐曹操为镇东将军，还承袭了父爵费亭侯。正好这时董承在朝廷里和别人闹了矛盾，也派人请曹操出兵洛阳。曹操迎奉天子的障碍没有了。

汉献帝建安元年（公元 196 年）八月十八日，曹操进入洛阳，拜见了汉献帝。他带来了皇帝久违了的问候，也带来了皇帝许久不见的粮食和酒肉。君臣相见，想必感慨万千。曹操万万没有想到，至尊天子的饮食起居竟然形同乞丐。皇帝也没有想到，在这混乱的年头居然还真有人惦记他，尊奉他。于是天子下诏，授予曹操符节和黄钺，录尚书事。授予符节，就有了军中执法权；授予黄钺，就有了内外指挥权；录尚书事，就有了最高行政权。曹操成功地迈出了第一步。

不过这一步也实在只能算是万里长征第一步。因为这时的皇帝，其实被捏在别人手上，并没有什么权威。曹操要在别人的地盘依靠并没有权威的皇帝行使什么军中执法权、内外指挥权和最高行政权，奉天子以令不臣，简直就是天方夜谭。因此，他还必须迈出第二步——把皇帝弄到自己身边去。

第二步的迈出也有董昭的功劳。曹操到了洛阳以后，和董昭有过一次谈话。他请董昭和自己坐在一起，感谢董昭暗中为自己做的一切，同时也问计于董昭。董昭说，将军举义兵，诛暴乱，入朝天子，辅翼王室，这是当年齐桓公、晋文公的霸业呀！但是，现在天子身边的这些将军，"人殊意异，未必服从"。如果留在洛阳辅佐皇上，"事势不便"。惟一的办法，就是"移驾幸许"，也就是请皇上到将军的根据地许县去。不过，董昭也指出，这件事情并不容易。因为董卓把皇帝劫持到长安，弄得民怨沸腾。现在皇帝好不容易回到了洛阳，天下人都翘首以待，希望从此安定下来。如果又要皇上移驾，恐怕人心不服。这就是"非常之事"了。然而，董昭强调："行非常之事，乃有非常之功，愿将军算其多者。"

这其实是考曹操的魄力了。曹操马上说,这正是我的打算。只不过杨奉就在附近,听说他的军队很厉害,只怕不会给我方便。董昭说,无碍。杨奉这个人,有勇无谋,又没有党羽,是可以忽悠的。将军不妨先给杨奉写一封信,送上厚礼,就说洛阳没有粮食了,要就食于鲁阳。鲁阳距离许县不过咫尺,岂不是说去就去了? 鲁阳离杨奉所在的梁县也不远,杨奉必不怀疑,何忧之有呢? 曹操依计而行,果然就把皇帝弄到了许县。

这下子杨奉才发现上当了。董昭以曹操的名义给他写信的时候,他还真以为曹操会像信中所写的那样和他合作,他出兵,曹操出粮,由他主持朝政,曹操做外援。他哪里知道,曹操这个人,岂是给别人当后勤部长的? 别人给他当后勤部长还差不多! 当然,杨奉也更想不到曹操居然会以"暂幸鲁阳"之名,行"迁都许县"之实。气急败坏的杨奉想和曹操算账,却被曹操抄了老窝,最后只好去投奔袁术。

迁都许县的皇帝暂时住进了曹操的行辕,天子感到很满意。到许县之前,皇帝和朝官们已经和叫花子差不太多。据《后汉书·献帝纪》,当时在洛阳,天子临时住在老太监赵忠的宅子里,而"百官披荆棘,依墙壁间",尚书郎以下的官都得自己出去挖野菜吃,有的竟活活饿死或被乱兵杀死。曹操却大大地改善了他们的生活,而且在做这些事时,非常的细心,很像一个管家的样子。更令天子感动的是,曹操在为他提供日用品的时候,采取的是"归还公物"的方式,还上了一道《上杂物疏》。曹操说,这些东西都是先帝赐给臣祖上的。先帝赐给臣祖,是先帝的恩宠,臣祖也是供奉在家里,从来不敢使用。现在皇上起居不便,臣又无尺寸之功,哪里还敢留下? 理应归还。

这一手实在漂亮。我们知道,帮助一个人,最重要的是不要让他觉得受了施舍,欠了人情,更不能老是提醒别人受了自己的帮助。许攸就错在这里,最后死于非命。当然,臣下给皇上送东西,历来是叫做"孝敬"的。但在这个非常时期,"孝敬"和"施舍"也没有太大区别。这个时候,臣下能够说一声"孝敬",就算是给足了面子。然而曹操居然说是"归还"! "归还"和"孝敬"是不同的。你再说"孝敬",那东西也是你的,皇帝还是欠了你一个人情。"归还"却意味着那东西原本是皇帝的,曹操一点人情都没有。皇帝既受之无愧,曹操也理所应当。这就把人情做足了。做人情,又显得不是做人情,曹操实在高明。

曹操的这份细心不能不让皇帝感动,也不能不让他认为曹操是大大的忠臣。感动之余,皇帝庆幸自己有了这样一个忠臣,甚至庆幸上天赐给他这样一个救星。他不用再流离失所,不用再像一件可居的奇货在军阀们的手上倒卖,不用担心害怕随时会被废黜、杀害。他有了一个保护神,可以过点安生日子了。

于是,天子下诏,任命曹操为大将军,封武平侯。武平侯是县侯,比原来那个只是亭侯的费亭侯高了两级(亭侯之上是乡侯,乡侯之上是县侯)。更重要的是,大将军是武帝以来大汉王朝的最高实权职务,比"三公"的地位还高,权力还大。这下子,曹操完成了"奉天子"的程序,获得了"一人之下,万人之上"的崇高地位,他可以"令诸侯"了吗?

不能。第一个,袁绍就不听他的。曹操当了大将军以后,大约是为了平衡,或者是为了安抚一下老朋友,又以皇帝的名义任命袁绍为太尉,封邺侯。袁绍便马上就跳起来了,拒不接受。因为太尉虽然是全国最高军事长官,三公之一,地位却在大将军之下。据《三国志·袁绍传》裴松之注引《献帝春秋》,袁绍气愤地对人说,曹操早就死过好几回了,每次都是我救了他,现在反倒跑到我头上撒尿来了,什么东西! 难道他还想"挟天子以令我"吗?

这就十分小家子气和小心眼儿了。袁绍这个人,虽然出身高贵,却其实小心眼。这也是他最后终于要失败的原因之一。反倒是曹操大度,知道此时不可和袁绍翻脸,便上表辞去大将军一职,让给袁绍。袁绍这下以为得了面子和甜头,才不闹了。其实,袁绍不在朝中,他的号令也出不了自己的辖区范围,当大将军和小将军没什么两样。何况,这职位是曹操让出来的,也没什么面子,徒然让后人耻笑而已。

更何况,曹操可以给他"面子",却不会给他"里子",也不会听他指挥。据《三国志·武帝纪》裴松之注引《魏书》,当时袁绍要曹操胡乱找个茬子把杨彪和孔融杀了,曹操就不听他的。曹操知道袁绍和杨彪、孔融有过节,自己也不喜欢杨彪和孔融,却知道现在不是杀人的时候,更不能乱杀名士。就算要杀,也是曹操自己的事,岂能由袁绍来指挥? 于是曹操就一本正经地给袁绍回了一封信,说现在的情况,是"天下土崩瓦解,雄豪并起",君臣将相,既不同心,也不同德,"此上下相疑之秋也"。这个时候,作为帝国的执政者,即便以最坦诚的心态去对待别人,恐怕也难以取信于人。如果还要杀他一个两个,岂不弄得人人自危? 想当年,高皇帝册封和他有过节的雍齿为侯,就安定了整个朝廷,这事阁下难道忘了吗? 袁绍得信,气了个半死,认为曹操表面上大公无私(外托公义),实际上心怀鬼胎(内实离异),还要和他打官腔,就恨得咬牙切齿。

曹操当然很清楚袁绍的心思,也很清楚他和袁绍总有一天会公开翻脸。不过,袁绍这么一闹,也让曹操清楚地意识到,事情并没有想象的那么简单。不要以为你掌握了个小皇帝,当了个大将军,天下就是你的了。没有的事! 事实上,袁绍不听他的,袁术不听他的,吕布、张绣这些小军阀也不听他的,更不用说远在天边的刘表和孙策了。皇帝的旗号并不能代替武器的批判,天下还得靠拳头打出来。

因此,说曹操都许之后就"挟天子以令诸侯"了,是不对的。当时他并没有这个能耐,也未必有这个想法。因为毛玠的建议,是"奉天子以令不臣",并非"挟天子以令诸侯"。这两个说法是有本质区别的。奉,是尊奉、维护;挟,是挟持、利用。令不臣,是要地方服从中央;令诸侯,是要别人服从自己。因此,"奉天子以令不臣"是政治纲领,目的是实现国家的统一;"挟天子以令诸侯"是政治策略,目的是实现个人的野心。这两个说法,岂能混为一谈?

那么,曹操的真实想法,是要"奉天子以令不臣",还是要"挟天子以令诸侯"呢?

请看下集:先入为主。

第七集　先　入　为　主

　　曹操的政治天才,集中表现在他迎奉天子迁都许县这件事上。这件事的动机,可以有两种解释。一种是为了维护国家的统一,必须维护作为国家统一象征的皇帝,铲除导致国家分裂的诸侯,即"奉天子以令不臣";另一种解释则是曹操为了实现自己的政治野心,把皇帝作为牌来打,趁机消灭异己,即"挟天子以令诸侯"。那么,曹操的真实想法究竟是什么?

　　上一集我们讲到,曹操到洛阳见到皇帝以后,便采纳董昭的计谋,把天子客客气气地请到了自己的根据地,从此迁都许县。许多人认为,曹操开始"挟天子以令诸侯"了。但我们前面说过,曹操的政治纲领,是"奉天子以令不臣",而不是"挟天子以令诸侯"。那么,"挟天子以令诸侯"这句话又是怎么来的呢?

　　是袁绍的谋士说的。

　　袁绍有两个谋士说过这话,一个是沮授,一个是田丰。沮授的说法是"挟天子而令诸侯,畜士马以讨不庭",田丰的说法则是"挟天子以令诸侯,四海可指麾而定"。田丰的说法见于《三国志·武帝纪》裴松之注引《献帝春秋》,沮授的说法见于《三国志·袁绍传》裴松之注引《献帝传》。沮授的说法在前,而且详尽,我们就说沮授。

　　沮授是袁绍从韩馥手里骗得冀州之后,顺便接收的谋士之一。袁绍的水平比韩馥高多了,沮授当然愿意为他效劳。据《三国志·袁绍传》,沮授投靠袁绍后,两人有过一次谈话。正如毛玠的谈话可以算作"曹操版"的《隆中对》,沮授的谈话也可以算作"袁绍版"的《隆中对》,

而且说得文采飞扬。沮授说,将军您是一个旷世英雄、少年才俊。年纪轻轻刚一进入朝廷,就名扬四海(弱冠登朝,则播名海内);面对董卓的倒行逆施,您表现得大义凛然(值废立之际,则忠义奋发);单枪匹马突出重围,董卓就心惊胆战(单骑出奔,则董卓怀怖);渡过黄河就职渤海,渤海就俯首称臣(济河而北,则渤海稽首)。您依靠渤海一个郡的力量(振一郡之卒),获得了冀州一个州的拥戴(撮冀州之众),真可谓"威震河朔,名重天下"呀!现在天下虽然还不太平(黄巾猾乱,黑山跋扈),但是,又有谁能阻挡您前进的步伐呢?您现在"举军东向,则青州可定;还讨黑山,则张燕可灭;回众北首,则公孙必丧;震胁戎狄,则匈奴必从",完全可以"横大河之北,合四州之地,收英雄之才,拥百万之众",成为举世瞩目举足轻重的救世英雄。那时,您就应该把皇上从长安迎回来(迎大驾于西京),在洛阳恢复社稷和祖庙(复宗庙于洛邑),然后"号令天下,以讨未服"。将军有了这样一个政治优势,又谁能够和您一争高下呢(以此争锋,谁能敌之)?用不了多久,就大功告成了(比及数年,此功不难)。这话说得袁绍也热血沸腾,当即表示"此吾心也",可惜并未实行。

这事后来又议过一次,而且话说得更明确,时间则是在曹操迎奉天子之前不久。据《三国志·袁绍传》裴松之注引《献帝传》,沮授说,自从董卓造孽,天子流离失所,宗庙破败毁坏,各路诸侯名义上大举义兵,实际上自相残杀(外托义兵,内图相灭),没有一个尊崇天子体恤百姓的(未有存主恤民者)。现在,将军您已经初步安定了州域,就应该迎奉天子定都邺城,"挟天子而令诸侯,畜士马以讨不庭",又有谁能够抵挡您呢?

这话袁绍倒是听进去了,可惜其他人反对。反对的人,据《献帝传》说是郭图,但《三国志》说郭图是赞成的,而且说主张"迎天子都邺"的正是郭图。这个我们也弄不清楚。反正那些人七嘴八舌说大汉王朝眼看就要完蛋了,咱们却去扶它,不是没事找事吗?现在大家都在问鼎中原。这个时候,先下手为强,先得手为王。如果把皇帝这宝贝弄到身边来,天天向他请示,事事向他汇报,实在麻烦。听他的吧,显得咱没分量(从之则权轻);不听他的吧,说起来又算是违命(违之则拒命),实在划不着(非计之善者也)。袁绍自己呢,一想到献帝是董卓拥立的(天子之立非绍意），心里就犯恶心，也就打消了这个念头。

机不可失，时不再来。袁绍一犹豫，曹操就抢了先。这一回轮到袁绍大跌眼镜了：曹操迎奉献帝迁都许县后，不但没有损失什么，或受制于人，反倒捞到了不少实惠。他得到了黄河以南的大片土地，关中地区的人民也纷纷归附（收河南地，关中皆附）。更重要的是，他捞到了一大笔政治资本，不但自己成了匡扶汉室的英雄，有了"一人之下，万人之上"的地位，而且把所有的反对派都置于不仁不义的不利地位。从此，曹操不管是任命官吏、扩大地盘，还是讨伐异己、打击政敌，都可以用皇帝的名义，再不义也是正义的。对手们呢？则很被动。他们要反对曹操，先得担反对皇帝的风险。即便打着"清君侧"的旗号，也远不如曹操直接用皇帝的名义下诏来得便当，来得理直气壮。比如后来袁绍要打曹操，沮授和崔琰便都说"天子在许"，攻打许"于义则违"。诸葛亮也说曹操"挟天子而令诸侯，此诚不可与争锋"。曹操捷足先登，占了个大便宜。

袁绍则吃了个大亏。据《后汉书·袁绍传》，曹操刚把天子迎到许县，就一本正经地以皇帝的名义给袁绍下了一道诏书，责备他"地广兵多，而专自树党"，没见他出师勤王，只见他不停地攻击别人。袁绍接诏，浑身气都不打一处来，却也只好忍气吞声上书为自己辩解一番。后悔之余，袁绍又想出一个补救办法。他以许都低湿、洛阳残破为由，要求曹操把皇帝迁到离自己较近的鄄（音卷 juàn）城（今山东省鄄城县），试图和曹操共享这张王牌。这可真是做梦娶媳妇，尽想好事。曹操肚子里好笑，毫不客气地予以拒绝。这时，袁绍的谋士田丰就对他说，迁都的事既然办不成，那就赶紧打许县的主意（徙都之计，既不克从，宜早图许，奉迎天子），否则就来不及了。袁绍不听。

实际上，这事从一开始曹操就高了袁绍一头。高在哪里？高在格调，高在品位。要知道，沮授的建议（挟天子而令诸侯）是不可以和毛玠的建议（奉天子以令不臣）等量齐观的。道理上一集讲过：奉，是尊奉、维护；挟，是挟持、利用。"奉天子以令不臣"的目的是要实现国家统一，"挟天子而令诸侯"的目的是要实现个人野心。一个光明磊落，一个鬼鬼祟祟，岂能同日而语？毛玠说得对，"兵义者胜"。不义，气度上就差了一截。

　　退一万步说,就算曹操接受毛玠的建议迎奉天子,并非真心要把行将就木的汉室再扶起来,不过只是把皇帝当牌来打,策略上也比袁绍高明。因为皇帝不但可以当牌来打,而且是张好牌。这张牌,好就好在它既虚又实。说它虚,是因为这时的皇帝,不要说"乾纲独断",就连人身自由都没有,完全听人摆布,有如提线木偶。所以,它是一张可以抓到手的牌。说它实,则是因为尽管谁都知道这皇帝是虚的,是个摆设,可又谁都不敢说他是虚的,可以不要,就像童话里谁也不敢说那皇帝没穿衣服一样。皇帝有个什么吩咐,有个什么号令,大家也都得装作服从的样子(事实上有些事还得照着做),不敢明目张胆唱反调。惟其如此,当时敌对的双方便都要宣称自己的行动得到了皇帝的授权。在朝的逼着皇帝下诏书,在野的则谎称有皇帝的密诏,这样他们的行动才师出有名,才有正义的性质。所以,皇帝又是一张有用的牌,而且是王牌。只要这张牌是王牌,你管他是哪儿来的?

　　至于说把皇帝弄到身边,事事要向他请示,不如远离皇帝可以随心所欲,为所欲为,则更是典型的山大王意识,一点政治头脑都没有。天高固然皇帝远,但那皇帝如果是傀儡,近一点岂不更便当? 请示汇报、磕头行礼当然还是要的。但只要稍微有点头脑,就该知道那不过是走走过场而已。那小皇帝当时才十六岁,还是个孩子。先是被捏在董卓手里,后来又被捏在王允等人手里,从来就没有真正掌过权。李傕、郭汜火并,在长安城里兵戎相见,皇帝派人两边讲和,谁也不买他的账。可见这位堂堂天子,不要说号令天下,就连当个和事佬都当不成。这样可怜的皇帝,到了袁绍这里,怎么会摆天子的谱,和袁大人过不去呢? 政治斗争和做生意一样,讲究的是抢占商机。王牌只有一张,你不抢,就会有别人抢。沮授就说:"权不失机,功在速捷","若不早图,必有先人者也"。可惜袁绍听不进去。

　　可见,迎奉天子这事,也有两说。毛玠是一种说法,沮授是另一种说法。那么,曹操的真实想法是什么? 他是要"奉天子以令不臣"呢,还是要"挟天子而令诸侯"呢?

　　曹操的谋士们显然是主张前者的。毛玠是这个观点,荀彧也是这个观点。荀彧原本是袁绍的人,但他"度绍终不能成大事",早在汉献帝初平二年(公元191年)就离开袁绍投奔了还只是东郡太守的曹操,曹操高兴地说这就是我的张良啊！建安元年(公元196年),曹操决定迎奉天子的时候,许多人是不赞成的(诸将或疑),是荀彧和程昱坚决支持。程昱说过什么我们已无从知晓,荀彧的说法则记载在《三国志·荀彧传》中,我们且看他怎么说。

荀彧说,第一,搞政治斗争,必须正义,至少要有一面正义的旗帜。想当年,晋文公迎奉被王子带驱逐的周襄王返回王城,结果诸侯影从;高皇帝为被楚霸王杀害的楚怀王披麻戴孝,结果天下归心。这就是正义旗帜的号召力。第二,将军您一贯正义。董卓祸乱国家的时候,是您第一个举起正义的旗帜并付诸行动(首唱义兵);天子颠沛流离的时候,又是您冒着天大的风险派去了使节(蒙险通使)。这说明什么呢?说明您的心无时无刻不在王室(乃心无不在王室),您的夙愿是要匡复天下啊(是将军匡天下之素志也)! 现在,天子正在颠簸(车驾旋轸),洛阳一片破败(东京榛芜),忠义之士无不希望捍卫国本(义士有存本之思),人民群众怀念大汉往日的辉煌而更加悲伤(百姓感旧而增哀)。那就应该立即行动起来,做将军一直想做的事。错过了时机,人心就会大乱。等到大家都想搞分裂(四方生心)的时候再来收拾局面,恐怕就为时太晚了。

为此,荀彧向曹操提出了三大纲领,即尊奉天子以顺从民意(奉主上以从民望),大公无私以降服豪强(秉至公以服雄杰),弘扬正义以招揽英雄(扶弘义以致英俊)。荀彧说,"奉主上以从民望",是最大的趋势,即"大顺";"秉至公以服雄杰",是最大的战略,即"大略";"扶弘义以致英俊",是最大的德行,即"大德"。大顺至尊,大略至公,大德至义。有此三大纲领,就堂堂正正,气壮山河,无往而不胜。即便有人唱反调,闹别扭,倒行逆施,那也只能是小丑跳梁,螳臂挡车,自取灭亡。

荀彧这段话说得大义凛然,不能不让曹操肃然起敬。如果比较一下荀彧和沮授的说辞,则品位和格调的高下就一目了然。荀彧着眼于"义",沮授着眼于"利"。荀彧始终紧扣一个主题:捍卫现任皇帝,就是维护国家统一,这是"大义"。沮授则反复强调一个策略:掌握现任皇帝,就能拥有政治资本,这是"大利"。所以,他们都认为必须抓紧时机,但着眼点不一样。荀彧说,等到大家都想搞分裂的时候再来收拾局面,就为时已晚。沮授则说,如果不先下手为强,让别人把皇帝这张牌抢走了,就来不及了。当然,沮授也说了"今迎朝廷,至义也"的话,但说得轻描淡写。轻描淡写倒不见得就是沮授格调低,归根结底还是袁绍格调低。谋士要说服东家,总是要顺着对方的心思说的。沮授晓之以"利",说明袁绍重"利";荀彧晓之以"义",说明曹操重"义"。至少,在公元196年的时候,曹操是重"义"的,或装着重"义"的样子。

不过,任何说法和决策都是双刃剑。毛玠和荀彧为曹操设定的这个"政治正确"和"正义旗帜",给曹操戴上了高帽子,也给曹操戴上了紧箍咒。尤其是荀彧提出的尊奉天子、大公无私和弘扬正义这三大纲领,全方位地遏制着曹操的个人野心;而"乃心无不在王室"和"将军匡天下之素志也"这两句话,则等于用曹操自己的话把曹操管得死死的,使他终其一生都不敢取现任皇帝而代之,悍然称帝。也许正是这个原因,曹操在自己野心膨胀的时候对他们产生了怨恨。荀彧被逼自杀,毛玠也下了大狱,差一点死掉。

这当然是后话。在公元196年这个时候,曹操基本上还是想做"乱世英雄"的,也是主张尊奉现任皇帝,维护国家统一的。据《三国志·武帝纪》裴松之注引《魏书》,六年前袁绍提出要另立刘虞为帝时,曹操就曾这样回答袁绍。曹操说,董卓的罪恶,暴于四海。我们的联军之所以得到那么多人的拥护和响应,就因为我们的行动是正义的。现在皇上年幼,势单力薄,受制于奸臣,自己并没有什么过错。一旦更换,天下还有谁能安心?最后,曹操悲愤地说:"诸君北面,我自西向!"也就是说,你们到幽州朝拜新皇帝去吧,我自己一个人西进长安,到那里保卫当今皇上去!

曹操这段话不长,意义却很重大。它清楚地表明了曹操的政治立场:主张统一,反对分裂,因为分裂意味着战争,也意味着人民的痛苦。曹操曾经写过一首诗,叫《蒿里行》,回顾了关东联军四分五裂的故事,描绘了战争状态下人民的痛不欲生。那可真是哀鸿遍野,饿殍遍地,惨不忍睹。曹操说:"关东有义士,兴兵讨群凶。初期会盟津,乃心在咸阳。军合力不齐,踌躇而雁行。势利使人争,嗣还自相戕。淮南弟称号,刻玺于北方。铠甲生虮虱,万姓以死亡。白骨露于野,千里无鸡鸣。生民百遗一,念之断人肠。"这种景象,曹操他看不下去。

因此曹操坚决主张国家的统一,并为此奋斗终身。国家要统一,就要有一个统一的象征。在当时的情况下,这就是皇帝。皇帝是谁并不重要。如果条件成熟,自己来当也不是不可以,但不能没有,也不能有两个。他反对董卓,是因为董卓把皇帝搞得等于没有。他反对袁绍,是因为袁绍要把皇帝搞成两个。他坚持不退出政治舞台,而且在条件实际上已经成熟的时候也不取代汉献帝,则因为"设使国家无有孤,不知当几人称帝,几人称王"。所以,为了国家的统一,他宁肯自己忍住,也不能弄出一大堆皇帝来。

当然,要说曹操这时一点个人野心都没有,也不是事实。据一条不太可靠的史料,即《三国志·武帝纪》裴松之注引张璠《汉纪》,当时有个名叫王立的太史公,一而再、再而三地对皇帝说,天命有去就,五行不常盛。替代汉的必定是魏。能安天下的,也只有曹氏。曹操听说这话以后,就让人对王立说:"知公忠于朝廷。然天道深远,幸勿多言。"这事十分靠不住,尤其是"承汉者魏也"这句话,不大可能在曹操刚刚迎奉天子的时候就有人说出来。不过该书所引曹操的话,倒符合他心理的真实。这个时候,曹操可能已经有了野心,至少这话他听了心里舒服,但他知道不能说。

不能说,不等于不能做。曹操迁都许县以后,便悄悄地开始由"奉天子"变成"挟天子"。这个转变是有意的还是无意的,是早有预谋还是顺其自然,现在已经弄不清了。反正曹操越来越专横,越来越跋扈,越来越霸道,越来越不把皇帝当皇帝,皇帝自己也越来越觉得是从"被尊奉"变成了"被软禁",终于在建安五年(公元200年)发生了所谓"衣带诏"事件。这件事《三国志》和《后汉书》都有记载,当是事实。《三国志·先主传》说:"献帝舅(岳父)车骑将军董承辞受帝衣带中密诏,当诛曹公。……事觉,承等皆伏诛。"《后汉书·献帝纪》也说:"五年春正月,车骑将军董承、偏将军王服、越骑校尉种辑受密诏诛曹操,事泄。壬午,曹操杀董承等,夷三族。"我们知道,汉献帝是在动乱和灾难中成长起来的,早就养成了逆来顺受的隐忍功夫。如果不是被逼无奈忍无可忍,应该不会下此密诏,可见曹操当时猖狂到什么程度。

不过这事也很难讲,因为正史所载也未必是实。陈迩冬先生就说"衣带诏"事件"实千古之疑案",史学大师吕思勉先生也表示怀疑。这事我们以后再说。其实,"奉天子以令不臣"和"挟天子而令诸侯"并不矛盾。因为要维护国家统一,就必须铲除导致国家分裂的诸侯,而要实现自己的政治野心,也必须消灭异己。目的虽不一样,事情和结果却是相同。这事在曹操那里就更不矛盾,因为他的个人野心已经和国家的统一大业紧密地联系在一起了。曹操很清楚,他要实现个人野心,就得实现国家统一;只有实现国家统一,他才能实现个人野心。因此,在战略上,在大庭广众之中,他必须"奉天子以令不臣";在策略上,在私下里,则不妨"挟天子而令诸侯"。"奉天子以令不臣"是口号,是旗帜;"挟天子而令诸侯"是手段,是牌。什么时候举旗,什么时候打牌,什么时候"奉天子以令不臣",什么时候"挟天子而令诸侯",他心里清清楚楚,而且做起来游刃有余。

何况这事还有另一个好处,那就是曹操将能够比谁都更为有利的网罗人才。他可以用中央政府的名义广纳贤明甚至招降纳叛,那些希望为国家效劳为天下出力的人,也只有到他的政府里来,才显得名正言顺光明正大。这也是刘备集团和孙权集团必须把他定位为"汉贼",把曹操和汉室区别开来的原因之一。但不管怎么说,曹操在这方面要比他们便当。因为替皇帝效劳总比替诸侯效劳正当,而替皇帝效劳和替曹操效劳实在难以区分。至少,曹操可以用皇帝的名义和国家的俸禄为自己的人才加官晋爵。官位是国家的,人才是自己的,曹操这笔生意做得合算。

总之,把皇帝弄到许县以后,曹操就上了一个新的台阶。他拥有了最大的政治资本和人力资源。于是,曹操一只手高举起维护汉室这面在当时是正义的旗帜,号召天下,号令诸侯,俨然大汉王朝的救世主;另一只手却从背后悄悄地拔出了刀子,而且出手极快。他要用这把刀,荡平四海,一统九州。那么,曹操他顺利吗?

请看下集:鬼使神差。

第八集　鬼　使　神　差

　　曹操迎奉天子迁都许县以后,拥有了最大的政治资本和人力资源。于是,他一手举旗子,一手拔刀子,试图以此号召天下,号令诸侯,荡平四海,一统九州。这当然并不容易,也不可能十分顺利。在这个艰苦卓绝的斗争中,曹操好几次差一点就全军覆没,死于非命。那么,是什么原因,使得他能够化险为夷、转败为胜;又是谁,鬼使神差般地来到他身边,给了他关键性的帮助呢?

　　前面我们讲到,汉献帝建安元年(公元 196 年)曹操做了两件大事,一是迎奉天子迁都许县,二是实施了屯田制度。前者使他在政治上占据了优势(奉天子以令不臣),后者使他在经济上获得了丰收(得谷百万斛)。天子所在且丰衣足食的许都成为人心所向,许多人便都来依附曹操。包括当时还不显山不露水的刘备,也带着关羽和张飞前来投奔。于是,拥有了雄厚政治资本而且人才济济、粮饷充足的曹操,便开始了他的征伐。

　　事情一开始出奇的顺利。汉献帝建安二年(公元 197 年)春正月曹操南征,盘踞在宛城(今河南省南阳市)的张绣向曹操投降。这个时候,距离曹操实行"奉天子以令不臣"的战略才不过一两个月。刚刚拔出刀子,就兵不血刃地获得了胜利,曹操不免有些飘飘然,行为也不检点,举措也不推敲。据《三国志·张绣传》正文及裴松之注引《傅子》,这时他做了两件不该做的事。一是强纳张绣的婶婶(即张济的妻子)为妾,这让张绣感到屈辱(绣恨之);二是拉拢张绣的贴身部将胡车儿,这使张绣感到威胁(疑太祖欲因左右刺之)。曹操听说张绣不满,恐怕变生不测,便也起了杀心(太祖闻其不悦,密有杀绣之计),但不知怎么走漏了风声(计漏)。于是,张绣便突然反叛,在曹操猝不及防的情况下把他打得落花流水。长子曹昂(曹操最中意的接班人)、猛将典韦(曹操最贴心的亲兵队长),还有一个侄子曹安民,均在战斗中身亡,曹操自己也中了箭伤,差一点就死于非命。

具体策划这次反叛行动的是张绣的谋士贾诩。贾诩,字文和,武威人,据说是张良、陈平一类的人物,实际上也堪称三国时代一等一的奇才、怪才和鬼才。他的字是"文和",而他的"历史使命"却好像是"乱武"(这是作家周泽雄先生的发现)。《三国志·贾诩传》对他早年的"乱武"勾当,有详尽的记载。比如李傕和郭汜劫持皇帝祸乱国家,就是他造的孽。董卓被王允和吕布刺杀后,李傕和郭汜见大势已去,心灰意冷,准备解散队伍,抄小路逃回老家。贾诩却把他们拦住,说你们"弃军单行",一个小小的亭长就能把你们捉拿归案。不如重新集结队伍,杀回长安,为董卓报仇。事情成了,你们可以"奉国家以征天下";事情不成,你们再走不迟呀!李傕和郭汜一听有道理,就杀了回去,结果是国家、皇帝和人民再次遭灾。不过贾诩倒是有自知之明。李傕和郭汜要给他封侯,贾诩说:"此救命之计,何功之有?"拒不接受。李傕和郭汜又要拜他为尚书仆射(音义),贾诩又说:"诩名不素重,非所以服人也。纵诩昧于荣利,奈国朝何!"结果李傕和郭汜又敬重他又害怕他。贾诩自己呢,大约也觉得罪孽深重,便利用自己的影响,尽可能地遏制李傕和郭汜,制止了他们不少罪行,保护了不少大臣,也算是将功补过吧!

天子离开长安以后,贾诩就辞去官职,辗转来到张绣军中,张绣对他执后辈礼。张绣准备反叛曹操,贾诩就帮他设计。据《三国志·张绣传》裴松之注引《吴书》,当时张绣采纳贾诩的计策,对曹操说部队要移动一下,又说军车少,载重多,请求允许让军士们把铠甲都穿在身上,武器都拿在手中。曹操没有怀疑,照准。结果张绣的部队路过曹营的时候,发动突然袭击,打得曹操措手不及,落荒而逃。

面对这次惨败,曹操并未委过于人,更没有追究主张接受张绣投降的人,而是自己承担了责任。据《三国志·武帝纪》,曹操对诸将说,我已经知道自己错在哪儿了,我下回再也不会犯这样的错误(诸卿观之,自今已后不复败矣）。当然，曹操的检讨，并不到位。他说他这次失败的原因，是忘了让张绣交出老婆孩子做人质（失不便取其质）。这仍然是给自己打圆场。但是，能够不赖别人怪自己，就有进步的可能。汉献帝建安二年（公元197年）冬十一月，曹操再次南征张绣，果然大获全胜。张绣成了丧家之犬，也南奔逃到穰（音瓤 ráng）城（今河南省邓县）去了。

不过，一个人要成熟，也没有那么快。汉献帝建安三年（公元198年）三月，曹操第三次南征张绣，就出师不利，又差点栽了个大跟头。这次南征，许多人是反对的。据《三国志·荀攸传》，时任军师祭酒（参谋）的荀攸就对他说，现在张绣和刘表虽然在贾诩的撮合下结成了联盟，但这两个人是同床异梦的。张绣要靠刘表供应粮草，刘表又不能供，他们迟早要分道扬镳。不如等一等，他们就不战自败（不如缓军以待之，可诱而致也）。如果逼急了，刘表一定会来救援。可惜曹操不听，结果困于穰城，刘表也果然出兵，曹操只好撤退。

曹操一撤退，张绣就高兴了，立马派兵去追。贾诩说，追不得，追则必败。张绣哪里肯听？结果大败而归。贾诩说，现在可以追了。赶快去，必胜无疑。张绣听得目瞪口呆，说刚才不听先生的话，才落得这么个败局。现在败都败了，还追什么追？贾诩说，情况变了，你追就是。快去！张绣将信将疑，收拾残兵败将，又追了过去，果然大胜。这下子张绣百思不得其解了。张绣说，刚才以精兵追退军，先生说必败；现在以败兵追胜军，先生又说必胜。每次都像先生预料的那样，张绣实在想不通。贾诩说，这也没有什么好奇怪的。将军虽然善于用兵，实话实说，还是不如曹操。曹操既然决定撤退，必定亲自断后。将军的兵虽然精，但将军的将既不如曹操，曹操的兵也很精锐，所以将军必败。然而，曹操攻打将军，既无失策，又未尽力，不战而退，必定是大后方出了问题。他既然打退了将军的追兵，必定轻车速进，放心赶路，留下断后的将领军队就不是将军的对手了，所以必胜。这番话，说得张绣如醍醐灌顶，茅塞顿开，不能不心悦诚服，佩服得五体投地。我读《三国志·贾诩传》这段文字，也不能不拍案叫绝。

贾诩果然料事如神。曹操匆忙撤退，确实是后院起火。据《三国志·武帝纪》裴松之注引《献帝春秋》，原来曹操接到情报，说袁绍的谋士田丰建议袁绍趁曹操南征之机,突袭许县,"挟天子以令诸侯,四海可指麾而定"。这当然是天大的事,曹操不能不放弃张绣。不过,正如贾诩之所估计,曹操是撤退,不是溃退,而且是有计划、有组织、有步骤地有序撤退,因此在撤退的过程中还是杀了个回马枪。当时的情况十分危险。后面有张绣追杀,前面有刘表拦截,可谓腹背受敌。然而曹操却胸有成竹。《三国志·武帝纪》说,当时曹操写信给留守许县的荀彧说,别看贼寇追我,害得我只能日行数里,但用不了多久,等我走到安众(今河南省镇平县东南),就一定能克敌制胜。

　　曹操写这封信的目的,当然是要给留守许县的荀彧吃一颗定心丸,让他们不要担心自己的安危,全力以赴准备迎击袁绍。不过曹操也确实是稳操胜券。曹操班师回朝以后,荀彧问他为什么会有必胜的信心。曹操说,贼寇追我退兵,这就是把我们逼到死路上了,我军必定拼死一战。置于死地而后生,置于亡地而后存,因此我料定必胜。

　　袁绍却没能抓住这次机会。他的兵马受到黑山农民军和公孙瓒的牵制,动弹不得,曹操一场虚惊。和张绣的战争,应该说也是打了个平手,双方各有胜负。可以说,曹操这次南征,不能算是赔本生意,好歹也是持平,何况在撤退的过程中还充分表现了自己的军事天才。但曹操并没有自鸣得意。他对荀攸检讨说,不听先生之言,以至于此。

　　实际上,扬人责己,也是曹操的一贯作风。公元207年(汉献帝建安十二年),曹操北征乌桓大获全胜。回师的路上,走到冀州时,天寒地冻,荒无人烟,连续行军二百里不见滴水,军粮也所剩无几,"杀马数千匹以为粮,凿地入三十余丈乃得水"。回到邺城后,曹操下令彻查当初劝谏他不要征讨乌桓的人。大家不知为什么,人人自危,曹操却一一予以封赏。曹操说,我这场胜利,完全是侥幸。诸君的劝阻,才是万全之策。因此我要感谢诸位,恳请诸位以后还是有什么说什么,该怎么讲还是怎么讲,不要有什么顾虑(后勿难言之)。这事是记载在对曹操不太友好的那本《曹瞒传》当中的,应该说靠得住。

　　其实早在这一年的二月,曹操就曾发布《封功臣令》,说我起义兵,诛暴乱,于今已十九年了,战必胜,攻必克,征必服,难道是我的功劳?全仗各位贤士大夫之力啊!

　　打了败仗检讨自己,打了胜仗感谢别人,而且感谢那些劝他不要打这一仗的人,这种胸襟和情怀,和袁绍、袁术之流真不可同日而语。曹操真不愧为大气磅礴和襟怀坦荡的大英雄。事实上,正是这种非凡的气度和超人的胆识,以及扬人责己的一贯作风,使他战胜了一个又一个敌人和对手,凝聚了一个又一个勇将和谋臣,也是他一次次转败为胜、化险为夷的原因之一。这种气度和胆识是有号召力和凝聚力的。于是,就连曾经背叛过他的张绣,也于汉献帝建安四年(公元 199 年)十一月再次向他投降。

张绣的第二次投降,也是贾诩的主意。据《三国志·贾诩传》,当时袁绍和曹操即将决一死战,双方都在争取中间力量。袁绍派人来招纳张绣,贾诩却力主去投靠曹操。贾诩自作主张地对袁绍的使者说,麻烦足下回去告诉袁本初,他们兄弟尚且不能相容,还容得下天下国士么?此言一出,张绣当场就吓得面如土色,惊问道:你怎么这样讲?但是贾诩讲都讲了,而且是实话。于是张绣悄悄地问贾诩,你现在一点面子都不讲,就把袁绍的使者打发了,我们怎么办?贾诩说好办得很,我们去投靠曹操。张绣说,袁绍强大,曹操弱小,和我们又有前嫌,怎么还去投靠他?贾诩说,正因为如此,才应该投靠曹操。第一,曹操"奉天子以令天下"(请注意贾诩的说法也是"奉天子"而不是"挟天子"),政治上占有优势,投靠曹操名正言顺,此为有理。第二,袁绍人多势众,曹操人少势弱,我们这点人马,在袁绍那里微不足道,对于曹操却是雪里送炭,必被看重,此为有利。第三,但凡有志于王霸之业者,一定不会斤斤计较个人恩怨,反倒会拿我们做个榜样,向天下人表示他的宽宏大度和以德服人,此为有安全。因此将军尽管放心。

贾诩的估计完全不差。张绣一到,曹操就亲亲热热地拉着他的手(执其手),为他设宴洗尘(与欢宴),并立即任命张绣为扬武将军,封列侯。为了进一步表示自己的诚意,曹操还为自己的儿子曹均娶张绣的女儿为妻,两人成了儿女亲家,和当年刘邦在鸿门宴之前对待项伯一样,极尽笼络之能事。至于过去的恩恩怨怨,当然也只字不提,从此,张绣成为曹操麾下一员勇武的战将,贾诩则成为曹操身边一个重要的谋臣。在接下来的官渡之战中,他们都立下了汗马功劳。《三国志·张绣传》的说法,是"官渡之役,绣力战有功"。至于贾诩的贡献,我们后面还要讲到。

　　张绣其实是稀里糊涂投降的,曹操和贾诩却心如明镜,心照不宣。这两个人实在是太懂政治了。他们都明白一个道理:天下的争夺,归根结底是人心的争夺。得人心者得天下,失人心者失天下。而要争取人心,就必须有一个宽宏大量的气度和一个既往不咎的政策,哪怕是装,也要装得像回事。这就需要有一个典型,一个样板,一个榜样。榜样的力量是无穷的,它比说多少好话都管用。张绣就恰恰是一个做榜样当典型的最好材料。他和曹操有过多次交手,而且每次都把曹操打得落荒而逃。他和曹操有着深仇大恨,而且是投降了又叛变的人。这样的人,都能为曹操所容,还有什么人不能容呢? 这样的人,都能为曹操所信任,还有什么人不能信任呢? 相反,袁绍连自己的弟弟都不能信任,还能指望天下人归顺依附吗?

　　张绣来得也很是时候。曹操其时,"奉天子以令不臣"才刚刚三年,天下不服的人不可胜数。他自己在社会上的名声也不太好。后来陈琳代袁绍起草的讨曹檄文,就把他骂得狗血淋头,说他从来就不讲道德,只不过鹰爪之才,甚至说"历观古今书籍,所载贪残虐烈无道之臣,于操为甚",简直就是天字第一号的大坏蛋大流氓。此类文章,历来是欲加之罪何患无辞,其中难免诬蔑不实之处,但有些事,恐怕也非空穴来风,曹操自己也有口难辩,说不清楚的。比如他的杀边让、屠徐州,就是洗刷不掉的污点。汉献帝初平四年(公元 193 年)秋,曹操亲提大军,直扑徐州,为被徐州牧陶谦部将张闿(音凯 kǎi)抢劫并杀死的父亲曹嵩和弟弟曹德报仇。陶谦逃进郯城(今山东省郯城县),曹操便拿徐州人民出气,纵兵扫荡,滥杀无辜,仅一次就在泗水边"坑杀男女数万口",连泗水都被尸体堵塞,为之不流。徐州地区许多城池"无复形迹",不但没有人影,连鸡犬都杀光了,简直就是惨绝人寰。所以后来曹操打算再次征讨徐州的时候,荀彧就断言徐州军民一定会拼死抵抗,决不投降,因为上次杀的人实在太多。确实,曹操这一回,也报复得太过分了。陶谦即便罪大恶极,也顶多杀了他本人或他那一伙,关老百姓什么事呢? 如此滥杀无辜,岂非丧心病狂?

　　因此,曹操实在很需要有一个机会,来展示自己的博大胸怀和高尚情操;很需要有一个典型,来证明自己的容人之量和仁爱之心。张绣此时送上门来,真使他喜出望外。因此他不但立即表现出尽释前嫌,而且始终如一地表现出对张绣信任有加,给予的封赏也总是超过其他将领。张绣最后封到二千户,而其他人没有超过一千户的。

当然,曹操树的这个样板,后来似乎也遭了报复。八年后,张绣随曹操北征乌桓,还没到地方就死了,死因不明。《魏略》说是被曹丕吓死的。张绣为了讨好曹丕,曾多次请他聚会,没想到曹丕竟然发怒说:你杀了我哥哥,怎么还好意思厚着脸皮见人呢!张绣"心不自安,乃自杀"。此案甚为可疑,姑不论。但他的儿子张泉被杀,则是事实。张泉是因牵扯到魏讽谋反案中被杀的。据说此案"连坐死者数千人",时间则在建安二十四年(公元 219 年),距离张绣投降已经二十年。这是曹操生前最后一次大清洗,下手的人又是曹丕。现在已无法查明张泉是怎样卷进此案的。第一种可能是张泉因曹丕逼死了父亲,心怀仇恨或心存恐惧而加盟魏讽叛党。第二种可能是曹丕因有间接谋杀张绣之嫌疑,畏惧张泉报仇,干脆逼人谋反,杀人灭口。第三种可能则是曹丕并未逼死张绣,但也深知曹操笼络张绣,完全是出于政治需要,杀子之仇是不会忘记的。报复既然无法施加于张绣,那就拿张泉来抵罪。总之,张泉之死,很有可能是冤案,或是被逼上梁山。事实上,曹操这个人的报复心是很重的。而且,报复起来,一点都不手软。谁要以为曹操不会报复,那就算他看错了人。只不过,能够忍到二十年以后再报复,也不愧为"奸雄"了。

但是曹操和曹丕对贾诩却一直很好。事实上,在这场事变中,最受益的是曹操。张绣只不过找到了一个出路,贾诩也只不过找到了一个归宿,曹操却捞到了一大笔政治资本。所以,曹操对贾诩,和他对张绣是不一样的。对张绣,是既拉拢又防范,但装作不防范;对贾诩,则是既感激又欣赏,而且是真感激真欣赏。张绣来投降的时候,曹操拉着贾诩的手感激地说,使我大大取信于天下人的,就是先生了(使我信重于天下者,子也)。这不是客套,而是真话。因为曹操确实感激他雪中送炭,欣赏他谋略过人,因此后来就连立储大计,也要和贾诩密谈。这就不再是为了示人以德,而是真诚地引为知己了。

实际上,贾诩可能是三国史上最聪明的人。三国时代的那些谋士和名人,很多人结局都不好。就说曹操这边的人吧,有的早夭(如郭嘉),有的反目(如毛玠),有的神秘去世(如荀彧),有的死于非命(如许攸），贾诩却安然无恙，寿终正寝。他为曹氏集团服务了两代人，在文帝曹丕朝官居太尉，七十七岁去世，谥曰肃侯，结局比许多人都好。

贾诩的聪明，明就明在他洞悉人性，总能看透对方的心思。据《三国志·贾诩传》，贾诩在把李傕和郭汜这两只"西北狼"引进长安后，并没有同流合污，而是择机离开了他们。离开长安后，贾诩先是投靠段煨（音威 wēi），后是投靠张绣。离开段煨的时候，有人问他，说段煨对先生那么好，先生为什么还要走？贾诩说，段煨这个人的特点是多疑。他对我客气，正说明他对我防范，怕我取而代之，因此总有一天会对我下手。现在我离开他，他一定如释重负。段煨是个很孤立的人，希望能有外援，必定厚待我的家人。张绣没有谋士，也希望我能去。这样，我自己和我家人就都安全了。后来，事实正如贾诩之所预料，张绣对他言听计从，段煨对他的家人也礼遇有加。我们看贾诩为别人出谋划策，总是料事如神，秘密就在这里。很多人上《三国演义》的当，以为世界上真有什么"锦囊妙计"，其实哪里有？料事如神者，实际上是料人如神。所以，琢磨计谋是没有用的，你还是琢磨人性吧！

知人者也自知。贾诩投降曹操以后，很清楚自己的身份地位，知道像自己这样多谋善断的人，对任何君主都既是利用对象又是危险人物，何况还是个"叛徒"？因此为人处世都十分低调。他开始变得沉默寡言，很少出谋划策，也不呼朋引类，就连为子女缔结婚姻也不攀附豪门（诩自以非太祖旧臣，而策谋深长，惧见猜疑，阖门自守，退无私交，男女嫁娶，不结高门），尾巴夹得比谁都紧。贾诩真是聪明人。

现在看来，贾诩这个聪明人一生最出色的一件事，就是促成张绣降曹了。此事真可谓鬼使神差，而张绣降得也正是时候。就在几个月前，袁绍集结了十万精锐部队，向许昌方向挺进，而曹操的军队也在两个月前驻扎官渡，一场决定当时中国命运和前途的战争即将打响。那么，这是一场怎样的战争呢？

请看下集：一决雌雄。

第九集　一决雌雄

公元200年的"官渡之战",是三国时期的三大战役之一。这是一场决定着当时中国命运和前途的战争。袁绍固然是志在必得,曹操也只能胜不能败。但是,曹操虽然拥有政治上的优势,军事力量却明显地不如袁绍。那么,在这场战争中,曹操是怎样出奇制胜、以寡敌众、以弱胜强的呢?

汉献帝建安四年(公元199年)三月,袁绍不顾部分谋士反对,决定集结十万精锐部队向许县挺进,悍然发动了一场意在剿灭曹操的战争。这时,袁绍已经消灭了盘踞在北方的公孙瓒,拥有了冀、青、并、幽四州之地,人多势众,兵强马壮,可以和曹操一决雌雄了。

曹操立即北上迎敌。八月,曹军北渡黄河,驻扎黎阳(今河南省浚县东)。九月,曹操还军许县,同时分兵驻守官渡(今河南省中牟县北)。十二月,曹操再次抵达官渡,把自己的大本营设在这里。他派遣东郡太守刘延驻军白马(今河南省滑县东),益寿亭侯于禁驻守延津(今河南省延津北),和袁绍的军队隔河相向,摆开了决战的态势。

战争就要打响了。

这场战争是迟早要打响的。建安三年正月,杨奉被刘备谋杀;建安三年十一月,吕布被曹操消灭;建安四年六月,袁术一病不起;建安四年十一月,张绣举手投降。杨奉已灭,吕布已亡,袁术已死,张绣已降,刘表宣布中立,孙策保守东方。于是局势变得十分明朗,那就是袁绍和曹操两雄不并立,双方都把对方看作了项羽,必欲置之死地而后快。

那我们就来看看这场战争。

战争可以分为四个阶段,首先是"交锋阶段"。这个时候,双方都在小试锋芒。袁绍先发制人。汉献帝建安五年(公元200年)二月,袁绍兵进黎阳,以黎阳为大本营,并派遣大将颜良率先头部队攻击白马,然后又派大将文丑进军延津,但战争的重点是放在白马。四月,只有三千守军的刘延招架不住,向驻守在官渡的曹操发出"鸡毛信"。曹操决定立即驰援白马,荀攸却建议他进军延津。曹操马上就明白了,荀攸是要他声东击西,做出准备北渡黄河包抄袁绍后方的架势。曹操采纳了荀攸的建议,袁绍也果然上当,派兵驰援延津。于是,曹操带领部队大张旗鼓地向北挺进。走到延津附近,又突然带领一小股轻骑兵突袭白马。围攻白马的颜良猝不及防,被关羽立斩马下,白马解围。

这里必须插一句,就是所谓"车骑将军董承受皇帝衣带密诏当诛曹操"一案在三个月前(即建安五年正月)事发,董承被杀,刘备逃亡。曹操驻军官渡以后,忙里偷闲,征讨刘备。刘备不敌,投奔袁绍;关羽被俘,投降曹操。关羽投降以后,既感激曹操的信任,又怀念刘备的情意,决定报答曹操以后再去寻找刘备。斩颜良,就是关羽为曹操立的一大功。

曹操解救了白马以后,料定袁绍决不会善罢甘休,一定会反扑,也一定会拿白马的老百姓出气——屠城。于是带着白马人民沿着黄河往西走(人们都知道刘备撤退的时候带着老百姓,不知道曹操也是这样的)。走到延津南面的时候,和渡河而来的袁军相遇,一场遭遇战在所难免。当时曹操的军队在一个高坡上,袁绍的军队杀了过来。哨兵报告:敌人那边来了五六百骑兵。过了一会儿,又报告:骑兵更多了,步兵数都数不清。曹操说,不要再报告了! 于是下令:解鞍放马,原地休息。所有的将领接到命令都目瞪口呆,说敌人来了那么多,从白马带来的辎重都摊在路上,我们还是先运回军营吧! 只有荀攸明白曹操的心思,笑着说,这么好的诱饵,运回去干什么! 曹操也笑,神态十分自若。又过了一会儿,文丑和刘备带着五六千骑兵过来了。将领们问,现在该上马了吧? 曹操说不忙。果然,文丑和刘备的骑兵冲过来以后,发现了地下的辎重,纷纷下马去抢。这时曹操一声令下,鼙鼓声号角声响彻云霄。六百铁骑顷刻之间从高坡上冲下,顿时打得袁军满地找牙。

这一仗打得是惊心动魄,就连惜墨如金的《三国志》,也在《武帝纪》中详加描述,称为"大破之"。袁绍的另一员大将文丑被斩于马下

（但并不能确定是关羽的功劳），刘备则逃之夭夭。于是，就在曹军欢庆胜利的时候，关羽封存了曹操所有的赏赐，留下一封书信，悄悄离开曹营，寻找他那个跑得比兔子还快的哥哥去了。

曹操初战告捷，却不敢掉以轻心。他知道自己的实力其实不如袁绍，因此放弃白马和延津，全军退回官渡。这样做有很多好处。退回官渡，既可以集中兵力，又可以节约财力，还可以诱敌深入。敌军一旦深入，补给线就会拉长。补给线拉长，战争的成本就会增加，胜利的可能性则会减少。我们看看地图就知道。在白马和延津与袁绍作战，曹操是不利的。把战场放在官渡，则对曹操有利。因此，在敌强我弱的情况下，就应该"敌进我退"，不要计较一城一池的得失。

曹操是高明的。他能够这样，是因为他有务实的精神，深知"不得慕虚名而处实祸"的道理。袁绍则刚好相反，他是最喜欢虚名的，尤其喜欢听部下吹捧他"势不可挡"、"所向无敌"。因此，曹操一撤退，他就挺进了，全然没有想到曹操是以退为进，以守为攻。

七月，袁绍军进阳武。八月，袁军又向前推进，逼近官渡，沿沙丘安营扎寨，东西绵延数十里。这时曹操已无路可退，便也扎营相向。战争进入第二个阶段——"相持阶段"。

这一阶段战争的"技术含量"很高。起先是袁绍在军营里建起高楼，堆起土山，居高临下往曹营放箭，曹军死伤惨重，所有的人都只好把盾牌顶在头上（营中皆蒙盾），一个个胆战心惊（众大惧）。这当然不是个事，再说也不能只是招架，还要反攻。于是曹操又制造了"发石机"，可以把大块的石头像炮弹一样发射到袁绍的军营里去，把袁绍的箭楼全部摧毁。这在当时就要算是"大规模杀伤性武器"了。袁军魂飞魄散，称之为"霹雳车"。袁绍一计不成又生一计，派工兵挖地道，准备偷袭曹操。曹操则挖壕沟来对付袁绍，又派奇兵去袭击袁绍的运粮车，烧得袁绍叫苦不迭。这两个回合，算是打了个平手。

除正面交锋外，袁绍和曹操也都在对方的背后做小动作。当时，曹操在官渡作战，原来投降曹操的黄巾军将领刘辟就在汝南背叛曹操投靠了袁绍。于是袁绍派刘备和刘辟会合，在许县周边骚扰，结果被曹仁打得落花流水，刘辟被杀，刘备落荒而逃，又跑得比兔子还快。同时曹操也在设法联络北方乌桓的军阀，使袁绍腹背受敌。这一回，也算是打了个平手。

总之,这一阶段,是谁也战胜不了谁。

但是,战争如此旷日持久,谁都受不了,尤其是人民群众灾难深重,曹操自己也心力交瘁。据《三国志·武帝纪》及《资治通鉴》,九月的一天,曹操看见运粮来营的士卒千辛万苦、疲于奔命的样子,实在于心不忍,竟然脱口而出说,再过十五天,我一定为你们拿下袁绍,再也不辛苦你们了(却十五日为汝破绍,不复劳汝矣)。

曹操这样说,有把握吗? 没有。实际上,他是不想再打了。他实在坚持不住了。然而远在许县的荀彧却鼓励他一定要坚持。据《三国志·武帝纪》,荀彧回信说,袁绍倾巢而出,孤注一掷,这是铁了心要和您决一死战啊! 他是决不会善罢甘休,也是决不会半途而废的。现在的形势,您是"以至弱当至强"。如果不能战而胜之,就一定会被消灭干净,根本就没有第三种可能。所以荀彧说,曹公呀曹公,成败在此一举!袁绍不过"布衣之雄",明公却是"神武明哲",何况还是"奉天子以令不臣",哪里有不能成功的道理呢?

贾诩也主张曹操打下去。据《三国志·贾诩传》,贾诩对曹操说,明公的智慧超过袁绍,勇敢超过袁绍,用人超过袁绍,决断超过袁绍。有这四大优势,却半年不能胜利,就因为明公您总想万无一失。其实,只要抓住机遇,一鼓作气,片刻工夫就可以大功告成。

这两个人意见都是对的。战争,是一件有着极大风险的事情。尤其是在冷兵器时代,很难说谁就有必胜的把握。因此将帅的意志和决策,就往往是成败的关键;而最后的胜利,则往往存在于再坚持一下的努力之中。具体到这场战争,曹操一方无疑是要以寡敌众,以弱胜强,这就更需要意志,更需要坚持,需要在坚持中抓住机遇,如果有此机遇的话。

机遇说来就来。就在曹操咬紧牙关决心坚持下去的时候,有三件事情使得这场战争进入了第三个阶段——"转折阶段"。

第一件事情是"刘备开溜"。刘备从汝南逃回袁绍的大本营以后,就向袁绍提出应该联合刘表。刘表和刘备都是老刘家的人,联络刘表,自然非刘备莫属。于是袁绍让刘备"将本兵复至汝南",刘备也就趁机开溜。刘备为什么要开溜呢? 一种可能,是刘备兵败汝南回到黎阳以后,袁绍的脸色不太好看。刘备待不住,只好自己炒鱿鱼。这种可能性不大。据史书记载,袁绍父子对刘备是"倾心敬重"的。变脸的可能也有,但刘备却不会根据别人的脸色来决定自己的行动。袁绍的态度再不好,尚不至于十分难堪;而袁绍这里如果前程远大,他也会忍辱负重留下来。刘备投靠过许多人。他曾经投靠公孙瓒攻打袁绍,投靠陶谦攻打曹操,投靠曹操攻打吕布,现在又投靠袁绍攻打曹操。他早就习惯于寄人篱下了,怎么会不能忍受? 因此,刘备的开溜,很可能是已经预感到袁绍的失败。刘备在政治上是很敏感的。他就像海轮上的那些耗子一样,知道这条船会不会沉。看来,刘备已经意识到,袁绍这里已危机四伏,最好一走了之,所以《三国志·先主传》说是"阴欲离绍"。当时刘备的力量不强。他之于袁绍,就像年三十的凉菜,有他过年,没他也过年。所以,这事并未引起人们足够的注意。但我以为,大风起于青萍之末。刘备开溜一事,实应视为袁绍即将失败的一个征兆。

第二件事情就比较关键了,这就是"许攸叛逃"。许攸叛逃的原因有三种说法,仅《三国志》就有两种。《武帝纪》说法是"许攸贪财,绍不能足,来奔",《荀彧传》的说法是"审配以许攸家不法,收其妻、子,攸怒叛绍"。习凿齿《汉晋春秋》的说法,则是因为袁绍不听许攸的建议。当时袁绍和曹操相持不下,许攸劝他留一部分军队看住曹操,然后抄小路前往许县劫持天子,则大功立即告成。袁绍不听,说我一定要先灭了曹操再说。于是许攸愤怒(攸怒),一气之下投奔了曹操。

这三种说法其实可以合并,就是许攸发现袁绍既不能听取他的意见,又不能满足他的要求,不足与谋,也不足共图,再加上老婆孩子被捕,当然要走。许攸这一走,袁绍就吃了大亏,曹操就占了大便宜。因为许攸是袁绍的老人,从袁绍与董卓翻脸在冀州建立根据地的时候起,就跟着袁绍了。这个人足智多谋,又掌握了大量军事情报。他的叛逃,不但对袁绍是重大损失,而且会动摇军心。因此《曹瞒传》说,曹操一听说许攸来奔,就高兴得搓着双手放声大笑(抚掌笑曰),说这下子我的事情就好办了(吾事济矣)。

果然,许攸一到曹营,就为曹操出了"火烧乌巢"的计谋(这事我们已在《真假曹操》一集说过)。曹操也当机立断,亲自率领轻骑兵直奔乌巢。乌巢是袁绍的粮库,却没有派重兵把守。曹操化装成袁军,人衔枚,马缚口,趁夜色,抄小路,急行军奇袭乌巢,一把火烧光了袁绍所有的军需物资和后勤设备,并直接导致了第三件事情的发生。

第三件事情的发生,使形势在顷刻之间发生了根本性的逆转,这就是"张郃反水"。张郃是袁绍的大将,有勇有谋,而且也是在冀州时就跟了袁绍的。据《三国志·张郃传》,曹操奇袭乌巢,袁绍也得到了消息。张郃主张立即增援,郭图反对。郭图说,张郃的办法不对。我们应该去攻打曹操的大本营。曹操听说老巢被攻,一定回师救官渡,乌巢也就解围了,这叫"不救而自解"。张郃说这根本就不可能。曹操的大本营哪里是顷刻之间就能攻得下的?乌巢的部队又哪里是能抵挡得住曹操的?曹营攻不下,乌巢又失守,我们恐怕只能去做俘虏了。可惜袁绍不听,接受郭图的意见,派轻兵救援乌巢,派重兵攻打官渡,结果完全如张郃所料。这下子郭图紧张了。为了推卸责任,只好嫁祸于人。于是郭图对袁绍说,张郃得到消息,幸灾乐祸,出言不逊。袁绍的性格大家是知道的,最是死要面子。郭图这么一说,袁绍肯定拿张郃问罪。张郃前方不利,后院失火,只好和部下高览烧了战车,向曹操投降。

张郃投降的时候,曹操还没有回来,镇守官渡的是荀攸和曹洪。曹洪弄不清张郃是真降还是诈降,不敢放他进来。荀攸说,没什么可怀疑的,快开营门!张郃也就进了曹营。曹操闻讯,喜出望外,说这是韩信归了刘邦呀!于是拜张郃为偏将军,封都亭侯。

刘备开溜,袁绍失了外援;许攸叛逃,袁绍丢了智囊;张郃反水,袁绍折了臂膀。所有这些,都说明袁绍大势已去,接下来只能是全军覆没,土崩瓦解。

于是战争迅速进入第四阶段——"决胜阶段"。张郃一投降,曹操马上就按照贾诩的建议,抓住机遇,集中兵力,大举反攻。这时,众叛亲离的袁绍完全丧失了斗志,带着长子袁谭弃军而走,落荒而逃。失去了统帅的袁军"大溃",纷纷变成俘虏,袁绍的图书和珍宝也都落入曹操手中。这些东西,原本是不应该带到军中的。但袁绍为了表现自己的"儒将风度"和"名士派头",硬是带了过来,结果全部被曹操"笑纳"。这说明袁绍虽然自视甚高,其实华而不实。华而不实爱摆谱的人,是从来就成不了大事的。据《三国志·武帝纪》,一年前,袁绍决定发动这场战争的时候,曹操就曾经笑着说,袁绍"土地虽广,粮食虽丰",不过是为我准备的礼物(适足以为吾奉也)。这些图书和珍宝,则大约要算是额外的收获了。

官渡之战是当时中国历史的一个转折点,因此史家多给予高度重视。《三国志·武帝纪》甚至还记载一则"神话"(也可以说是"鬼话")。说是桓帝时,土星出现在楚(今湖南、湖北)、宋(今河南商丘一带)之间,于是一个名叫殷馗的"预言家"便断言,五十年后必有真命天子起于梁国和沛国之间,而且"其锋不可当"。果然,五十年后,沛国谯县(今安徽省亳州市)人曹操在官渡大破袁绍,从此"天下莫敌矣"。

这当然是无稽之谈。其实就连官渡之战的许多细节,史家都有不同看法。吕思勉先生的《三国史话》在谈到这场战争时,就几乎把《三国志》全部推翻。吕先生甚至说:"《三国志》上所说的兵谋,大都是靠不住的。"他认为曹操取胜的原因并不在于谋略,主要是能咬紧牙关坚持到底。这就没办法辨证了,请有兴趣的朋友自己琢磨。

官渡之战的结束,是汉献帝建安五年(公元200年)十月的事情。从此袁绍一蹶不振,再也翻不过身来。建安七年(公元202年)五月,袁绍发病呕血而死。建安九年(公元204年)七月,曹操击败袁绍的接班人袁尚。八月,曹操进入邺城,哭祭袁绍,曹丕则顺手牵羊,"接管"了袁熙新婚的妻子。建安十年(公元205年)正月,曹操击败袁绍的长子袁谭,平定冀州,袁谭被杀。建安十二年(公元207年)九月,辽东太守公孙康谋杀袁绍的接班人袁尚和二儿子袁熙,将其首级送往曹营。不可一世的袁绍家族彻底灭亡。

公孙康杀袁尚和袁熙还有两个小插曲。据《三国志·武帝纪》,袁尚和袁熙投奔公孙康以后,许多人是主张征伐的。曹操却说用不着,公孙康很快就会把他们的人头送过来。为什么呢?因为他们其实是狼狈为奸,既互相利用又互相防范的。我们逼他,他们就齐心协力;我们不管,他们就互相残杀。果然,袁尚和袁熙阴谋夺取公孙康的地盘以自立,公孙康则决定杀了袁尚和袁熙给曹操一个交待。据《三国志·袁绍传》裴松之注引《典略》,当时公孙康设下"鸿门宴",将袁尚和袁熙一举擒拿。袁尚和袁熙被捆起来扔在冰冷的地上,很难受,便请求给个坐垫。公孙康说,你们的脑袋就要出远门了,还要坐垫干什么!便把他俩杀了,一切都在曹操的预料之中。所以说,胜利者总是属于那些洞悉人性的人。

　　袁尚、袁熙、袁谭的死，归根结底还是源于官渡之战的失败。这个结局，其实有两个人早就预见到了，他们就是袁绍的谋士沮授和田丰。沮授和田丰都是坚决反对打这场战争的。据《三国志·袁绍传》，田丰曾对袁绍说："曹公善用兵，变化无方，众虽少，未可轻也。"因此他提出，应该打持久战和游击战。首先，应该发展壮大自己。一是要站稳脚跟（据山河之固），二是要扩大地盘（拥四州之地），三是要建立统一战线（外结英雄），四是要加紧扩建备战（内修农战）。这样，才能立于不败之地。然后，再派小股部队去骚扰曹操，"分为奇兵，乘虚迭出"。曹操救援东边我们就打西边，救援西边我们就打东边，"使敌疲于奔命，民不得安业"，这样，"我未劳而彼已困"。用不了两年，就可以坐享其成了。现在我们"释庙胜之策，而决成败于一战"，万一失手，那就后悔莫及。袁绍不听，田丰强谏。于是袁绍勃然大怒，认为田丰阻挠他平定天下的大计，罪该万死，就把田丰下了大狱，说等我凯旋归来，再来和你算账。

　　田丰在狱中等了一年多，等来的正是失败的消息。于是朋友来祝贺田丰，说从此足下必定受到重用。田丰却仰天长叹说，这一下我死定了。来人不解，说为什么，怎么可能？是啊，为什么，怎么可能呢？

　　请看下集：胜败有凭。

第十集 胜 败 有 凭

决定着当时中国命运和前途的官渡之战,在汉献帝建安五年十月以曹操的大获全胜告终。当时袁绍拥兵十万,将帅如虎,谋臣如狼,曹操的军事力量则明显地具有差距,部下也多以为不能敌。然而曹操却终于以寡敌众、以弱胜强,这里面的原因究竟何在?

汉献帝建安五年(公元200年)十月,曹操取得了官渡之战的胜利。去年袁术已死,现在袁绍又败,不可一世的袁氏兄弟再也没戏可唱,中国北方开始姓曹。

胜利似乎在曹操的预料之中。

事实上,曹操早就把袁氏兄弟列进黑名单了。据《三国志·武帝纪》裴松之注引皇甫谧《逸士传》,袁逢的夫人去世时,袁绍和袁术兄弟俩扶灵归葬汝南,大会宾客,前来吊唁的人竟达三万之多。面对如此之多的宾客,袁绍和袁术虽然不得不做悲痛状,内心深处的得意则不难想见。然而冷眼旁观的曹操却悄悄地对一个名叫王俊的朋友说,天下即将大乱。作为祸乱魁首的,一定就是这两个人。要想平定天下,拯救百姓,必须先灭了这两个。王俊一直认定曹操是"天下之雄",便回应说,能够扫平天下的,除了足下,还能有谁呢? 两个人就"相对而笑"。后来,曹袁相争时,王俊还劝刘表支持曹操,可惜刘表不听。

当然,那个时候,曹操也只能是说说而已,毕竟师出无名,何况心有余而力不足。实际上,曹操一直为无法战胜袁绍而烦恼。曹操迎奉天子以后,袁绍心里一百八十个不服气,便加紧扩军备战,兼并诸侯,终于拥有了冀、青、并、幽四州之地,人多势众,兵强马壮,"天下畏其强"。

曹操呢,则四面都是敌人:北有袁绍,东有吕布,西有张绣,南有袁术,再加上一个不怀好意的孙策。后来官渡之战时,孙策就准备偷袭许县,只是因为被刺客谋杀才未遂。所以,曹操心里很郁闷。

看透了曹操心思的是荀彧。据《三国志·荀彧传》,建安二年正月,曹操曾经一度举止失态,行为反常,所有的人都认为是张绣背叛了他的缘故,只有荀彧认为不是。荀彧说,以曹公之聪明,决不会追究往事,一定别的原因。一问,果然。原来,袁绍给曹操写了一封信,态度极其无礼,语气也极其傲慢。曹操就问荀彧,说我一直就想讨伐那个不仁不义的家伙,可惜力不从心,该怎么办?荀彧说,无妨。纵观古今,成败在人不在势。如果是真正的英雄,那么,即便现在弱一点,也会强大起来(诚有其才,虽弱必强)。相反,如果是冒牌货,那么,就算现在强大,很快也会变弱(苟非其人,虽强易弱)。

这当然在理。问题是,具体到曹操和袁绍,会不会有强弱大小相互转化的可能呢?荀彧认为有。荀彧对曹操说,当今之世,能够和明公争夺天下的,也就是袁绍,而袁绍其实外强中干,因为明公有四个方面比袁绍强。第一,袁绍这个人,表面上宽宏大量,实际上嫉贤妒能(貌外宽而内忌),既要使用人才,又不能给予充分的信任(任人而疑其心);而明公您豁达大度不拘小节(明达不拘),能够给予人才最大的信任,并且把他们放在最合适的位置(唯才所宜),这是气度胜过袁绍。第二,袁绍这个人,反应迟钝,优柔寡断,决策总是慢半拍(迟重少决,失在后机);而明公您总是能够当机立断,而且变化莫测(能断大事,应变无方),这是谋略胜过袁绍。第三,袁绍这个人,治军不严,有令不行,有禁不止(御军宽缓,法令不立),人马虽多,其实没有用(士卒虽众,其实难用);而明公您执法如山,令行禁止,赏罚分明,言必信,行必果(法令既明,赏罚必行),军队虽然不多,但将士们都争先恐后拼力死战(士卒虽寡,皆争致死),这是英武胜过袁绍。第四,袁绍这个人,凭借"四世三公"的家族势力,装腔作势,沽名钓誉(绍凭世资,从容饰智,以收名誉),所以那些自命清高的人都投靠了他,可惜他们徒有其表,其实没有真才实学(故士之寡能好问者多归之);而明公您以诚待人,不玩虚套(公以至仁待人,推诚心不为虚美),自己的生活很简朴(行己谨俭),奖赏有功之人却毫不吝惜(有功者无所吝惜),所以那些既忠诚又能干的人都来归顺您(故天下忠正效实之士咸愿为用),这是仁德胜过袁绍。荀彧说,有此"四胜",再加上明公尊奉天子,匡扶正义,师出有名,堂堂正正,岂有不胜之理?

类似的话郭嘉也说过。郭嘉的说法就更夸张,一口气说了"十胜":道胜、义胜、治胜、度胜、谋胜、德胜、仁胜、明胜、文胜、武胜。与之相对应,袁绍则有"十败"。不过《三国志》只记录了荀彧的"四胜",郭嘉的"十胜十败"是裴松之的注引用西晋傅玄的《傅子》所言。谋士的话不一定靠得住,尤其是荀彧和郭嘉都站在曹操的立场上说话,又要给曹操打气,难免夸大其辞。但如果连袁绍的谋士也有看法,就很能说明问题了。

且看袁绍这边怎么讲。

袁绍的谋士沮授和田丰倒没有(也不可能)对曹操和袁绍作全面的比较,但是,他们却提到了一个带有根本性的问题,那就是发动这场战争是否正义。据《三国志·袁绍传》裴松之注引《献帝传》,沮授和田丰对袁绍说,战争连年不断(师出历年),民众疲惫不堪(百姓疲弊),国库空无一物(仓庾无积),税费有增无减(赋役方殷),这是国家最大的忧患。因此,应该发展生产,安定人民,派使节向天子报告我们的成就。如果去不了,就公开状告曹操阻碍尊王之路,破坏统一大业,然后用运动战、游击战和持久战对付他。不出三年,"事可坐定"。

这个策略无疑是正确的。先将曹操置于不义,是为"有理";以强制弱,以逸待劳,是为"有利";步步为营,循序渐进,是为"有节"。但是审配和郭图反对。反对的原因,在审配,可能是因为糊涂;在郭图,则多半是拍马屁。郭图知道袁绍急功近利,自视甚高,就和审配一起说,兵法讲,我方十倍于敌就包围,五倍于敌就进攻,旗鼓相当就可以打他一仗(十围五攻,敌则能战)。如此看来,以主公之神武,军队之强大,消灭一个小小的曹操,那不是易如反掌(譬若覆手)吗? 现在不抓紧,以后就来不及了。这显然是夸夸其谈,空谈误国,毫无实质性内容,因此沮授不能不予以痛斥,话就说得比较重了。

沮授说,平定动乱,诛灭残暴,叫做"义兵"(救乱诛暴,谓之义兵)。穷兵黩武,仗势欺人,叫做"骄兵"(恃众凭强,谓之骄兵)。义兵是战无不胜的(兵义无敌),骄兵则是必败无疑的(骄者先灭)。现在,天子在许，"举兵南向，于义则违"。何况曹操法纪严明，士卒精锐，哪里是像公孙瓒那样坐以待毙的？以骄兵战义兵，已是不利；以无名伐有名，更是失理。如果再不讲究策略，一心只想毕其功于一役，那就是失策了。所以沮授说："今弃万安之术，而兴无名之兵，窃为公惧之！"

沮授这话，是说到根本了。我们知道，战争是政治的延续。因此，战争的胜败，并不仅仅在于军事力量的强弱。运筹帷幄之中，决胜千里之外，也不能只考虑实力（庙胜之策，不在强弱），更应该考虑政治上是否正确，道义上是否在理。像袁绍这样，兴兵不义，师出无名，岂有不败之理？可惜袁绍不懂这个道理，听信郭图等人的强词夺理，结果在政治上和道义上就先输给了曹操。在战略上，又急功近利，务虚名而不顾实际，当然会碰个头破血流。可以说，政治上失利，道义上失理，战略上失策，是袁绍失败的首要原因。

袁绍指挥上也失误。战争之初，中曹操声东击西之计，不守白马，驰援延津，是一误；曹操还军官渡以后，不知曹操是以退为进，以守为攻，挺进官渡，是二误；相持阶段，派刘备和刘辟在许县周边骚扰，却不接受许攸的建议劫持天子，是三误；曹操奇袭乌巢时，接受郭图的意见，派轻兵救援乌巢，派重兵攻打官渡，是四误。袁绍指挥这场战争，可以说是一误再误。官渡之战的结局，与其说是因为曹操用兵如神，不如说是因为袁绍愚蠢透顶。俗话说，兵熊熊一个，将熊熊一窝。主帅一错再错，战争就一败涂地。

指挥失误的根本原因是袁绍并不具备帅才。荀彧就说袁绍的特点，是"迟重少决，失在后机"，也就是见事迟，反应慢，优柔寡断，总是错过时机。相反，曹操则"能断大事，应变无方"，也就是能够当机立断，随机应变。《三国志·武帝纪》说，建安五年（公元200年）正月，官渡之战即将打响的前夜，曹操忙里偷闲打了刘备一家伙。当时大家都说，和明公争夺天下的不是袁绍吗？怎么去打刘备？曹操说，刘备是真正的人杰。现在不灭了他，后患无穷。大家又说，袁绍正大兵压境，我们去打刘备，袁绍抄我们的后路怎么办？曹操说放心吧！袁绍"虽有大志而见事迟"，他一定不动。果然，一直到曹操打完了刘备，俘虏了关羽和刘备的老婆孩子，重新回到官渡时，袁绍也没动一下。据《三国志·袁绍传》，当时田丰曾经建议袁绍趁机袭击曹操。袁绍却说小儿子正在生病,不肯出兵,气得田丰用手杖敲着地说,千载难逢的机会呀!却说什么儿子生病!

指挥失误的另一个原因是用人失当。说起来,袁绍手下是很有些人才的。颜良、文丑有勇,田丰、许攸有谋,沮授、郭图多智,审配、逢纪尽忠,所以孔融曾经断言曹操不是对手。据《三国志·荀彧传》,孔融曾对荀彧说:"田丰、许攸,智计之士也,为之谋;审配、逢纪,尽忠之臣也,任其事;颜良、文丑,勇冠三军,统其兵,殆难克乎!"

然而荀彧却认为毋庸忧虑。不可否认,这些人都是人才,但这些人都有毛病:"田丰刚而犯上,许攸贪而不治,审配专而无谋,逢纪果而自用。"刚而犯上,计谋就难被采纳;贪而不治,忠诚就没有保证;专而无谋,决策就难以周全;果而自用,做事就难免霸道。荀彧甚至还预料,如果许攸的家人犯法,审配和逢纪这两个尽忠之臣一定会不讲情面,执法如山,许攸也一定会叛变。至于颜良、文丑,则不过匹夫之勇,"可一战而擒也"。结果完全如荀彧之所言,田丰被囚,许攸叛逃,颜良和文丑丢了脑袋。

如果只是这些人有毛病,还不要紧。世界上没有十全十美的人,人都是有毛病的。所谓"知人善任",关键就在于知道这些人有哪些优点,有哪些缺点,然后扬其长避其短。可惜袁绍不会。袁绍用人只有一个原则,就是自己个人的好恶。好恶的标准也很简单,就是谁拍马屁就喜欢谁,谁提意见就讨厌谁。田丰喜欢提意见,他让田丰进牢房;沮授喜欢提意见,他让沮授坐冷板凳。沮授坐冷板凳的结果,是袁绍的决策一错再错。袁绍进军黎阳,派颜良攻白马。沮授提醒说,颜良性情急躁,沉不住气,虽然骁勇,却不可以独当一面。袁绍不听,结果颜良被杀。曹操还军官渡,沮授劝他屯兵延津,分兵官渡。官渡那边初战告捷,延津的大部队再去不迟。如果前方失利,也还有个退路。袁绍又不听,结果被曹操拖进泥潭。曹操奇袭乌巢,沮授再次建议,派蒋奇率一支别动队断其后路,袁绍还是不听,结果一把火烧光了所有的本钱。袁绍似乎有一种特殊的性格和特别的本事,凡是对自己有利的正确意见,他一定本能地抵制。越是对他有好处,他越是不听。这真是一个奇观。

主帅没名堂,谋臣有毛病,这已经很糟糕了,更糟糕的是他们还要窝里斗。先是郭图嫉恨沮授,后是逢纪诬陷田丰。郭图、审配和沮授、田丰意见分歧,原本正常。讨论问题,难免见仁见智,哪能完全一致?只要大家都处以公心,实无妨会上争论,会下合作。然而袁绍集团不。会议刚散,郭图就去说沮授的坏话,说沮授"监统内外,威震三军",如果不控制一下,只怕将来尾大不掉。袁绍马上起了疑心,不但削弱了沮授的军权,而且再也不听他的。沮授提出辞职,也不准。沮授万般无奈,只好跟着袁绍过河。据《三国志·袁绍传》裴松之注引《献帝传》,上船之前,沮授仰天长叹,说悠悠黄河啊,我怕是再也回不来了。

果然,袁绍兵败,沮授被俘,落入曹军手中。沮授原本是应该跟着袁绍撤退的,但袁绍只顾自己逃命,哪管部下死活?沮授来不及过河,做了俘虏。军人押解他去见曹操,他一路高呼"授不降也"。见到曹操,则说"速死为福"。沮授也是曹操的老朋友,曹操就迎上前去说,天翻地覆,沧海桑田,没想到我们在这里见面。沮授说,袁公失误,穷途末路(冀州失策,以取奔北)。沮授的智慧和力量都用完了,活该做你的俘虏。曹操说,"本初无谋,不用君计",你我合作如何?沮授说,家人的性命都在袁绍手里,就请曹公成全了我吧!曹操没有办法,只好杀了他。曹操说,我要是早能得到沮授,天下事就无可忧虑了。

袁绍的谋士窝里斗,袁绍自己则闹家务。袁绍有三个儿子:袁谭、袁熙、袁尚。他最喜欢的是袁尚。原因也很简单,就是袁尚长得漂亮。我们知道,袁绍自己是一表人才的,《三国志》的说法是"有姿貌威容"。袁绍认为,老帅哥的接班人就应该是小帅哥,因此想立袁尚为储。但这话说不出口,就借口要考察他们的能力,让三个儿子和一个外甥各领一州:袁谭为青州刺史,袁熙为幽州刺史,高干为并州刺史,袁尚和自己一起守在根据地冀州。据《三国志·袁绍传》裴松之注引《九州春秋》,沮授当时就表示反对。沮授说,一只兔子跑到十字路口,大家都来追。如果有一个人抓住了,大家就都不追了(一兔走衢,万人逐之;一人获之,贪者悉止)。你这样做,是存心制造矛盾,"必为祸始"。袁绍不听。果然,袁绍一死,袁尚兄弟就祸起萧墙,谋士们也分为两派。审配、逢纪拥护袁尚,辛评、郭图拥护袁谭,最后在争权夺利中同归于尽。

所以,袁绍之"失",还要加上一条,即组织上失和。政治失利,道义失理,战略失策,指挥失误,用人失当,组织失和。有此"六失",袁绍不败,那才是天理不容。

难怪曹操充满信心了。《三国志·武帝纪》说，袁绍发兵的消息传到许县以后，曹操身边的人都很紧张，认为肯定打不过袁绍（诸将以为不敌）。因为袁绍精兵悍将十万人，曹操的兵力却不过万余（当然裴松之认为这个数字不准确）。然而曹操却很坦然。曹操说，我太了解袁绍的为人了。他这个人，野心大，智慧少（志大而智小）；态度凶，胆子小（色厉而胆薄）；嫉妒刻薄，人缘不好（忌克而少威）。他那个集团，"兵多而分画不明，将骄而政令不一"。因此，袁绍虽然地盘大，粮食多（土地虽广，粮食虽丰），不过是给我当后勤部长罢了（适足以为吾奉也）。

曹操到底是袁绍的老朋友，他真是把袁绍看透了。袁绍这个人，确实是志大才疏、色厉内荏、外强中干，政治上短见，军事上弱智，组织上低能。当然，说他一点风度、才华、能耐都没有，也不符合事实。事实上，袁绍是有本事的，也是有魅力的。作为"四世三公"之后，他没有躺在父辈开创的基业上吃老本，也没有糟蹋父辈的好名声。相反，他凭着自己的能力，获得了比父辈更大的成就，更高的声誉。这是必须予以肯定的。但是，他却在最为关键的时刻表现出愚蠢、固执和狂妄，终于自己把自己送上了绝路。

袁绍的愚蠢、固执和狂妄是三位一体的。他因狂妄而固执，因固执而愚蠢，又因愚蠢而狂妄。他蠢就蠢在没有自知之明。因为没有自知之明，他狂妄，总认为自己天下无敌，因此愚蠢。因为愚蠢，他总认为自己决策英明，因此固执。因为固执，他听不进任何不同意见，因此失败。可以说，袁绍的失败，乃是做人的失败；而他做人的失败，又是性格使然。

袁绍的性格特征是内心分裂。荀彧就说他"貌外宽而内忌，任人而疑其心"。《三国志》则说他"外宽雅，有局度，忧喜不形于色，而内多忌害"。也就是说，袁绍这个人，看起来温文尔雅，宽宏大量，风度翩翩，其实心理阴暗。他见不得别人比自己风光，容不下别人比自己聪明，受不了别人比自己正确。他打曹操，就因为曹操比自己风光；他贬沮授，就因为沮授比自己聪明；他杀田丰，则因为田丰比自己正确。据《三国志·袁绍传》裴松之注引《先贤行状》，袁绍兵败官渡以后，将士们捶着胸脯痛哭流涕，说如果田丰在这里，我们不会落得这个下场。袁绍自己也觉得没面子,就向逢纪问田丰的态度。逢纪说,田丰在狱中幸灾乐祸,拍手大笑,说自己料事如神。结果,袁绍回到邺城,第一件事就是杀了田丰。

其实,即便没有逢纪的谗言,田丰也必死无疑。据《三国志·袁绍传》,当朋友向田丰祝贺,说"君必见重"时,田丰的回答却是"若军有利,吾必全;今军败,吾其死矣"。田丰实在是太清楚袁绍的为人了。如果打了胜仗,心里高兴,还有可能释放田丰出狱,一方面显示他的宽宏大量,另方面也可借这个"反面教员"来证明自己的伟大英明。打败了仗,恼羞成怒,便一定会迁怒于别人,拿别人的人头来给自己出气,杀正确的人来掩盖自己的错误。这样的人真不是东西!

甚至就连袁绍的老婆,也不是东西。据《三国志·袁绍传》裴松之注引《典论》,袁绍尸骨未寒尚未殡葬(僵尸未殡),他老婆刘氏就把袁绍的宠妾五人全部杀死,说都是这些狐狸精害死了她老公。杀了不算,还要毁容,说是以免在九泉之下继续勾引袁绍。袁尚则助纣为虐,帮他妈把这些女人的家属也杀了。这就和曹操截然相反。曹操是打了败仗检讨自己,打了胜仗感谢别人的。他夫人卞氏也很厚道。《三国志·后妃传》裴松之注引《魏略》说,她常常趁曹操外出的时候把离异了的丁夫人接回家来住,自己执侍妾礼,平时也经常送衣送食,问寒问暖。比较一下曹操和袁绍以及他们的夫人,谁该胜谁该负,不就一目了然了吗?

的确,兴亡谁人定,胜败岂无凭。现在看来,曹操的胜利,袁绍的失败,应该说是胜败有凭。事实上,曹袁二人的高下之别,很早就已经显示出来了。据《三国志·武帝纪》,还是在刚刚起兵讨董卓的时候,袁绍就问过曹操,如果讨伐董贼不能成功,你看哪方面能做我们的依靠和凭据(方面何所可据)?曹操反问,足下的意思呢?袁绍回答说,南据黄河,北占燕代(泛指今河北北部和山西东北一带),兼领戎狄(指乌桓),南向以争天下,或许可以成功吧?曹操听了肚子里好笑,心想如果人是没有用的,躲到哪里也没有用,便淡淡地说,照我看,任用普天下的智能之士,用正道和正义来统帅他们,就左右逢源没有做不了的事(吾任天下之智力,以道御之,无所不可)!

在这里,曹操利用汉语词汇的多义性,表达了他与袁绍不同的政治见解。袁绍问"方面何所可据",这个"方面",可以理解为地理位置,也可以理解为政治条件;据,则既可理解为据点,也可理解为凭据。如此,则曹操的话就可以理解为:只要依靠正义和人才,什么地方都是根据地。曹操的见识,已明显地高出于袁绍之上。这也是曹操后来与袁绍逐鹿中原时的态度:你打军事地理牌,我打政治人才牌,咱哥俩就玩他一把好了!

曹操很早就意识到,正义的旗帜和精锐的队伍是克敌制胜的两大法宝。荀彧就说,袁绍"布衣之雄耳,能聚人而不能用"。相反,曹操则是既能聚人,又能用人的。那么,曹操为什么能够聚人,他的用人之道又是怎样的呢?

请看下集:海纳百川。

第十一集　海 纳 百 川

　　曹操很早就意识到,正义的旗帜和精锐的队伍是克敌制胜的两大法宝。"奉天子以令不臣",是为了高举正义的旗帜;颁布《求贤令》,主张"唯才是举",则是为了建立精锐的队伍。实际上,袁绍和曹操都是要用人的。那么,他们的用人之道有什么不同,曹操的高明之处又在哪里?

　　这一集,我们讲曹操的用人之道。
　　这个问题是很重要的。《三国志·武帝纪》的最后一段话说:"汉末,天下大乱,雄豪并起,而袁绍虎视四州,强盛莫敌。太祖运筹演谋,鞭挞宇内,揽申、商之法术,该韩、白之奇策,官方授材,各因其器,矫情任算,不念旧恶,终能总御皇机,克成洪业者,惟其明略最优也。抑可谓非常之人,超世之杰矣。"这段话,是陈寿对曹操的总体评价。从这个评语不难看出,战胜袁绍,是曹操一生中最大的成功;而曹操能够成功,又因为他精于谋略和善于用人。可见,用人之道,是曹操成功之道的核心内容。
　　所谓"用人之道",其实也就两个问题,一是用什么人,二是怎么用。正是在这两个问题上,曹操和袁绍表现出截然不同的两种风格。
　　先说用什么人。
　　必须肯定,袁绍这个人,是有个人魅力的,也懂得人才和人缘的重要。《三国志·袁绍传》裴松之注引《英雄记》说,袁绍年轻的时候就在京城广交豪侠,经常在他那个豪门大院里开派对,办沙龙,迎来送往,呼朋引类,门庭若市,也结交了一大批社会贤达和社会名流。这事一度引起当局不满,说袁绍这小子"不应呼召而养死士",想干什么!他叔叔袁隗(音魁 kuí)也骂他,说你想让袁家灭门呀!袁绍这才稍有收敛,投到大将军何进麾下效力。

可见,当时朝中就已经有人发现,袁绍在模仿先秦时代贵介公子的做派,交豪侠,养门客,搞小集团。袁绍自己,恐怕也暗暗以战国"四大公子"自许。贾谊《过秦论》说,那时"齐有孟尝,赵有平原,楚有春申,魏有信陵。此四君者,皆明智而忠信,宽厚而爱人,尊贤而重士",于是名扬天下,一呼百应。这份风光,是很让人神往的。袁绍出身高贵,一表人才,是个翩翩美少年,便觉得很有资格也很应该成为这样的公子哥儿。

可惜袁绍只学了点皮毛,没有学到精髓。不怕花钱(不爱珍器重宝肥饶之地)大概是学会了的,"明智而忠信,宽厚而爱人,尊贤而重士"就谈不上。他交人只有一个原则,那就是"非海内知名,不得相见"。这是一种偏见,也是一种做秀和摆谱。袁绍这样做,是要告诉大家,袁大公子可不是随便什么人都好见的(不妄通宾客)。这不是摆谱是什么?更重要的是,袁绍结交名人,是为了抬高自己,并非真心要使用他们的聪明才智。袁绍从来就是自命不凡的,他不认为有谁比自己更聪明,因此也用不着当真笼络人才,只要能装点门面就行。这就是做秀了。为此,他可以做"折节下士"状,骨子里却是刚愎自用。这是他"能聚人而不能用"的根本原因。荀彧的判断是正确的:"绍凭世资,从容饰智,以收名誉,故士之寡能好问者多归之。"翻译过来就是:袁绍凭着家族积累的人缘,装模作样做出礼贤下士的样子,以博取虚名,因此那些徒有虚名的家伙便都归附他。

这就是袁绍了:做秀演戏,沽名钓誉,装点门面,自鸣得意。

曹操却正好相反。他的方针是:实事求是,唯才是举,不拘一格,来者不拒。在这个前提下,曹操妥善地处理了五种关系。

第一是名与实。曹操的政策是:名至实归,更重实际。

曹操深知人才的重要,也很清楚自己的分量。他知道,一个篱笆三个桩,一个好汉三个帮,要成就一番事业,就必须有人帮忙。他也知道,自己的背景、资历、地位、实力都不如别人。他不是袁绍,有一个庞大的家族;他不是孙权,有一份现成的基业。他甚至不如刘备,有一张可以炫耀的名片。他的政治资本是最少的,因此需要大批的人来帮助他、支持他,尤其是要争取高门世族来合作,以资号召。能帮忙最好,帮凶、帮腔,哪怕帮闲也行。有才的要,有名的要,徒有虚名也要,总之是多多益善。曹操甚至不要求他们真有作用,能装点门面也行。也不要求他们真心实意地支持自己,只要不公开作对就好。所以曹操迎奉天子迁都许县以后,就网罗了一大批人才,包括孔融之流。这些人,当然不是来帮助曹操的。他们的说法,是来为国家和皇帝效劳。但在曹操大权独揽的情况下,为皇帝效劳和为曹操效劳又有多少区别? 至少,曹操这边也显得人才济济。

不过曹操更欣赏的,还是那些有真才实学的人。曹操这个人,是很有些平民意识和务实精神的。他有一句名言:"不得务虚名而处实祸。"他并不看重虚名。他把大将军的职位让给袁绍,就是不务虚名的表现。他也不崇拜名人。早在关东联军的时候,他就已经领教了什么叫"徒有虚名"。的确,不要迷信名人,名人和能人是两个概念。名人并不一定就有真本事,他们往往是"盛名之下,其实难副"。尤其是东汉末年那个世风日下的时代,夸夸其谈表里不一的人难道还少吗? 曹操可不上他们的当!

曹操甚至在婚姻问题上都是这个态度。他的第二任夫人卞氏,就出身"倡家"。这在当时就不但是卑微,而且是卑贱了。然而卞夫人出身虽差,人品却非常好,为人处世也很低调。《三国志·后妃传》说,曹丕立为太子后,身边的人开玩笑要卞夫人请客。卞夫人说,我没把孩子教坏,就心满意足了。裴松之注引《魏书》说,曹操让她从缴获的珍宝中挑一两件首饰,她每次都挑中等的。曹操问她为什么,卞夫人说,挑最好的是贪婪,挑最差的是虚伪,所以挑中等的。这话实在,曹操也大为赞赏。实际上,曹操在和丁夫人离异后,不顾"门当户对"的世俗观念,立卞氏为妻,恐怕就是因为务实。的确,卞氏虽然出身卑贱,却兼备德才,那又为什么要另娶名门呢?

第二是德与才。曹操的政策是:德才兼备,唯才是举。

曹操既然有这样一种平民意识和务实精神,那么,他在选拔人才的时候就不会像袁绍那样"非海内知名,不得相见",或者像某些人主张的那样"必廉士而后可用"。他需要的,是那些能够实实在在帮助他平治天下的人。为此,曹操于建安十五年(公元210年)、建安十九年(公元214年)和建安二十二年(公元217年)先后三次颁布《求贤令》,明确提出"唯才是举"的人才政策。曹操说,现在天下未定,正是急需人才的时候(此特求贤之急时也),因此只能讲能干不能干,不能吹毛求疵,讲究太多。如果一定要求道德品质无可挑剔,方方面面十全十美,那么齐桓公又何以能够成就霸业?高皇帝又怎么能够创立大汉?所以,只要是人才,有"治国用兵之术",哪怕有不好的名声(污辱之名),被人耻笑的行为(见笑之行),甚至"不仁不孝",也请大家推荐,我一定该怎么用就怎么用(吾得而用之)。

曹操的《求贤令》在中国历史上是一件大事。它改变了帝国的用人制度(两汉察举制度退出历史舞台,而后代之以魏晋荐举制度,至隋唐始改为科举制度),也牵涉一个长期以来争论不休的重大理论问题,那就是德与才的关系。理想的境界当然是德才兼备。但是,当德与才不能兼备时,哪个是熊掌哪个是鱼呢?传统的做法是取德不取才,至少是先德后才,曹操却明确提出"唯才是举"。所谓"唯才是举",就是说,只要有才就行,德可以不问,甚至"不仁不孝"也不要紧。这当然有点惊世骇俗,也容易引起误会,因此需要稍加解释。

其实,曹操这样说,并非不要德。事实上,曹操本人是很注重道德的。他对那些真正道德高尚的人,也是很尊重的。比如崔琰,正派儒雅,曹操就很敬畏;毛玠,廉洁奉公,曹操就很敬重。曹操经常跟人说,崔琰是可以做众人表率、时代楷模的。又说,如果都像崔琰和毛玠那样选拔官吏,那么,每个人都会自觉自律,我也就没什么可做的了。

但曹操绝不是"唯道德论"者(他在建安八年颁布的一道命令就是批判"唯道德论"的)。他并不认为道德是选拔人才的惟一的标准,甚至不认为是第一标准。为什么呢?因为一旦以道德为惟一标准和第一标准,就可能会出现三个问题。一是有德无才。选拔出来的人,品质倒是没有问题,可惜什么都不会,啥也干不了,是没有用的老好人。二是求全责备。一些有才能甚至有特殊才能的人,因为道德品质有瑕疵或者有问题而不得选拔。三是弄虚作假。比如为了得到选拔,做政治秀,做道德秀,结果是道德变成不道德,东汉末年就是这样。

那么,主张"德才兼备"不行吗?崔琰、毛玠,不就是德才兼备吗?

德才兼备当然好,但那是理想境界。承平时期,天下大治,没有太多特殊要求,自然不妨慢慢追求,找到一个是一个。然而此刻却是非常时期,曹操要做的又是非常之事,那就不能四平八稳,按部就班,必须重奖有功,重用有能。用曹操在建安八年(公元203年)发布的《赏功能令》中的话说,就是"治平尚德行,有事赏功能"。

事实上,德与才并非总能兼备,名与实也未必都能统一。有品行的不一定有能力(有行之士未必能进取),有能力的不一定有品行(进取之士未必能有行)。同样,出身好的不一定有水平,有水平的不一定出身好。曹操说,伊尹和傅说不就是奴隶吗?萧何和曹参不就是县吏吗?陈平不是背有恶名吗?韩信不是被人耻笑吗?管仲就更不用说了,论立场,他是"敌人";论品行,他是"小人"。然而商汤、武丁、齐桓和我们高皇帝,却重用了他们,而且依靠他们取得了胜利和成功。这难道还不说明问题吗?

何况,东汉以来的所谓"德才兼备",其实是要德不要才,哪怕是装出来的"德"。甚至就在曹操广纳人才的时候,还有人提出主张,认为即便有功有能,如果"德行不足",也不堪"郡国之选"。这就要矫正。矫枉必须过正,不过正不能矫枉。因此不能再四平八稳地讲什么"德才兼备",必须振聋发聩地提出"唯才是举"。

第三是廉与贪。曹操的政策是:重用清官,不避小贪。

既然唯才是举,那就不拘一格。德才兼备固然好,有点小毛病也无妨。《魏略》记载了一个故事,说曹操有个老乡叫丁斐,爱贪小便宜,居然利用职权用自家的瘦牛换公家的一头肥牛,结果被罢了官。曹操见到他,故意问:文侯呀,你的官印到哪里去了?丁斐也嬉皮笑脸地说:拿去换大饼吃了。曹操哈哈大笑,回过头来对随从说,毛玠多次要我重罚丁斐,我说丁斐就像会抓老鼠又偷东西的猫,留着还是有用的。此事如果属实,大约可以算是中国最早的"猫论"了。

第四是降与叛。曹操的政策是:招降纳叛,尽释前嫌。

不拘一格,就不问出身。甚至就连敌营中的人,他都要设法弄过来为自己所用。他手下的五员大将,就有三员来自敌营:张辽原是吕布部将,张郃原是袁绍部将,徐晃原是杨奉部将,乐进和于禁则是他亲自从底层提拔起来的。正所谓"拔于禁、乐进于行阵之间,取张辽、徐晃于亡虏之内,皆佐命立功,列为名将"(《三国志·武帝纪》裴松之注引《魏书》)。后来,陈寿为这五员大将写了合传,称"时之良将,五子为先";曹操则称赞他们"武力既弘,计略周备","奋强突固,无坚不陷"。

事实上,每次战争胜利后,曹操都要在战俘中发现和招募人才。就连吕布,他原本也是想留下的,后来因为刘备的劝阻而作罢。据《三国志·吕布传》和《后汉书·吕布传》,当时在白门楼下,吕布虽然做了俘虏,却意气风发。他兴高采烈地对曹操说,好了,过去的事都了结了,天下也安定了!曹操问,什么意思?吕布说,明公的心腹之患不就是吕布吗?现在吕布臣服你了!如果让吕布率领骑兵,明公率领步兵,天下还有搞不掂的?又回头对刘备说,玄德公呀,君为座上客,我为阶下囚,绳子绑得这么紧,就不能帮我说句话吗?曹操笑呵呵地说,绑老虎嘛,不能不紧一点。就准备下令松绑。刘备却在一旁冷冰冰地说,明公没看见吕布是怎么侍奉丁原、董卓的吗?曹操马上醒了过来。忘恩负义,反复无常,这就是大节有亏了,只好杀了吕布。

谋臣中也有不少来自敌方。许攸从袁绍营中来投奔他,他光着脚出来迎接。蒯越和刘琮一起投降,他说高兴的不是得到了荆州,而是得到了蒯越。陈琳为袁绍起草檄文,骂了曹操祖宗三代,被俘后仍被任命为司空军谋祭酒。不过最让人感动的还是王修的故事。王修原本是袁谭的人。袁谭被杀后,王修号啕大哭去找曹操,请曹操批准他为袁谭收尸。曹操故意不答应。王修就说:"受袁氏厚恩,若得收敛谭尸,然后就戮,无所恨。"结果曹操"嘉其义,听之",而安葬了袁谭以后的王修也成为曹操重要的谋臣,《三国志》还为他立了传。

当然,也不是所有敌营中的人都会投降曹操。沮授,是曹操很想得到的人。《三国志·武帝纪》和《三国志·袁绍传》裴松之注引《献帝传》都说,沮授被俘后,曹操曾一再劝降并"厚待之"。但沮授因为家小在袁绍处,不肯投降,反倒"谋还袁氏"。曹操没有办法,只好杀了他。还有审配,也是曹操想要的。《三国志·袁绍传》裴松之注引《先贤行状》说,邺城之战,审配被俘,曹操问他,孤围城的时候,你射的箭为什么那么多呀?审配说,只恨太少。曹操就说,足下忠于袁氏父子,也是不得不这样啊!曹操这样说,显然是为审配打圆场,其意"欲活之"。然而审配毫无降意(《三国志·袁绍传》的说法是"声气壮烈,终无挠辞"),他的仇人又在旁边哭哭啼啼,曹操也只好杀了他。

第五是大与小。曹操的政策是:抓大放小,不拘小节。

其实,"重用清官,不避小贪"也好,"招降纳叛,尽释前嫌"也好,都不是技巧,而是气度;是用人之道,不是用人之术。想想看吧,以张绣之"深仇大恨",一听来归,便握手言欢,封官晋爵;以许攸之"贪婪狂妄",一听来奔,便喜不自禁,赤脚出迎;以陈琳之"恶毒攻击",只因爱其才,竟毫不计较,坦然开释;以毕谌之"背信弃义",只因嘉其孝,竟既往不咎,信任如故。凡此种种,都使曹操的英雄气度大帅胸襟跃然纸上。

事实上,正是这种气度和胸襟,使许多原本是对方阵营里的人才,心悦诚服地投奔了曹操,曹操也以坦诚和谅解的态度对待他们。比如文聘,原本是刘表的大将,被刘表派去镇守北方。刘表死后,接班人刘琮(音从 cóng)投降曹操,要文聘也投降,文聘不干。文聘说,我文聘不能保全州郡,只有待罪州中了。后来,曹操南下,渡过了汉水,文聘才去拜见曹操。曹操半开玩笑地说,足下怎么来得这么晚呀? 文聘说,先前我不能辅佐刘荆州(刘表)以奉国家。现在刘荆州去世了,就只想好好守住汉川,保全百姓,能够"生不负于孤弱"(指刘琮),"死无愧于地下"(指刘表)。实在因为万般无奈,才落到今天这个地步。我文聘是既悲痛又惭愧,哪里有脸早早来见明公啊! 说完,痛哭流涕。曹操也陪着流泪(为之怆然),说您真是一个忠臣啊! 便任命文聘为江夏太守。文聘在这个职位上一干就是数十年(但爵位则节节高升,由关内侯而亭侯、乡侯、县侯),战关羽,御孙权,"名震敌国,贼不敢侵",为曹操守住了这个兵家必争之地(见《三国志·文聘传》)。

由此可见,曹操其实是重视道德的,也是主张德才兼备的。文聘就堪称德才兼备。但是,曹操注重的是大德,也就是忠和义,不在乎鸡毛蒜皮的小节,比如什么生活作风问题。只要大节不亏,其他小事情曹操就睁只眼闭只眼,不去管他。《三国志·郭嘉传》说,曹操的核心谋士郭嘉被另一位重要谋士陈群指责,说他行为不很检点(不治行检),而且多次当庭指控。郭嘉若无其事,依然故我(嘉意自若);曹操也不闻不问,信任如旧,甚至更加重用(愈益重之)。不过,对于陈群的为人正派,曹操也很欣赏(以群能持正,亦悦焉)。这不是装糊涂、和稀泥、搞平衡,也不是一般人理解的"中庸之道",而是得"中庸"之精髓。所谓

"中庸",就是执中能用,抓大放小,有经有权,既有原则性(经)又有灵活性(权)。道德是必须坚守的。不坚守,就会突破底线,弄得满朝都是小人。同样,小节又是不能计较的。一计较,就会没完没了,弄得部下人人自危。所以曹操必须肯定陈群,又决不能追究郭嘉。这个大方向,曹操把握得很好。这个尺寸,曹操也把握得很好。

看来,曹操确实是统帅之才。他知道,作为统帅,必须兼收并蓄,最大限度地吸引和使用人才。这就要包容,包括包容一般人所不能包容。所谓"海纳百川,有容乃大",就意味着来者不拒,什么样的人都能吸纳。想想看吧,百川归海,难免泥沙俱下。如果大海只接受清水,不接受泥沙,它还能是大海吗?

曹操就具有大海一样的胸怀。正是这海样的胸怀,吸引了众多的人才投向他的阵营。据有人统计,直到曹操去世为止,他的核心谋士、重要谋士,以及各级掾属共有 102 人。其中最重要的几位,在前期应该就是荀彧、荀攸、贾诩、郭嘉和程昱。值得注意的是,这几位几乎都是主动投奔曹操的,贾诩还捎上了一个张绣,荀彧和郭嘉则是从袁绍那里出走。这倒也没有什么。那时,谋士和武将从一个阵营跑到另一个阵营,就像现在的白领在企业之间跳槽一样稀松平常。一家人服务于不同对象的情况也很多,比如诸葛瑾和诸葛亮兄弟,就分别服务于孙权和刘备,各为其主,"退无私面",也不影响兄弟感情。要说的是,荀彧和郭嘉从袁绍那里出走都有原因,郭嘉甚至向同郡(颍川)的老乡辛评和郭图,陈述了他弃袁投曹的真实想法。这段话,可谓一语道破天机。那么,郭嘉究竟说了什么,其中又有何玄机呢?

请看下集:天下归心。

第十二集 天下归心

曹操会用人，这在历史上几乎是公认的。他可以说是深知"用人之机"。但问题并不在于他做了什么，而是怎样做，以及为什么这样做。也就是说，重要的不是"术"，而是"道"。那么，曹操用人之道的"道"是什么，他又为什么能够掌握"道"呢？

上一集我们讲到，曹操发展初期最重要的几位谋士荀彧、荀攸、贾诩、郭嘉和程昱，几乎都是主动投奔曹操的。最先是荀彧从袁绍那里跑了过去，时间是在汉献帝初平二年（公元191年），当时荀彧只有二十九岁。《三国志·荀彧传》说，荀彧出走的原因，是他发现袁绍成不了大业（度绍终不能成大事），就投奔了当时还只是东郡太守的曹操。曹操得到了荀彧，喜出望外，说这就是我的张良啊（吾之子房也）！到了建安元年（公元196年），曹操接受毛玠和荀彧的建议，迎奉天子，迁都许县，荀彧就成了曹操的"总参谋长"（为汉侍中，守尚书令，常居中持重），在曹操外出时总理军国事务（太祖虽征伐在外，军国事皆与彧筹焉）。曹操要荀彧再推荐一些人才，问他"谁能代卿为我谋者"，荀彧便推荐了荀攸、钟繇和郭嘉。《三国志·荀攸传》说，当时荀攸因赴四川道阻，闲在荆州。曹操就给荀攸写信，说现在天下大乱，正是有劳智慧之士费心的时候。先生袖手旁观，不觉得太久了一点吗？荀攸便立即来到曹操身边。曹操大喜，说我有公达先生帮忙，还有什么值得忧虑的事吗？

程昱的到来也很有趣。《三国志·程昱传》说，当时，兖州刺史刘岱请他当骑都尉，程昱说自己有病。等到曹操来到兖州，请他出山时，他一叫就到。他的同乡看不懂,说你怎么前后判若两人? 程昱只是笑,不回答。郭嘉却实话实说。据《三国志·郭嘉传》,郭嘉曾对袁绍的谋士辛评和郭图说:"夫智者审于量主,故百举百全而功名可立也。袁公徒效周公之下士,而未知用人之机。多端寡要,好谋无决,欲与共济天下大难,定霸王之业,难矣!"于是离开袁绍投奔曹操。曹操和他谈了一次话,内容是"论天下事",结果双方都喜出望外。曹操说:"使孤成大业者,必此人也。"郭嘉从曹操那里出来,也大喜过望地说:"真吾主也。"这一年,郭嘉二十七岁。

郭嘉的话包括了三层意思。第一,一个聪明人,尤其是一个准备做谋士的人,一定要为自己选一个好老板(智者审于量主)。第二,袁绍不是一个好老板,因为他不会用人。袁绍并非不懂得人才的重要性,也曾经学着像周公那样,"一沐三握发,一饭三吐哺"。但他只学到了皮毛(徒效周公之下士),没有学到精髓(未知用人之机)。他自己也缺乏统师之才,思绪纷繁又不得要领(多端寡要),喜欢谋划又没有决断(好谋无决),跟着他是没有前途的(欲与共济天下大难,定霸王之业,难矣)。事实证明郭嘉的判断并不错。袁绍虽然聚集了不少人才,但结果是走的走,散的散,死的死,叛的叛。剩下的几个则搞分裂,一派拥护袁谭,一派拥护袁尚,萧墙祸起,自相残杀,最后同归于尽。至于郭嘉的第三层意思,不说大家也明白:曹操是个好老板(真吾主也),因此必须去袁归曹。

那么,曹操又怎么是个好老板呢?

第一是"知人善任,唯才所宜"。《三国志》在评价曹操的用人之道时,说了十六个字:"官方授材,各因其器,矫情任算,不念旧恶"。所谓"矫情任算,不念旧恶"就是上一集讲到的"招降纳叛,尽释前嫌";而所谓"官方授材,各因其器",则可谓"知人善任,唯才所宜"。唯才所宜,是荀彧和郭嘉对曹操用人之道的评价。荀彧的说法是"明达不拘,唯才所宜";郭嘉的说法是"唯才所宜,不问远近",和陈寿的说法意思一样。"唯才所宜"是很重要的。因为所谓"知人善任",其实包括三个内容:知道哪些人是人才,知道他们是哪个方面或哪种类型的人才,知道把他们放在哪个位置上最合适。也就是说,知人善任,一要能知,二要善任。曹操就能做到这一点。比如崔琰、毛玠清廉正派,曹操就让他们选拔官吏;枣祗(音之 zhī)、任峻任劳任怨,曹操就让他们负责屯田。这一点,就连对曹操极为不屑的宋朝人洪迈,也给予很高评价,说是"智效一官,权分一郡,无小无大,卓然皆称其职"(《容斋随笔》),而且由此得出结论:曹操的成功,决非侥幸(操无敌于建安之时,非幸也)。

第二是"推诚取信,用人不疑"。这一条,原本就是用人的原则,历史上会用人的人几乎都是这样做的。但是对于曹操,却尤为重要。首先,曹操所处的是一个乱世。乱世的特点,就是人心浮动,道德沦丧,人与人之间缺乏诚意和信任。用曹操的话说,就是"上下相疑之秋也"。其次,曹操地位特殊。他扮演的角色,用周瑜的话说,就是"名为汉相,实为汉贼"。不管曹操自己怎么想,当时许多人是这样认为的。事实上曹操的"聚人",恐怕也更多地是为了实现自己的野心。这个"双重角色"带来的好处,是曹操可以利用中央政府的名义和官职广纳人才;带来的坏处,则是恐怕连他自己也不一定分得清,这些人才究竟是谁的。这就难免会有猜疑。再次,曹操阵营庞杂。有原来就在中央政府任职的,有后来被曹操选拔招揽的,还有朝廷官员推荐任命的,更有从敌营中招降纳叛的,并非清一色都是自己的队伍。这些人之间,也难免会有猜疑。总之,曹操那边,是疑云重重。

在这样一种情况下,诚意和信任就格外重要。作为领导人,曹操不管是出于真心还是做秀,都必须表现出诚意和信任。我们看他对张绣、对魏种、对毕谌,对这些背叛过他的人那么宽容,就是为了向天下人表示,我曹操是诚心诚意的,是充满信任的,即便被人骗了,也无怨无悔,你们尽管放心投奔我吧!

诚意和信任换来的是感激和忠诚。就说于禁。据《三国志·于禁传》,张绣第一次投降又反叛时,曹操猝不及防,被打得落花流水,全军大乱。只有于禁"勒所将数百人,且战且引,虽有死伤不相离",最后"徐整行队,鸣鼓而还",还顺便整治了作乱的青州兵。青州兵就是投降曹操的黄巾军,军纪本来就差,曹操对他们又很宽容(太祖宽之),所以趁火打劫(故敢因缘为略)。于禁却不客气,"乃讨之,数之以罪"。青州兵便跑到曹操那里恶人先告状。然而于禁回到大本营,却"先立营垒",并不马上去见曹操(不时谒太祖)。当时有人就说,青州兵都把你告了,还不赶快去说清楚!于禁说,追兵在后,说来就来,不早做准备,怎么对付敌人?再说了,曹公是何等英明的人,他们告刁状又有什么用!于是不慌不忙安营扎寨,一切就绪以后才去见曹操。曹操大为赞赏,说你于禁真是有古之名将风度呀!便封他为益寿亭侯。

第三是"令行禁止,赏罚分明"。这一条也是用人之道的基本原则,但曹操却有特别之处。一是以身作则,二是实实在在。我们知道,曹操治军是很严的,他在建安八年(公元203年)五月曾颁布命令:"自命将征行,但赏功而不伐罪,非国典也。其令诸将出征,败军者抵罪,失利者免官爵。"其实不但败军失利要受处分,违反军纪也要严惩,就连曹操本人也不例外。曹操曾经下令,行军时不能践踏麦田,违令者死。于是骑兵都下马步行,用武器扶着麦子走。然而曹操的马却跳了进去,结果是曹操用剑割下自己的头发,表示受罚。这就是有名的"以发代首"的故事。这个故事记录在对曹操并不友好的《曹瞒传》中,历来也被用来说明曹操的奸诈和虚伪。其实割发在古代也是一种肉刑,叫"髡(音昆 kūn)"。后来曹操整崔琰,判的就是髡刑,可见也不完全是轻描淡写,装模作样。

曹操罚起来很重,赏起来也不含糊。曹操有一个原则,就是从不只凭一时兴致胡乱赏人。如果他要奖赏谁,那么,首先,这个人一定建立了奇功;其次,曹操的奖励一定十分到位。用郭嘉的话说,就是"恩之所加,皆过其望";"虑之所周,无不及也"。据《三国志·徐晃传》,在一次和刘备的战争中,徐晃深入敌军,击败关羽,保全襄樊,曹操便出营七里相迎,摆下庆功盛宴,亲自举酒劳军。曹操说,我带兵三十多年,也读过许多古书,还没见过像徐将军这样长驱直入冲进敌围的,恐怕就连孙武子也要甘拜下风。当时诸军云集,曹操巡视的时候各军将士纷纷出营围观,只有徐晃的部队"军营整齐,将士驻陈不动"。曹操便又感慨说,徐将军真是有周亚夫的风范啊!

徐晃原本是杨奉的人,归顺曹操后一直忠心耿耿。他出生入死,建功立业,上阵前甚至祭拜了祖坟,以示必死的决心。徐晃的这份忠诚,也包括其他人的忠诚,无疑因为曹操的高度信任和赏罚分明。曹操作为统帅,从不和部下争面子、抢风头,总是把功劳归于部下。更重要的是,他的推功并不盲目,谁有什么功劳他清清楚楚;他的奖励也不走过场,该得什么奖赏都实实在在;他还不搞平衡,保证每个得到奖励的人都名至实归。用荀彧的话说，就是"以至仁待人，推诚心不为虚美，行己谨俭，而有功者无所吝惜"。难怪周泽雄先生说曹操在这方面简直就是艺术家。而在我看来，曹操的奖励岂止是艺术，也是科学。

第四是"虚怀若谷，见贤思齐"。对于人才来说，奖励固然重要，但更重要的还是重用，是统帅的虚心纳谏和言听计从。我们读史，可以不断看见曹操对部下建议的态度：听之，从之，善之。当然，也有"不听"、"不从"的。如果事后证明曹操错了，他一定会检讨，会道歉，会感谢部下的建议和提醒。检讨，也不一定就是哭丧着脸，多半是笑着说。《三国志·蒋济传》说，曹操征孙权时，准备按照官渡之战的老办法，将淮南的老百姓都迁走，蒋济就不赞成。蒋济说，现在的情况和官渡之战时不一样了，根本没有这个必要。再说，老百姓都恋土，并不愿意迁移。强行迁移，他们心里肯定不安。曹操不听，结果淮南的人民都跑到孙权那里去了。后来蒋济去见曹操，曹操特地迎上前来，呵呵大笑着说，你看我干的这事！原本是想让他们躲避贼寇的，结果反倒把他们全赶到那边去了。于是便拜蒋济为丹阳太守。

看来，曹操确实会用人。我们甚至可以用这样八句话来概括他的用人之术：一，真心实意，以情感人；二，推心置腹，以诚待人；三，开诚布公，以理服人；四，言行一致，以信取人；五，令行禁止，以法制人；六，设身处地，以宽容人；七，扬人责己，以功归人；八，论功行赏，以奖励人。

但是，仅仅概括出这些"顺口溜"是远远不够的。因为重要的不是"术"，而是"道"；不是做了什么，而是怎样做，以及为什么这样做。道是什么？道就是人性，就是人心。曹操用人之道的核心，就是八个字——洞察人性，洞悉人心。他很清楚，将士们跟着他出生入死是为了什么，于是他"扬人责己，以功归人"，"论功行赏，以奖励人"。他知道人都是有缺点和弱点的，也都是趋利避害的，于是他"令行禁止，以法制人"，"设身处地，以宽容人"。他知道人是理性的动物，大多数人在大多数情况下都是通情达理的，于是他"开诚布公，以理服人"，"言行一致，以信取人"。他还知道人是有感情的，感情有时候比利益更可靠，于是他"推心置腹，以诚待人"，"真心实意，以情感人"。曹操的成功，是做人的成功；而他做人的成功，又是知人的成功。

有一件事很能说明问题。这件事记载在《三国志·武帝纪》中，当是事实。曹操大败袁绍于官渡以后，袁绍的大量辎重、珍宝、图书都落到曹操手里，其中就包括己方一些人暗地里写给袁绍的书信。曹操二话不说，下令一把火把它们烧个干净。那些暗中勾结袁绍的人，原本担心要追究的，现在都把提到嗓子眼的心又放回肚子里去了，对曹操更是又佩服又感激。据裴松之注引《魏氏春秋》，曹操的解释是这样的：袁绍强盛的时候，连我都自身难保，何况大家呢！这话说得够体贴人的。不要说那些心怀鬼胎的人疑窦冰释，便是没什么瓜葛的人，也会为曹操的宽宏大量和设身处地所感动。

曹操话说得很漂亮，算盘打得就更精。他很清楚，这事一旦动起真格，要处理的就不止一个两个。在胜败未决又敌强我弱的情况下，谁不想着给自己留条后路呢？这时，脚踏两只船的人一定不在少数。当然，不会每个人都是双重间谍，多数人不过两边敷衍罢了。但敷衍和通敌原本分不大清，而且按照纲常伦理，不忠即是叛逆。只要和袁绍有书信来往，那通敌的嫌疑可是跳进黄河也洗不清了。如果都要一一追究，只怕有半数以上的人说不清。既然追究不了，不如卖个人情，统统不追究好了。而且，人情做到底，连证据都予以销毁，大家放心。这样，那些心中有鬼且有愧的人，就会感恩戴德；而那些原本忠心的人，则更会死心塌地。这岂不比揪出一大堆人来整治，最终削弱自己的力量合算得多？

在这里，曹操显然又表现出他政治家的天才。他深知，无论政治斗争，还是军事斗争，最重要的凭据是正义，最重要的资源是人才。要网罗人才，就要有足够的气度和宽容。人上一百，形形色色。世界上哪有清一色的队伍？峣峣者易折，皎皎者易污；水至清则无鱼，人至察则无徒。有些时候，是要装点糊涂的。装糊涂才能宽容人，宽容人才能得人心，得人心才能得天下。曹操懂这个道理，所以曹操是赢家。

洞察人性，洞悉人心，已不容易；设身处地，将心比心，也很难得。但更为可圈可点的是，曹操在做这些事情时，比方说，在销毁书信、既往不咎，在检讨自己、推功他人，在重赏将士、让他们喜出望外，在释放俘虏、让他们感激涕零的时候，他做得是那样的坦诚、实在、大气、自然。这就不能不让人叹为观止了。

说起来，曹操的生性是很狡诈的。所谓"少机警，有权数"，不过是史家比较委婉客气的说法，说穿了就是狡诈。何况曹操又是带兵打仗的人,兵不厌诈。战场上用诡计,官场上用权谋,不过军事斗争和政治斗争的家常便饭,没什么稀罕,也并不丢人,谁都这么做,只不过敌方叫"狡猾奸诈",己方叫"足智多谋"、"出奇制胜"罢了。曹操的聪明之处,在于他知道什么时候该说假话,什么时候该说真话。尊奉天子,维护汉室,不过买政治股,打正统牌,不妨做秀,也难免敷衍。和智士谋臣说话,因为双方都是聪明人,如果耍小聪明使小心眼,就很容易被对方看穿而失去信任,那可真是"聪明反被聪明误"了,反倒不如实话实说。曹操很能把握这个尺寸。惟其如此,他才能和谋士们同心同德,也才有了凝聚力。

曹操具有凝聚力,还因为他有亲和力;而他具有亲和力,又与他的性格有关。曹操是个性情中人,平时也很随和。他喜欢开玩笑,常常正经事也用玩笑话说。这种性格,对他的事业很有帮助。搞政治的人,太一本正经其实不好。不是让人觉得城府太深,不可信;便是让人觉得不通人情,不可近。最好是办事严肃认真,平时洒脱随和,原则问题寸步不让,鸡毛蒜皮马马虎虎,既有领袖的威望威严,又有人情味,幽默感。这样的人,最能得人衷心的爱戴和拥护。曹操便正是这样的人。

不过,曹操能够凝聚人才,最主要的还是他爱才的真诚。他确实非常希望在自己的生活和事业中能有更多的朋友和帮手。他在《短歌行》一诗中说:青青的,是你的衣领;悠悠的,是我的深情(青青子衿,悠悠我心)。只因为你的缘故啊,让我思念到如今(但为君故,沉吟至今)。麋鹿找到了艾蒿,就会相呼相鸣(呦呦鹿鸣,食野之萍)。我要是有了嘉宾,一定要鼓瑟吹笙(我有嘉宾,鼓瑟吹笙)。明明的是那天上的玉轮,不知何时才中断它的运行(明明如月,何时可掇)。深深的是我心中的忧思,也许永远都没有止境(忧从中来,不可断绝)!来吧朋友!越过那田间小道,别管它阡陌纵横。有劳你枉驾前来,让我们久别重逢(越陌度阡,枉用相存)。把酒临风,握手谈心,重温那往日的友情(契阔谈宴,心念旧恩)。这不是很感人吗?

值得注意的是这首诗的开头:"对酒当歌,人生几何。譬如朝露,去日苦多。"他的另一首诗《龟虽寿》则说:"神龟虽寿,犹有竟时。腾龙乘雾,终成土灰。"这就是对宇宙人生的一种哲学思考了。当然,曹操是站在他政治家的立场上来思考的。因此他的结论是"老骥伏枥,志在千里。烈士暮年,壮心不已";是"山不厌高,水不厌深,周公吐哺,天下归心"。也就是说,应该抓紧这不多的时光,在短暂的人生中做出轰轰烈烈的事业,实现自己的政治抱负。但这样一种政治抱负,由于有对宇宙人生的哲学思考为背景,有着"让有限的生命变成永恒"的意思,就比陈胜的"王侯将相宁有种乎"和刘邦的"大丈夫当如此也"更有格调和品位,也更大气,而且大气之外还有深沉。

曹操是很深沉的,郭嘉就说他是"外易简而内机明"。曹操的深沉,还表现在他识人之准,用心之深。曹操是很有心计的。表面上,他可以和你握手言欢,可以和你嘻嘻哈哈,但他无时无刻不在观察你,而且入骨三分。袁术那么气焰嚣张,袁绍那么不可一世,曹操都不放在眼里,但对于那个先前卖草鞋、此刻又寄人篱下的刘备,却另眼相看。尽管刘备在他手下时始终韬光养晦,装聋作哑,曹操还是一眼看穿:"今天下英雄,唯使君与操耳!"吓得刘备当场就掉了筷子。

这又是一件奇怪的事。怪在哪里呢?怪在如果刘备是英雄,曹操就不该把这话当面说出来。如果刘备不是英雄,那又说它干什么?更奇怪的是,既然曹操已经认识到,和自己争天下的就是刘备,为什么又要把他放走?事实上,放走刘备,可以说是曹操一生中最大的错误。因此我们很想知道,刘备究竟是不是英雄?曹操又到底说了那句话没有?

请看下集:青梅煮酒。

第二部

孙刘联盟

第十三集　青梅煮酒

在三国时代众多的英雄人物中，刘备一直是一个谜。这个谜，就像他的字一样，玄之又玄。刘备出道的时候，一无所有，一文不名，只能东奔西走地寄人篱下，反复无常地投靠他人。然而他所到之处，总能受到尊重和款待，曹操甚至认为只有自己和刘备才是真正的英雄。那么，曹操说了这句话吗？他为什么要这样说？刘备是英雄吗？他为什么是英雄？

上一集我们说到，放走刘备，是曹操一生中最大的错误，因为曹操已经一眼看出刘备是当时真正的英雄。曹操甚至说了这样的话："今天下英雄，唯使君与操耳！"这句话是载入史册的。《三国志·先主传》说："先主未出时，献帝舅（岳父）车骑将军董承辞受帝衣带中密诏，当诛曹公。先主未发。是时曹公从容谓先主曰：'今天下英雄，唯使君与操耳！本初之徒，不足数也。'先主方食，失匕箸。遂与承及长水校尉种辑、将军吴子兰、王子服等同谋。会见使，未发。事觉，承等皆伏诛。"这是原文。而在"先主方食，失匕箸"后面，裴松之注引《华阳国志》补充说："于时正当雷震，备因谓操曰：圣人云'迅雷风烈必变'，良有以也。一震之威，乃可至于此也！"《三国演义》当中那个著名的故事"青梅煮酒论英雄"，就是根据这个记载改编的。

平心而论，《三国演义》这半回篇幅的故事，从文学的角度看很精彩，从历史的角度看也算真实，因为故事情节和人物对话大体上都有出处和来历。比如"衣带诏"事件，就既见于《三国志》，也见于《后汉书》；刘备种菜一事，见于裴松之注引胡冲《吴历》，而且言之凿凿，种的是大头菜一类的东西（芜菁）；"望梅止渴"的故事,则见于《世说新语·假谲》,这个成语也典出于此。至于曹操评点当时人物的那些话,也都可以说是他的真实看法。靠不住的只有一处,搞错了的也只有一点。

搞错了的一点,是陈迩冬先生发现的。《三国演义》说,曹操要刘备说说谁是当今英雄,刘备第一个就提到了袁术,曹操笑着说:"冢中枯骨,吾早晚必擒之。"其实"冢中枯骨"这个说法不是曹操的,是孔融的。他说的也不是袁术,而是袁术的先人。据《三国志·先主传》,汉献帝兴平元年（公元194年）,徐州牧陶谦因病去世,陈登等人要刘备来代理。刘备不敢贸然接手,说袁术近在咫尺,四世五公,海内所归,你们何不把徐州送给他? 这时北海相孔融就说话了。孔融说:"袁公路岂忧国忘家者耶? 冢中枯骨,何足介意!"也就是说,你不必担心,老袁家那"四世五公"早就在坟墓里了,怕他做甚! 刘备这才代理了徐州牧。《三国演义》移花接木,把袁术本人说成"冢中枯骨",是不确的。如果袁术已是"冢中枯骨",又何必说"吾早晚必擒之"?

靠不住的一处,是刘备和董承他们的"立券书名"。按照《三国演义》的说法,董承受献帝密诏,联合刘备等人反曹,是结了盟,立了誓,签了字,画了押。那份"衣带诏"和那份签字画押的"义状",最后也都是被曹操搜了出来的,可谓"铁证如山"。所以毛宗岗父子认为,董承的失败,在于事不机密。毛批说:"君不密则失臣,臣不密则失身。事欲其秘,何必歃血会饮? 迹恐其露,何必立券书名?"是啊,何必呢? 因此,依我看,没头脑的恐怕不是董承,而是罗贯中。罗贯中也不一定就没头脑,只不过写小说要好看而已。

指出了这一点的,也是陈迩冬先生。陈先生的《闲话三分》说,如果刘备、董承他们"立券书名"是实,而且曹操征刘备就因"衣带诏"一案而起,那么,曹操在俘虏了刘备的老婆、孩子和关羽以后,就不会那么客气了,也不会由着关羽带着嫂子和侄子一走了之。因此陈先生认为,就连这个"衣带诏",是不是董承或董承父女伪造,也很难说。吕思勉先生的《三国史话》则说:"董承本来是牛辅的余孽,哪里是什么公忠体国的人?""就是要除曹操,如何会付托董承呢?

这话怕靠不住罢?"

第二靠不住,当然很难说的,因为整个事情的真实性都很可疑。按照《三国志》的说法,董承受献帝密诏谋杀曹操,刘备原本是没有参与的(先主未发)。碰巧这时曹操说了"今天下英雄,唯使君与操耳"这句话,刘备就参与了(遂与承及长水校尉种辑、将军吴子兰、王子服等同谋)。又碰巧被曹操派遣东征袁术(会见使),这才没有卷入此案(未发)。这么多的"碰巧",不可疑吗?

可能就连罗贯中也觉得说不通,就把事情的因果关系调整了一下。按照《三国演义》的说法,刘备是参与了董承密谋的,而且签署了盟书。但刘备认为这不是可以一蹴而就的事情,必须严格保密(切宜缓缓施行,不可轻泄)。自己则"就下处后园种菜,亲自浇灌,以为韬晦之计"。没想到曹操却请他青梅煮酒论英雄,还莫名其妙地冒出一句让刘备当场就吓得掉了筷子的话。正好这时需要有人带兵拦截袁术,刘备想:"我不就此时寻个脱身之计,更待何时?"便主动请缨,趁机开溜。刘备对关羽和张飞讲:"吾乃笼中鸟,网中鱼,此一行如鱼入大海,鸟上青霄,不受笼网之羁绊。"

这样说,逻辑上是通了,但刘备的人品却变得可疑。你不是和董承歃血会盟,立券书名,赌咒发誓要消灭曹贼保卫皇上吗?怎么才见了根井绳,就像见了蛇一样溜之大吉了呢?到底是万岁爷的安危重要,还是你刘备的性命重要?你刘备不是拯救天下的大英雄吗?你应该奋不顾身挺身而出呀!至少,也应该留在首都观望一阵,看看还有没有机会,怎么能只顾自己逃命,置皇帝和董承等人的死活于不顾呢?

这个问题,暗中维护刘备的陈寿大约也想到了,因此他用了一个曲笔:"会见使"。会,就是碰巧。碰巧曹操派刘备东征袁术,刘备只好离开首都。也就是说,刘备出京,不是贪生怕死,也不是背信弃义,而是身不由己。

显然,这里有一个关键问题,那就是历史上的刘备东征袁术,究竟是曹操选派的,还是他主动要求的?恐怕是刘备主动请缨,曹操批准的,证据则在《三国志·董昭传》和《三国志·程昱传》。据此两传,曹操派遣刘备到徐州截击袁术后,董昭曾经前去劝阻,说"备勇而志大,关羽、张飞为之羽翼,恐备之心未可得论也"。曹操的回答是"吾已许之矣"。程昱也和郭嘉一起去找曹操,说:"公前日不图备,昱等诚不及也。今借之以兵,必有异心。"曹操的反应是"悔,追之不及"。也就是说,刘备是主动要求到徐州去截击袁术的,而且还向曹操借了兵。这事曹操开始时并没有太在意。董昭去说的时候,曹操还说"我已经答应他了,不好反悔"("许之"二字正好证明是刘备主动请缨)。直到程昱和郭嘉指出,借兵就是刘备有异心的表现,曹操才恍然大悟,但已追悔莫及。果然,刘备到了徐州以后,便杀了驻守徐州的车胄,公开反叛曹操。曹操做了一笔大大的赔本生意。

由此我们可以得出结论:刘备是主动出走的。出走的根本原因,则在于刘备是英雄。既然是英雄,就必定不会心甘情愿地寄人篱下,迟早要另立山头。直接的原因,则是曹操说了那句话,道破了天机,戳穿了刘备的心思,因此非走不可,而且一去永不回。

但这样一来,便又有了一个问题,那就是曹操为什么会犯这样的错误?曹操不是认准了天下的英雄只有他和刘备两个吗?既然如此,那就应该把刘备杀了,至少也应该扣在自己身边,怎么能放虎归山,还借给他军队,让他如虎添翼呢?以曹操之聪明,或者说奸诈,怎么会做这种糊涂事?因此说,整个事情的真实性都很可疑。所谓可疑,就是说,要么曹操没说那话,要么刘备不是英雄。

那么,事情的真相是什么?

我的看法,第一,刘备是英雄。第二,曹操说了那句话。

先说第一点:刘备是英雄。说刘备是英雄,许多人可能难以接受。因为在一般人心目中,刘备是很窝囊的。他的本事,一是会跑,二是会哭。这是《三国演义》给我们的印象。其实这是误解。首先,刘备并非只会跑,只会哭,他还会别的。其次,在那个时代,会跑会哭也不丢人,并不能证明这人就窝囊,就不是英雄。刘备会跑,曹操就不会跑?曹操狼狈逃窜的记录也不在少数。刘备会哭,曹操就不会哭?曹操号啕大哭的故事也史不绝书。怎么就没有人说曹操窝囊?可见不能这样简单地看问题。跑,要看为什么跑。打得赢就打,打不赢就跑,就跑得有道理。哭,也要看为什么哭。为朋友的情谊而哭,就哭得不丢人。刘备的跑和哭,就多半是这种情况。

当然,相对曹操而言,刘备要跑得多一点,哭得多一点,因为他更弱小。刘备出道的时候,除了两个忠心耿耿的兄弟——关羽和张飞,可以说是一无所有,一文不名。他没有自己的军队,或者说虽然有,也很可怜。刘备初起兵的时候,也是靠财团资助。中山王国(在今河北省定县)的两个大商人张世平和苏双"多与之金财",让他招兵买马。但刘备参加讨伐黄巾的战争,最后也只得了个"安喜尉"的官职。安喜尉就是安喜县(故治在今河北省定县东)的县尉,是个副县级的公安局局长,可见人马不多。所以刘备经常要向别人借兵。他那两员大将关羽和张飞也等于是光杆司令,只能自己去逞匹夫之勇。

刘备也没有自己的根据地,好不容易有那么一两块地盘很快又会失去,只能东奔西走地寄人篱下,反复无常地投靠他人,五易其主,四失妻子。从初出江湖到赤壁之战,刘备可谓半生颠沛流离。《三国演义》讲,有一次,刘备曾在酒后悲愤地说:"备若有基本,天下碌碌之辈,诚不足虑也。"这话虽然是演义,却也在理,可以看作他的心里话。

刘备还没有什么像样的战功。什么"温酒斩华雄",什么"三英战吕布",都是罗贯中帮他打的。实际上,赤壁之战前,刘备在战场上每每是落荒而逃,"先主败绩"的记录屡见不鲜。《三国志·先主传》裴松之注引《魏书》说,建安五年(公元200年)曹操征讨他的时候,他认为曹操正在和袁绍作战,不会来打他。等到他亲眼看见曹操的旗帜,便吓得掉头就跑,完全不顾部下死活(见麾旌,便弃众而走),哪里像个英雄? 当然,刘备也不是一次胜仗都没打过,史书上也有"数有战功"的记录,但那都是些小仗。事实上,诸侯混战的时候,没有一个军阀是被他消灭的,刘备的战功实在乏善可陈。

这样的人当然也不会有多大的名气,袁术就曾经极为不屑地说:"术生年以来,不闻天下有刘备。"这话是袁术对吕布说的,见于《三国志·吕布传》裴松之注引《英雄记》和《后汉书·吕布传》。还有一件事情也能说明问题。据《后汉书·孔融传》,孔融任北海相的时候,被黄巾军包围,无可奈何,派太史慈向当时官任平原相的刘备求援。刘备惊讶地说:"孔北海乃复知天下有刘备耶?"马上派出三千救兵。这段话在《三国志·太史慈传》里,是"备敛容答曰:孔北海知世间有刘备邪?"《三国演义》也这么说。但我以为,《后汉书》的"惊曰"比《三国志》的"敛容答曰"要准确,而且"惊"的背后是"喜",即"惊喜"。这说明什么呢? 说明当时刘备确实没有名,又很希望有名。

然而就是这样一个要啥没啥的刘某人,一个到处求人的刘玄德,所到之处却备受欢迎和款待。刘备被吕布打败,投靠曹操,曹操让他做豫州牧,表他为左将军,"出则同舆,坐则同席"。刘备被曹操打败,投靠袁绍,袁绍出城二百里相迎,父子"倾心敬重"。袁绍和曹操是当时最牛的人,尚且如此,何况他人? 不把刘备放在眼里的,只有一个袁术。

那么,刘备为什么会受此待遇呢?

解释只有一个,就是袁绍、曹操,还有陶谦他们,都认为刘备是英雄。

那么,刘备是英雄吗? 是。首先,刘备有英雄之志。《三国志·陈登传》说,刘备在荆州的时候,曾经和刘表一起讨论天下英雄,说到陈登。一个名叫许汜的人说,陈元龙(陈登字元龙)架子大,不讲礼貌。鄙人到下邳见元龙,元龙半天不和鄙人说话,然后自己去睡大床,让我睡小床。刘备说,足下素有国士之名,可惜并无国士之实。现在天下大乱,帝王失所,大家都希望足下"忧国忘家,有救世之意"。然而足下怎么样呢?"求田问舍,言无可采",这正是元龙所不齿的,他为什么要和足下说话? 这也就是碰上元龙了,还算客气。如果是小人我,恨不得自己睡在百尺高楼,让足下睡在地上,还说什么大床小床! 这就是辛弃疾词"求田问舍,怕应羞见,刘郎才气"的出典。

从上面这个例子我们可以看出,刘备不但有英雄之志,而且有英雄之气。《三国演义》读多了,总认为刘备是个忍气吞声的窝囊废,其实不然。实际上,刘备也是个豪气冲天的性情中人,也有怒发冲冠拍案而起的时候。比方说那个"督邮",就是刘备打的,不是张飞打的。当然,由于势力小处境差,常常要投靠他人,刘备不可能像曹操那样"笑傲江湖"。同样,由于性格的原因,或者斗争的需要,刘备沉默寡言(少语言),不动声色(喜怒不形于色),不像曹操那样高谈阔论,眉飞色舞,肆无忌惮地表现出英雄本色。但这不等于说刘备就不是英雄。在他那沉默寡言不动声色甚至忍气吞声的背后,仍然荡漾着一股英雄气。这种英雄气不是表面上的,而是骨子里的。

刘备有英雄之气,是因为他有英雄之魂。这个"魂",表现为他的坚忍不拔。前面说过,刘备起兵以来,一直不顺,可以说是人不窝囊事窝囊,几乎没过过一天舒心的日子。但我们何曾见过他垂头丧气?只见他屡败屡战。他先是参加讨伐黄巾军的战争,当了个副县级的公安局长安喜尉,结果被自己一顿鞭子打没了。后来因为和黄巾军打仗"力战有功",好不容易熬到一个正县级的高唐令(其间丢官一次),又被黄巾军打败,只好去投靠公孙瓒。碰巧陶谦病故,托他代理徐州,却又被吕布驱逐,只好去投靠曹操。以后,又投靠过袁绍和刘表。可以说,赤壁之战前,刘备一直寄人篱下,而且频繁地更换投靠对象,不断地在敌我友之间周旋。换了别人,尤其是那些以英雄自许的人,恐怕早就不耐烦了,甚至早就自杀了。然而刘备却一直隐忍了下来。他甚至短时间地依附过吕布。《三国志·先主传》裴松之注引《魏书》说,当时吕布的部下也看出刘备不是什么省油的灯,便对吕布说,刘备"反复难养,宜早图之"。可惜吕布不听,后来果然死在刘备手上。但是,换一个立场,所谓"反复难养",不正说明刘备有英雄之志和英雄之魂,因此才不会长时间地甘居人下吗?

刘备有英雄之志,英雄之气,英雄之魂,也有英雄之义。据《三国志·先主传》裴松之注引《献帝春秋》,袁绍对刘备有一个评价:"刘玄德弘雅有信义。"这个评价,应该说是准确的。袁绍到底是袁绍,他也并非总是看不清问题。但这个评价,和前面的说法是矛盾的。一个"反复难养"的人,难道可以说是"弘雅有信义"吗?其实这要看对谁。对于投靠对象,刘备确实"反复难养";对于依靠对象,刘备就"弘雅有信义"了。为什么呢?就因为刘备是一个有英雄之志的人。有英雄之志,就不会甘居人下,也必须不断地调整策略,寻找机会,因此"反复难养"。同样,有英雄之志,就必须团结同志,凝聚力量,也就必须"弘雅有信义"。其实,我们只要指出一个事实就够了:关羽和张飞,可都是当时一等一的人才。而刘备呢?不但一无所有,而且半生坎坷,很长时间几乎看不到任何希望。然而这两个人却一直死心塌地地跟着他,忠贞不渝,至死不悔,关羽甚至还来了个"千里走单骑"。为什么? 就因为刘备"弘雅有信义"。按照《三国志》的说法,刘备和关羽、张飞,是"寝则同床,恩若兄弟"的。关羽和张飞,对刘备则名为事之如兄,实际事之如君。可见维系三人友谊的,就是英雄之义。只不过我们不知道,这三个人"寝则同床"时,他们的太太在哪里?

刘备是英雄,关羽和张飞看出来了,后来诸葛亮也看出来了,曹操不会看不出来。因此可以相信,曹操确实说了"今天下英雄,唯使君与操耳"这句话。也许曹操不该把这话当着刘备的面说出来,因为这等于说"和我争天下的就是你"。但这可以理解为不够稳重,也可以理解为火力侦察,或敲山震虎。意思是咱们俩谁也别装孙子。咱俩谁也不比谁更傻,或谁也不比谁更聪明。果然,刘备再也装不下去,找个机会就逃之夭夭了。

刘备跑,不难理解;曹操放,就匪夷所思。《三国演义》那个"巧借惊雷来演饰",曹操不再怀疑的说法是靠不住的。曹操没有那么好骗。可能的原因是,曹操这时还不是奸雄。到了晚年,他可是大开杀戒,杀了许多不该杀的人,包括人品一流的崔琰和智慧一流的荀彧。也可能这时曹操还需要做容人状,不肯没有正当理由就杀人。据《三国志·武帝纪》,刘备前来投靠曹操时,曹操的谋士程昱曾劝曹操把刘备"处理掉"。程昱说:"观刘备有雄才而甚得众心,终不为人下,不如早图之。"(从程昱的这句话也可以看出刘备确实是英雄)曹操的回答则是"方今收英雄之时也,杀一人而失天下之心,不可"。当然还有一种可能,就是曹操虽然看出刘备有英雄之志,英雄之气,英雄之魂,英雄之义,却也很清楚他并没有用武之地,而一个没有用武之地的英雄是不能真正算作英雄的,也是用不着过于防范的。因为这样的人一时半会还成不了气候,不如等到师出有名的时候再来收拾他。

前两种可能,似可以解释曹操为什么不杀刘备;后一种可能,则似可以解释曹操为什么放了刘备。于是,出于一念之差的疏忽,曹操铸下大错。说起来,这也是人算不如天算。因为不但曹操,就连刘备自己也没有想到,就在青梅煮酒的八年之后,有一位伟大的政治家从山林中走出,成为刘备的总参谋长,并帮助刘备建立起自己的独立王国。刘备咸鱼翻身了。他不但有了根据地,而且地盘越来越大,最后竟然与曹操和孙权形成鼎足之势。

这个人的名字我们都知道,他就是诸葛亮。

诸葛亮无疑是中国历史上罕见的杰出政治家。他的出山,使命运的天平开始向刘备倾斜。同样让人想不到的是,就在同一年,曹操最重要的谋士之一郭嘉因病不治身亡。这对曹操是沉重的打击,对于刘备,却意味着他确实时来运转了。

那么,郭嘉的死,就那么重要吗?

请看下集:天生奇才。

第十四集　天　生　奇　才

由于我们不能确知的原因，曹操出于一念之差放跑了刘备。龙归大海虎归山的刘备运气出奇的好。建安十二年（公元207年），刘备从隆中请出了诸葛亮，而郭嘉则在北征的路上一病不起，英年早逝。这一出一去的结果，是刘备咸鱼翻身，曹操壮志难酬。那么，郭嘉是一个怎样的人，他和诸葛亮的异同又在哪里呢？

上一集我们说到，刘备这个人，有英雄志，有英雄气，有英雄魂，有英雄义，就是没有"英雄地"（自己的地盘），只能东奔西走地寄人篱下，反复无常地投靠他人。也许正是由于这个原因，曹操出于一念之差的疏忽放跑了刘备。现在，刘备已经龙归大海虎归山。能不能成气候，就看他的运气了！

谁也没有想到，刘备的运气出奇的好。建安十二年（公元207年）对于刘备和曹操来说，真是一个重要的年头。就在这一年九月，曹操最欣赏的谋士郭嘉不幸病故；而也就在这一年，诸葛亮却来到了刘备身边。三十八岁的郭嘉去世了，二十六岁的诸葛亮出山了，历史的轨迹开始拐弯。

为什么要把郭嘉的死和诸葛亮的出联系在一起呢？这二者之间有什么关系吗？

有。这种联系或者关系，当然不是这两件事发生在同一年。这不过是碰巧。关键在于这两件事对曹、刘双方的影响。我们知道，战争的胜负，在于力量的对比；而力量的对比的变化，则无非此长彼消和此消彼长。诸葛亮来到了刘备身边，这是"此长彼消"：刘备长，曹操消。郭嘉不幸去世,则是"此消彼长":曹操消,刘备长。怎么算,都是曹操吃了亏。

不过这里还有一个问题,就是他们两人的分量和量级。如果分量不够,这种计算就没有什么意义。同样,如果量级不同,或者差异太大,这种比较也没有什么必要。那么,诸葛亮和郭嘉的分量如何?他们是同一量级的人物吗?或者说,他们有相似之处吗?

有。郭嘉和诸葛亮确有惊人的相似之处。第一,他们都是少年天才,出山时都只有二十六七岁(郭嘉二十七,诸葛亮二十六),但思想和谋略却都已经相当成熟。第二,他们都"审于量主"。在大家都认为袁绍是绩优股时,郭嘉却看出那是垃圾股;而在大家都以为刘备是垃圾股时,诸葛亮却把他看作绩优股。第三,他们都"谋功为高"。郭嘉帮助曹操统一了北部中国,诸葛亮帮助刘备实现了三国鼎立。可以说,他们一个是天生奇士,一个是旷世良才。当然,他们的忠心耿耿,兢兢业业,鞠躬尽瘁,死而后已,也是一样的。他们和曹操、刘备的关系,也都至少在表面上做到了"如鱼得水",甚至确有一份情谊。

郭嘉去世后,曹操悲痛万分。据《三国志·郭嘉传》及该传裴松之注,曹操给朝廷上表,给荀彧写信,和其他人谈话,多次追忆郭嘉,每每痛哭流涕,声泪俱下。他说:奉孝年不满四十(实为三十八岁),和我在一起的时间就有十一年。那些艰难困苦的日子,全都是他和我一起硬挺过来的。那都是千钧一发的艰险呀!我自己都拿不定主意,全靠他当机立断鼎力玉成。奉孝其实是知道危险的。他身体不好,南方又多瘟疫,因此常说要是到了南方,只怕就不能活着回来了。可是和我讨论天下大计,却说是要先定荆州。这是拼了命来为我立功呀!这样一份情义,如何叫人忘得了!如今,我虽然为他请了功,讨了封,可这对一个死了的人来说,又有什么用,有什么用啊!天下相知的人是这样少,好容易有了一个又弃我而去。苍天哪,你叫我怎么办,怎么办呀!

根据曹操的这些说法,我们不难看出,曹操和郭嘉的关系非同一般,可谓既同患难(阻险艰难,皆共罹之)又心心相印(唯奉孝为能知孤意)。郭嘉也确实是难得的人才,可谓既忠心耿耿(事人心乃尔,何得使人忘之)又能谋善断(平定天下,谋功为高)。这些特征和这种关系,都很容易让我们马上就联想到诸葛亮。

　　事实上，郭嘉和诸葛亮不但作为个人有惊人的相似之处，而且在各自阵营的分量也都一样。刘备得到诸葛亮以后的说法是："孤之有孔明，犹鱼之有水也。"曹操得到郭嘉以后的说法则是："使孤成大业者，必此人也。"刘备临终前，是托孤于诸葛亮的；而曹操对郭嘉，也曾"欲以后事属之"。只不过因为郭嘉英年早逝，我们没能看到那一天。也由于同样的原因，郭嘉这颗将星不像诸葛亮那样璀璨明亮。诸葛亮从二十六岁出山，到五十四岁病故，为刘备集团服务了二十八年，而且还有十一年时间是大权独揽；郭嘉为曹操集团服务却一共只有十一年，而且职务不过军师祭酒（参谋）。两人施展才华的条件，真不可同日而语。

　　然而，尽管只有短短十一年，郭嘉却留下了辉煌的业绩。郭嘉在曹操军中时，曹操可谓凯歌高唱捷报频传，成功地统一了北方。郭嘉一去世，曹操的军事成就便显得乏善可陈。用周泽雄先生的话说，也就对付了马腾、韩遂几个"草寇型军阀"。对付孙权、刘备这两大"枭雄"，就有点力不从心，在赤壁还差一点就被烧得焦头烂额。当然，刘备反败为胜，并不仅仅因为有了诸葛亮；曹操事业受阻，也并非仅仅因为没了郭嘉。我们不可以过分夸大个人的作用。但郭嘉的去世，对于曹操确实是重大损失。因此，曹操败退赤壁时，曾仰天长叹，突然冒出这么一句话："郭奉孝在，不使孤至此！"

　　这句话到了《三国演义》那里，就变成了这样一个场面：曹操华容道脱身回到南郡，曹仁设宴压惊，众谋士也都在座。曹操忽然仰天大恸。众谋士说，丞相遇难时全无惧怯，现在安全回到城中，人已得食，马已得料，可以重整军队报仇雪恨，怎么反倒痛哭？曹操说："吾哭郭奉孝耳！若奉孝在，决不使吾有此大失也！"接着便捶胸大哭说："哀哉奉孝！痛哉奉孝！惜哉奉孝！"于是"众谋士皆默然自惭"。

　　曹操的捶胸大哭被毛宗岗父子批得狗血喷头，而且把这一哭和宛城之战哭典韦联系起来了。战宛城的故事，我们在《鬼使神差》那一集（第八集）讲过，就是建安二年（公元197年）正月，由于曹操自己的失误，刚刚投降十几天的张绣，采用谋士贾诩的计谋突然反叛。猝不及防的曹操靠着典韦奋不顾身拼力死战才逃得性命，长子曹昂、侄子曹安民和爱将典韦却均在战斗中身亡。事后，曹操设祭，祭奠典韦，痛哭流涕。

在《三国演义》第十六回，曹操是这样哭的："吾折长子、爱侄，俱无深痛，独号泣典韦也！"于是他身边的那些将士都十分感动（众皆感叹）。

这真可谓"曹操版"的"刘备摔孩子"了。刘备摔孩子的故事大家都很熟悉，就是赵云在长坂坡救回阿斗后，刘备把那孩子往地上一扔，说"为汝这孺子，几损我一员大将"，惊得赵云扑翻在地，哭着说非肝脑涂地不可。你看，曹操是不哭爱子哭爱将，刘备是不疼爱子疼爱将，结果都让将士们感激涕零，真是异曲同工。

同样，哭典韦和哭郭嘉也有得一比。毛批说，曹操以前哭典韦，后来哭郭嘉。哭典韦之哭，是为了感动众将士；哭郭嘉之哭，是为了羞愧众谋士。"前之哭胜似赏，后之哭胜似打"，真想不到奸雄的眼泪，居然"既可作钱帛用，又可作廷杖用"。于是毛宗岗父子冷笑一声说："奸雄之奸，真是奸得可笑。"

这个批语当然很精彩，只可惜曹操哭典韦的话，哭郭嘉的场面，和"刘备摔孩子"一样，都是小说家言。没错，为典韦治丧时，曹操确实亲临哭祭，但没有说过"吾折长子、爱侄，俱无深痛"的话。曹操也确实说过"郭奉孝在，不使孤至此"的话，但并没有捶胸大哭。我们也不知道他是在什么场合说的，有没有众谋士在座就更不知道。那个场面是罗贯中的演义，靠不住的。也就是说，毛宗岗父子批的是小说中的曹操，不是历史上的曹操。

历史上的曹操并不可笑。他的叹息，也未必是为了"愧众谋士"。事实上，曹操赤壁失利，有多方面的原因，主要责任并不在谋士。何况曹操的谋士也并不无能。比如孙刘的联盟，就早已有人料定，这个人就是程昱。曹操在夺取荆州以后继续顺江东下，也有人反对，这个人就是贾诩。可惜"太祖不从，军遂无利"。可见，曹操的谋士是尽责的，也是称职的，他怎么会借口怀念郭嘉来"愧众谋士"？

那么，曹操又为什么要叹息呢？实际上曹操是在叹自己命苦，过早失去了郭嘉。《三国志·郭嘉传》说："太祖征荆州还，于巴丘遇疾疫，烧船，叹曰：'郭奉孝在，不使孤至此！'"也就是说，如果郭嘉还活着，事情就不会这样了。

怎么就不会这样呢？因为郭嘉是军事天才。他"深通有算略，达于事情"，总能随机应变，当机立断，而且神机妙算，出奇制胜。比方说,曹操三战吕布,士卒疲倦,准备撤军。郭嘉力主再战,而且断定再战必胜,结果吕布被擒。曹操征伐袁谭、袁尚,连战连克,诸将主张再战,郭嘉主张撤军,结果袁谭、袁尚兄弟祸起萧墙,曹操渔翁得利。曹操战袁绍,有人担心孙策趁机偷袭许都,郭嘉说来不了;曹操征乌丸,有人担心刘表趁机偷袭许县,郭嘉说不会来。结果呢?和郭嘉预料的完全一样。

郭嘉不但料事如神,而且敢于出险招,走钢丝。比如战官渡、征乌丸这两回,别人的担心不是没有道理的。按照常理,孙策和刘表肯定要趁火打劫,在曹操的背后插一刀子。偏偏郭嘉就敢断言不会,也偏偏曹操就敢听他的,冒此天大的风险。其实官渡之战这一回,是多少有些侥幸的,这个我们以后再说。但征乌丸那一仗,则确实体现了郭嘉的军事天才。

乌丸也叫乌桓,是居住在我国北方的少数民族,此前一直倒向袁绍。官渡之战后,袁绍病死,袁谭和高干被杀。袁尚和袁熙被曹操打败,在建安十年(公元205年)逃入乌丸,想借乌丸的力量与曹操抗衡。所以,曹操要消灭袁氏残余势力,统一北部中国,非征伐乌丸不可。但是乌丸并不好打,许多人都不主张打,最后胜得也很险。据《三国志·武帝纪》裴松之注引《曹瞒传》,当时天寒地冻,荒无人烟,连续行军二百里不见滴水,军粮也所剩无几,曹操"杀马数千匹以为粮,凿地入三十余丈乃得水"。因此回到邺城后,曹操下令彻查并重赏当初劝谏他不要征讨乌桓的人。曹操说,我这场胜利,完全是侥幸。诸君的劝阻,才是万全之策。可见这场战争实在是惊险得很。

事实上,当时反对征伐乌丸的人很多。据《三国志·武帝纪》,反对的理由主要有两个。第一,他们认为,袁尚不过是一个狼狈逃窜的"亡虏"。乌丸是"夷狄","贪而无亲",哪里会帮助袁尚?因此用不着打。第二,他们认为,乌丸地处偏远,我军一旦远征,刘备一定鼓动刘表趁机偷袭许县,"万一为变,事不可悔"。因此打不得。

然而郭嘉却认为可以打、应该打、打得赢,因此力主此战。据《三国志·郭嘉传》,郭嘉认为,第一,乌丸是很远,但正因为离得远,他们必定"恃其远"而"不设备"。如果我们出其不意,突然袭击,一定能打他个措手不及,因此"可破灭也"。第二,袁绍家族的影响不可小看,三郡乌丸的实力也不可低估。一旦他们联合起来,"招死主之臣","成觊觎之计",只怕青州和冀州就不再是我们的了。至于刘表——这是第三点,不过是个夸夸其谈的家伙(坐谈客耳)。他很清楚自己的才能比不上刘备,因此对刘备是有防范的,也不知道该怎么对待刘备。委以重任吧,怕自己控制不了;不予重任吧,刘备肯定不会真心实意地帮助他。所以,尽管我们"虚国远征",却不必顾虑后院失火。曹公你就放心吧!

事情果然如郭嘉之所预料。据《三国志·先主传》及裴松之注引《汉晋春秋》,建安十二年(公元207年),曹操出征乌丸,刘备劝刘表偷袭许县,刘表不干(先主说表袭许,表不能用)。等到曹操从乌丸王踏顿大本营柳城(今辽宁省朝阳市附近)班师时,刘表才后悔,说不听刘备的话,失去了一个大好机会。刘备只好安慰他说,现在天下大乱,战事频仍,恨不得天天都要打仗(日寻干戈),机会嘛那还多得很。如果今后能够迅速反应(应之于后者),这一次也不算遗憾(此未足为恨也)。其实刘表哪里还有机会?曹操平定三郡乌丸以后,很快就把斗争的矛头指向了他;而他自己还没有来得及和曹操交锋,就见上帝去了。

曹操接受郭嘉的建议,不理会刘表,率军北上,五月的时候到达了易县(今河北省雄县西北)。这时,郭嘉对曹操说,兵贵神速。现在我们千里奔袭,辎重多,速度慢,难以迅速取得胜利。一旦走露风声,对方必有准备。不如留下辎重,日夜兼程,打他个措手不及。曹操然其计,率轻兵来到无终(今天津蓟县),然后在当地名士田畴的导引下,抄小路经徐无(今河北省玉田北)、卢龙塞(今河北省喜峰口)、白檀(今河北省宽城)、平岗(今河北省平泉),登上了距离柳城只有二百多里地的白狼堆(今辽宁省布佑图山)。这时乌丸王踏顿才知道曹军来了,仓促应战,结果兵败被杀。袁尚和袁熙也只好远走辽东,投奔公孙康。

看来郭嘉确实料事如神。所以,《三国演义》便把这场战争最后的胜利也归功于他。这个故事我们前面讲过,就是破乌丸后,曹操按兵不动,并不急于去消灭投奔公孙康的袁尚和袁熙,而是等着公孙康把这两个人的人头送来,公孙康也果然这么做了。这原本是曹操自己的决策,《三国演义》却说是郭嘉的"锦囊妙计",谓之"郭嘉遗计定辽东"。《三国演义》这么讲,固然是不想让曹操太风光,但同时恐怕也因为郭嘉实在谋略过人。

事实上，罗贯中的移花接木也不是一点谱都没有，郭嘉确实出过类似的主意。据《三国志·郭嘉传》，袁绍死后，袁尚和袁谭也被曹操打得落花流水。当时诸将都主张一鼓作气灭了那两个，郭嘉却说不必，不如等着这兄弟俩自己打起来。郭嘉的分析是：袁尚和袁谭因为争当接班人原本不和，他们两个又各有各的谋士，因此势必祸起萧墙。如果我们逼急了，他们就会相濡以沫；我们不管他，他们就会鹬蚌相争。所以，我们应该做出南征刘表的态势，等待他们的事变，"变成而后击之，可一举定也"。果然，曹操的军队才开到西平（今河南省西平县西），袁尚和袁谭就因为争夺冀州大打出手，曹操也就坐收渔利。

现在，我们已经不难看出郭嘉为什么能料事如神了。原因很简单，那就是他把人琢磨透了。他看透了袁绍，看透了吕布，看透了孙策，看透了刘表，也看透了袁尚和袁谭，这才敢迭出险招。也难怪曹操说郭嘉"见时事兵事，过绝于人"了。其实时事也好，兵事也好，说穿了都是人事。只有精于人事，才能明于时事和兵事啊！

郭嘉确实太会看人了。他不但看透了敌人，也看清了主人。曹操的表文说："每有大议，临敌制变。臣策未决，嘉辄成之。"可见郭嘉在做出判断时，每每想到了曹操的前面，而且常常帮助曹操下了决心。但这显然要有一个前提，就是曹操的为人能够让郭嘉放心地去出谋划策，出险招，出奇招。如果像袁绍那样优柔寡断又刚愎自用，志大才疏又嫉贤妒能，郭嘉的聪明才智就不会有用武之地。可见，郭嘉的成功，也是曹操的成功。这样的成功在历史上是很罕见的。不难想象，赤壁之战时，郭嘉如果在世，他也一定会出奇制胜，让曹操转败为胜，化险为夷。这就是曹操要说"郭奉孝在，不使孤至此"的原因。可惜那时郭嘉已经不在了，否则历史恐怕得重写，《三国演义》也得重来。因为郭嘉即便没有"回天之力"，他和诸葛亮之间，也至少会有一场"智斗"的戏好看。

这样一双察见渊鱼的眼睛，当然不会看不透刘备。事实上郭嘉和曹操一样，也看出刘备是英雄，但他的意见却似乎很矛盾。有人主张杀刘备，郭嘉说杀不得。曹操放走刘备，郭嘉又说放不得。《郭嘉传》裴松之注引用了这两种说法。《魏书》的说法是，有人对曹操说："备有英雄志，今不早图，后必为患。"曹操问计于郭嘉，郭嘉说，有道理。但是，明公提宝剑而兴义兵,为的是除暴安良,靠的是推诚置信。即便这样,也还怕招不来天下英雄。现在刘备这个英雄走投无路,来投靠明公,明公却把他杀了。那么,还有谁会愿意追随明公平定天下呢?以一人之患,绝四海之望,这可得想清楚了。《傅子》的说法则是,郭嘉主动去找曹操,说:"备终不为人下,其谋未可测也。古人有言,一日纵敌,数世之患。宜早为之所。"但当时曹操"奉天子以号令天下,方招怀英雄以明大信",就没有听郭嘉的。等到刘备公开背叛曹操时,曹操便"恨不用嘉之言"。

对此,裴松之评论说:"《魏书》所云,与《傅子》正反也。"但我认为两书其实并不相反。所谓"宜早为之所",只不过是要早作安排,未必就是要杀了刘备。在这个问题上,我同意周泽雄先生的观点。周泽雄认为,郭嘉的意见,是既不能杀,也不能放。怎么办?软禁。但不知由于什么原因,这一回曹操没弄懂郭嘉的意思。也许这件事实在太敏感,郭嘉也不能说得太明白吧!毕竟,曹操也好,郭嘉也好,都是人不是神。他们再怎么看透人性,再怎么神机妙算,也算不出刘备会时来运转,更算不出世界上还有一个诸葛亮。

诸葛亮在三国这段历史上,无疑是一个举足轻重的人物。然而在建安十二年(公元 207 年)以前,我们却一直看不到他的身影,听不见他的声音。这不能完全归结于他的年轻。那个时代,少年英雄还少吗?何况诸葛亮出山的时候,已经非常成熟。这当然也不能归结为他不想出山。要知道一个"每自比管仲、乐毅"的人,是不会甘心"苟全性命于乱世,不求闻达于诸侯"的。显然,诸葛亮是在观望和等待。说得再明白一点,就是在观望时局,等待刘备的召唤。那么,在当时众多的英雄豪杰当中,诸葛亮为什么就一眼看中了刘备呢?他那双明察秋毫的眼睛,在刘备身上又看见了什么呢?

请看下集:慧眼所见。

第十五集　慧眼所见

正如刘备是一个谜,诸葛亮也是一个谜。他似乎是上帝专为刘备准备的人才,他也似乎一直就在等待刘备的召唤。那么,诸葛亮究竟是一个什么样的人,他为什么对刘备情有独钟,他在刘备身上又究竟看到了什么?

上一集我们说到,当各路英雄纷纷登场,各方谋士也纷纷出山的时候,诸葛亮却一直蛰伏在隆中,并不急于一展风采。他似乎在静悄悄地等待着刘备的召唤。在众多的诸侯中,他也最看好刘备。那么,刘备又有什么打动了他,他为什么一眼就看中了刘备呢?

要回答这个问题,必须先看看青年时代的诸葛亮是一个什么样的人。

诸葛亮是一个少年英才,而且是一个帅哥。陈寿的《上〈诸葛亮集〉表》说他"少有逸群之才,英霸之气,身长八尺,容貌甚伟,时人异焉"。他的身世,史书上的记载不是很多。我们只知道他是一个孤儿,由从父(从音纵 zòng,从父即叔父)诸葛玄抚养成人。诸葛玄和刘表有旧,诸葛亮也就跟着到了荆州。诸葛玄去世后,诸葛亮便"躬耕垄亩"于隆中。隆中这个地方,一直有襄阳、南阳之争。据说清代有个名叫顾嘉衡的,是襄阳人,却被派到南阳做知府。于是南阳人就让这个身为南阳知府的襄阳人表态,说清楚隆中到底在襄阳还是在南阳。顾大人两边都不能得罪,没有办法,只好撰得一联云:"心在朝廷,原无论先主后主;名高天下,何必辨襄阳南阳",算是摆平了这场"官司"。其实隆中地理位置在襄阳城外二十里,行政区域却属于南阳郡的邓县,所以说襄阳、南阳都对。何况当时襄阳、南阳都属于荆州,也原本就没有问题。

诸葛亮到了隆中以后,过着一边劳动一边读书的耕读生活。用他自己在《出师表》中的话说,就是"臣本布衣,躬耕于南阳,苟全性命于乱世,不求闻达于诸侯"。这里面,"苟全性命"、"不求闻达"云云,恐怕只能看作套话;"躬耕于南阳"则大约是实,但未必是自食其力,要靠种田来维持生计,不过参加一些农业劳动而已。这在当时,甚至也是一种"雅事",不能视为身份。比如嵇康,是喜欢打铁的,难道就是铁匠?诸葛亮也肯定种过地,却未必就是农民。当然,诸葛亮是把耕耘垄亩看作闲来雅兴,还是谋生手段,我们已无法断定。但相信不管哪一种情况,他的劳作一定很认真。诸葛亮是一个兢兢业业一丝不苟的人。直到他位居丞相,仍然事必躬亲,亲力亲为,说不定就是他"躬耕于南阳"时养成的习惯。

诸葛亮读书却很马虎。《三国志·诸葛亮传》裴松之注引《魏略》说,他的朋友如石韬等人都"务于精熟",惟独他自己"观其大略"而已。这其实是会读书。实际上,一个人如果不做学问,像陶渊明那样"好读书,不求甚解"就是对的。所谓"不求甚解",其实就是不钻牛角尖;而所谓"观其大略",其实就是善于抓住要点。从这一点可以看出,诸葛亮是一个大气的人。一个大气的读书人,总是会一下子就掌握了书中的思想精髓和智慧所在,不会去寻章摘句咬文嚼字,就像一个大气的将领和统帅不会计较一城一池的得失一样。

除了耕作和读书,诸葛亮还有两个爱好。一是喜欢"抱膝长啸"(此为《魏略》所云),二是"好为《梁父吟》"(此为本传所云)。啸,大约是一种气功导引之术;《梁父吟》,则是一种悲凉的葬歌,或者由葬歌发展而来的乐府诗。这两条记录加在一起,我们就知道青年时代的诸葛亮,心中充满了一种慷慨悲凉之气。这长啸,这诗歌,应该寄托了他对世事人生的深度关切和悲悯情怀。

这其实就是典型的"士人"了。一个"士",尤其是一个"国士",是必须以天下为己任的。当然,光有这志向不行,还得有能力和条件。诸葛亮就既有志向,又有能力和条件。"每自比管仲、乐毅",就是有志向的证明;他后来治国家,平天下,定乾坤,就是有能力的证明。至于条件,也是有的,而且应该说很好。

首先,诸葛亮有一个好背景。我们知道,诸葛家族并非寻常百姓,其先祖诸葛丰是当过司隶校尉的。司隶校尉位高权重,在西汉位列三公之下、九卿之上,在东汉则与尚书令、御史中丞号为"三独坐"。诸葛亮的父亲诸葛珪当过郡丞,叔叔诸葛玄当过太守,所以诸葛亮也是"干部子弟"。官场的事情,他应该是知道一些的。官场的关系,也应该是有一些的。

事实上诸葛亮有一个关系网。他的岳母和刘表的后妻是亲姐妹,都是蔡讽的女儿,蔡瑁的姐姐。这样算下来,刘表是诸葛亮妻子的姨父,蔡瑁是诸葛亮妻子的舅舅,诸葛亮本人则是蔡家的外孙女婿。刘表是荆州长官,蔡家是襄阳望族,曹瑁是刘表亲信,诸葛亮有这样的政治资源,难道不是条件甚好吗?

说来诸葛亮的这门亲事也是一段佳话。诸葛亮的岳父叫黄承彦,也是当时的名士。这个人是很看好诸葛亮的,便打算把女儿许配给他。黄承彦对诸葛亮说,我有一个女儿,人长得很丑,但很有才华,你愿意娶她吗?诸葛亮同意,黄承彦立即就用车子把丑女送了过去。这事史家也有不同看法。有人认为黄承彦的说法是谦词,其实不丑。也有人认为黄承彦这样说是考验诸葛亮,看他是重色还是重才。但我认为黄女应该是丑的。第一,有黄承彦自己的说法为证:"身有丑女,黄头黑色。"如果是谦词,不会说得这么具体,何况"才堪相配"一词也并不谦虚。第二,有别人的反应为证。据记载此事的《襄阳记》说:"时人以为笑乐,乡里为之谚曰:莫作孔明择妇,正得阿承丑女。"可见黄女之丑,是众所周知的。

那么,诸葛亮为什么要答应这门亲事呢?也有两种说法。一种认为诸葛亮娶妻重德重才不重貌,高风亮节;另一种则相反,认为诸葛亮看重的,正是黄承彦的社会声望和社会关系。何况妻子丑一点,并无碍,因为还可以纳妾。娶妻娶德,纳妾纳色,是当时的常规观念。至于到底是什么原因,我可不敢唐突古人,还是请读者明察吧!但有这么一层关系,诸葛亮如果要在刘表那里谋个一官半职,应该说是很容易的。

何况诸葛亮还有一个小圈子。这个小圈子里的人,也都是一时之选。他们也都欣赏诸葛亮,常常帮诸葛亮做宣传。事实上刘备认识诸葛亮,就是徐庶推荐的。另外如荆州名士司马徽、庞德公等人,对诸葛亮的评价也很高。"卧龙"的称号就是司马徽送给诸葛亮的,庞德公还让自己的儿子娶诸葛亮的二姐为妻。可见诸葛亮当时虽然隐居草庐高卧隆中,却是"谈笑有鸿儒,来往无白丁"。和他有关系或者有交往的,不是高官,就是名士。他的政治资源和政治条件,比当时不少人要好。比如贾诩,就既没有家族背景,又没有关系网络,还没有人到处为他做宣传(少时人莫知),只能只身一人闯天下、碰运气,在土匪和军阀的窝子里鬼混。最后能在曹操那里混了个高官厚禄寿终正寝,实在是不容易。

诸葛亮的条件显然要好得多。他有好背景,有关系网,有小圈子,如果要从政,应该说是很便当的。但在建安十二年以前,他几乎没有任何动静,一副"苟全性命于乱世,不求闻达于诸侯",决心隐居南阳终老隆中的样子,这是为什么?

因为诸葛亮的志向非同一般。《魏略》说,诸葛亮曾经对他的三个朋友——石韬(广元)、徐庶(元直)、孟建(公威)说,你们从政,官可以做到刺史、郡守。朋友反问,足下呢?只有微笑,没有回答(亮但笑而不言)。其实答案早就有了——"每自比管仲、乐毅"。管仲是什么人?名相。乐毅是什么人?名将。这就再清楚不过,诸葛亮的理想,既不是称王称帝坐北朝南,也不是为官一任造福一方,而是辅佐贤明,廓清四海,平治天下,定鼎中原。

显然,这就必须像郭嘉说的那样,为自己选一个好老板,而他可选的人又很多。比如刘表,就近在眼前,而且沾亲带故。曹操和孙权,也都在招兵买马招贤纳士。但诸葛亮对他们似乎都没有兴趣,这又是为什么呢?

原因也很简单:刘表太差,曹操太强,孙权的空间又太小。刘表的差,我们以后还要再说,这里说一点就够了。当时中原士人到荆州来避难的很多,刘表却一个都不能用,诸葛亮出山又能如何?曹操那边,人才济济,曹操自己也是强人,诸葛亮当真去了,也未必能如何。据《三国志·诸葛亮传》裴松之注引《魏略》,孟建投奔曹操时,诸葛亮就说:"中国饶士大夫,遨游何必故乡邪!"这话虽然被裴松之认为"未达其心"(裴松之认为诸葛亮不投奔曹操是政治立场原因),但我认为这至少是诸葛亮的想法之一。仍据《魏略》,后来石韬在魏任郡守、典农校尉,徐庶在魏任右中郎将、御史中丞,诸葛亮就叹息说:"魏殊多士邪!何彼二人不见用乎?"可见,见用不见用,总还是要考虑的。

何况对于诸葛亮来说,仅仅"见用"恐怕还不行,还必须"重用"甚至"专用"。据《三国志·诸葛亮传》裴松之注引《袁子》,赤壁之战前,诸葛亮出使东吴,说服孙权与刘备联盟。孙权的首席谋士张昭看出诸葛亮非同寻常,极力向孙权推荐,孙权也想留他,但遭到诸葛亮拒绝。人问其故,诸葛亮说:"孙将军可谓人主,然观其度,能贤亮而不能尽亮,吾是以不留。"也就是说,孙权确实是好老板(可谓人主),但孙权至多能够做到尊重和器重(贤亮),却不能让他尽展其才(尽亮)。

这事也被裴松之认为不实,理由有两点。第一,诸葛亮与刘备的君臣际遇,可谓"希世一时"。这样"其利断金"的关系,谁能离间得了?第二,诸葛亮终其一生,可谓忠贞不渝,怎么会见异思迁?裴松之说,关羽被俘后,在曹操那里也是能够"尽其用"的,尚且"义不背本",难道诸葛亮的为人就不如关羽吗?

裴松之的说法自然有道理。我们甚至还可以加上一条:刘备是诸葛亮再三考虑精心挑选的老板。既然如此,他就决不会轻易跳槽。因此,即便孙权能够"尽其量",诸葛亮也不会背叛刘备投靠孙权。但是,诸葛亮在选择刘备之前,难道就不能选择孙权吗?当然可以。那么,他为什么不就近投奔东吴呢?恐怕就因为他早已看出孙权"能贤亮而不能尽亮"。道理也很简单:江东,是一个历经孙坚、孙策、孙权三代人苦心经营发展起来的一个利益集团。孙权那边人才太多,而且关系密切。张昭,是孙策创业时的老臣,孙策曾带着他"升堂拜母,如比肩之旧",也就是视为兄长,临终时又把孙权托付给他(以弟权托昭),而且说了"若仲谋不任事者,君便自取之"的话。周瑜,也是孙策创业时的老臣,而且有连襟之情兄弟之谊。孙权的母亲也明确告诉孙权,要他把周瑜当哥哥(我视之如子也,汝其兄事之)。不难想象,任凭诸葛亮能力再强本事再大水平再高,到了东吴,权位也只能在张、周二人之下,甚至不如鲁肃。这显然是诸葛亮所不愿意的。

所以,诸葛亮所谓"观其度,能贤亮而不能尽亮"的"度",恐怕不是"度量",而应理解为"空间"。《三国志·鲁肃传》说,当年周瑜劝鲁肃投奔孙权时,就曾经引用了东汉名将马援回答光武帝刘秀的一句话:

"当今之世,非但君择臣,臣亦择君。"这个观点,用现在的话说就是"双向选择",和郭嘉所谓"智者审于量主"也是一个意思。郭嘉、周瑜他们要"择君",诸葛亮当然也要"择君"。但诸葛亮的选择,要求似乎更高一些,那就是这个老板必须能保证自己最大限度地实现政治抱负和人生理想。

那么,诸葛亮的政治抱负和人生理想是什么呢?从他"每自比管仲、乐毅"的说法和后来的《隆中对》可以看出,就是廓清四海,一统九州,从而建不世之伟业,立盖世之奇功。这个伟业和奇功,可以是齐桓公那样的"霸业",也可以是光武帝那样的"帝业",但必须是经天纬地的事业。能成就"帝业"固然好,能成就"霸业"也可以。退而再求其次,也得三足鼎立,割据一方。用陈寿的话说,就是"进欲龙骧虎视,包括四海;退欲跨凌边疆,震荡宇内"。这话所说,虽然是诸葛亮在刘备去世之后的心愿,但没有前因,就没有后果。总之,他要成为一个实际上的新政权、新国家、新王朝的开国元勋。他选择的老板,则必须是能够使他实现这一抱负和理想的人。

这样一说,诸葛亮的选择标准也就很清楚了。第一,这个人必须有建立一个新政权、新国家、新王朝的可能性。他应该有这个志向,也有这个条件。第二,他的这个志向和条件还不明显,还处于潜在状态。志向既鲜为人知,甚至自己也还不明确;条件也不成熟,甚至还有欠缺。正因为不明确,有欠缺,才需要有一个诸葛亮。也因为不明确,有欠缺,诸葛亮去了以后,才保证能够成为可以大显身手的定鼎之臣。

符合这些条件的,显然只有刘备。

首先,刘备为帝王之胄。他是汉景帝之子中山靖王刘胜的后代。按照《三国演义》的说法,细细地排起来,当今皇上还要叫他一声"叔"。虽然这个谱系十分可疑——《三国志》说他是陆城亭侯刘贞之后,《典略》则说他是"临邑侯枝属";虽然刘胜的儿子刘贞也不过是个亭侯,后来还丢了爵位;虽然刘备本人已经沦落到"与母贩履织席为业",毫无凤子龙孙的待遇;但他这个"皇族"身份,大家似乎还认。这在政治上就占了个便宜。因为尽管后来大家都清楚,汉室已经不再扶得起来,刘备的那个"汉"和刘邦、刘秀的那个"汉"也满不是一回事,但由刘备取代(或"继承")刘协,总比由曹操、孙权这些和皇家八竿子打不着的人来取代,要顺理成章一些。另外,刘备七尺五寸(合一米七二点五)的身高,两耳垂肩、手长过膝(《三国志》的说法是"垂手下膝,顾自见其耳")的形象,也比曹操好。这在当时,都算优势。

其次,刘备有帝王之志。《三国志》说,刘备小时候就说过他将来肯定要乘坐天子之车(吾必当乘此羽葆盖车)的话。这当然靠不住。古时史家为开国皇帝作传,总难免会写一些诸如此类的"童话",以示其人乃"真命天子",从小就"胸怀大志"。但刘备两个儿子的名字,却能说明问题。这两个儿子,一个叫刘封,一个叫刘禅,合起来是"封禅"。封禅,是有德君王祭祀天地的大典(登泰山筑坛祭天曰"封",在山下辟基祭地曰"禅")。刘备如果不想当皇帝,儿子叫"封禅"干什么?

第三,刘备有帝王之术。刘备和刘邦的血统关系虽然可疑,性格和作风倒不乏相似之处。比如《三国志》本传所云"不甚乐读书,喜狗马、音乐、美衣服",就很像。善于笼络人才收买人心,也像。喜欢呼朋引类行侠仗义,也像。陈寿说"先主之弘毅宽厚,知人待士,盖有高祖之风,英雄之器焉",应该说有几分道理。不过两人做派并不完全相同。比如刘邦喜欢骂人,刘备就不骂。不但不骂,而且"少语言,善下人,喜怒不形于色",至少在表面上比刘邦厚道。因为厚道,也因为侠义,所以很得人心。《三国志》本传和裴松之注引《魏书》都说,刘备当平原相时,郡民刘平看不起他,"耻为之下",派刺客去杀他,刺客竟不忍下手,"语之而去",陈寿评论说"其得人心如此"。裴松之所引《魏书》则说,不忍下手的直接原因,是刘备不知来人是谁而"待客甚厚",感动了刺客。而根本原因,则是刘备"外御寇难,内丰财施,士之下者,必与同席而坐,同簋而食,无所简择",因此"众多归焉"。人心,是一笔巨大的无形资产。

第四,刘备有帝王之福。在三国时代三巨头当中,他和孙权应该说都算是有福气的人。孙权的福气最好,有一片现成的基业和一批现成的人才。刘备的福气,则表现为关键时刻总有高人相助,危难之机总能化险为夷。刘备刚出山时,就得到了关羽和张飞。谁都知道,人才,忠诚的好找,能干的也好找,又忠诚又能干的不好找,关羽和张飞偏偏就是既忠诚又能干。这是刘备的第一大福气,以后的运气也不错。比方说，正愁没有根据地，陶谦就死了，刘备不费吹灰之力就得了徐州。正愁不知如何摆脱曹操的控制，碰巧曹操就派他去拦截袁术（会见使），躲过了"衣带诏"一案的大清洗。到徐州后，又正好袁术就死了（会术病死）。刘备再次得到徐州，还差一点就成了气候（郡县多叛曹公为先主，众数万人）。

不过，从灵帝末年聚众起兵，到建安六年投奔刘表，刘备虽有好运气，却没有好命运。他的道路十分坎坷。刚刚得到了徐州，就被吕布夺走了。刚刚投靠了袁绍，又被曹操打败了。刚刚依附了刘表，又被刘表猜疑了（表疑其心，阴御之）。《三国志·先主传》裴松之注引《九州春秋》说，一次，刘备上厕所，看见自己大腿内侧生了赘肉，竟潸然泪下。刘表奇怪，问他为什么。刘备说："日月若驰，老将至矣，而功业不建，是以悲尔！"我相信这是真话。因为在那个时代，四十多岁还一事无成，确实是时日不多希望渺茫。更何况，实在地讲，直到这时，包括我们也包括刘备自己，恐怕都还看不出他有什么希望。就算他再坚忍不拔，恐怕也快熬不下去了。

然而苍天不负有心人，刘备终于等到了时来运转的那一天。建安十二年，诸葛亮出现了，他的出现意义重大。前一集我们讲到，刘备有英雄之志，有英雄之气，有英雄之魂，有英雄之义，之所以没有成为英雄，是因为没有用武之地。刚才我们又讲到，刘备为帝王之胄，有帝王之志，有帝王之术，有帝王之福，但却只能寄人篱下，是因为没有找到成功之路。也就是说，刘备缺两个东西。一是一块稳固的根据地（用武之地），二是一条明确的政治路线（成功之路）。诸葛亮，恰恰就能为他解决这两个问题。

显然，建安十二年的刘备和诸葛亮，双方都需要对方，也都在寻找对方。打个比方，刘备集团好比一家很有前途的民营企业，可惜缺一个能干的CEO，搞不清自己的主打产品和营销路线，因此生意做得平平淡淡，一直没有起色。诸葛亮则好比一位超一流的职业经理人，可以让企业扭亏为盈起死回生，但自己没有公司，也不想当老板。难怪他们一拍即合。

留下的便只有一个问题，那就是他们两个究竟谁先找谁。《三国志》和《三国演义》的说法，是刘备三顾茅庐；《魏略》和《九州春秋》的说法,则是诸葛亮主动出山。那么,事情的真相是什么? 这两个不同版本故事背后的文章和意义又是什么呢?

请看下集:三顾茅庐。

第十六集 三 顾 茅 庐

诸葛亮的出山,在《三国志》上只有短短一行字:"先主遂诣亮,凡三往,乃见。"这行文字被罗贯中演义为非常精彩的一个故事。而《魏略》和《九州春秋》则说,是诸葛亮主动去见刘备的。那么,事情的真相究竟如何? 三顾茅庐的故事为什么会被一再传唱?

上一集我们讲到,歧路彷徨的刘备与诸葛亮相遇,从此峰回路转,事业蒸蒸日上。但问题是,他们两个究竟谁先找谁。是刘备礼贤下士,还是诸葛亮投怀送抱? 关于这个问题,历史上有不同说法。《魏略》和《九州春秋》说,刘备来到荆州后,屯兵于樊城。建安十二年,曹操平定了北方,诸葛亮料定其下一个攻击目标必是荆州,而刘表"性缓,不晓军事",于是"北行见备"。刘备并不认识诸葛亮(备与亮非旧),没把这个年轻人放在眼里,只当作一般士人接待(以其年少,以诸生意待之)。座谈完了,众人散去,只有诸葛亮留了下来。刘备也不问他想说什么,顺手拿起一根牦牛尾巴编起工艺品来。诸葛亮便说,将军的雄心壮志难道就是编牦牛尾巴吗? 刘备知道诸葛亮不是寻常人等了,就说这是什么话! 我不过"聊以忘忧"罢了。诸葛亮说,将军度量一下,刘镇南(指刘表)和曹公相比怎么样? 刘备说,比不上。诸葛亮又问,将军自己呢? 刘备说,也比不上。诸葛亮说,都比不上,难道就等着人家来宰割吗? 刘备说,我也发愁,那你说怎么办? 诸葛亮就给他出了个主意,让刘备建议刘表鼓励游民自力更生,并登记在册,这样就可以增加荆州的实力了。

这种说法明显地和诸葛亮《出师表》相异,因此裴松之认为不实

（非亮先诣备，明矣）。但他同时也表示不可理解。裴松之说："虽闻见异词，各生彼此，然乖背至是，亦良为可怪。"其实这事并不可怪，道理马上就要讲到。事实上，《魏略》和《九州春秋》的说法虽然是非主流观点，也并非没有人支持。刘啸先生的《"三顾茅庐"质疑》就赞成此说。刘啸先生认为，许多人只看到了刘备求贤若渴的一面，没看到诸葛亮其实更需要刘备。第一，诸葛亮是一定会要出山的，而刘备则是他最愿意选择的老板。如果一定要等刘备三顾茅庐才肯出山，岂非等于说："你刘备不来请我三次，我这辈子就在南阳耕地算了。"这是不通的。第二，刘备虽然急需人才，但在遇到诸葛亮以前，他需要的是一群人，即一群"贤臣"，并不一定非得是谁不可；而诸葛亮需要的却是一个人，即一个"明君"，那就是刘备。诸葛亮的选择余地更小，甚至别无选择。第三，以诸葛亮之敏锐，他发现刘备应该比刘备发现他早。既然机会对于他只有一次，他又岂肯在隆中坐等"三顾"？何况当时形势急如燃眉，哪里还有在隆中摆架子的时间？因此刘啸先生说，三顾茅庐的逻辑结论"实在叫人难以接受"。

刘啸先生的说法并非没有道理，但《出师表》的说法也无法否定。《出师表》（即通常所谓《前出师表》）为诸葛亮所作，是没有问题的。在这里，诸葛亮说得很明白："臣本布衣，躬耕于南阳，苟全性命于乱世，不求闻达于诸侯。先帝不以臣卑鄙，猥自枉屈，三顾臣于草庐之中，咨臣以当世之事。由是感激，遂许先帝以驱驰。"这就再清楚也不过。第一，刘备确实亲自到隆中找过诸葛亮，而且去了多次。第二，刘备到隆中找过诸葛亮，谈论的是"当世之事"。第三，诸葛亮决定出山辅佐刘备，直接原因是刘备三顾茅庐。"由是"和"遂许"，意思明明白白。古人的自述当然不可全信，但要说诸葛亮凭空捏造一个"三顾茅庐"的故事，无论从诸葛亮的为人看，还是从当时的实际情况看，恐怕都不可能。从他出山到上表，不过二十一年，许多当事人都还健在，诸葛亮就会当面撒谎？

所以，陈寿在为诸葛亮做传的时候，不取"登门自荐"说，而取"三顾茅庐"说。另外，陈寿在他的《上〈诸葛亮集〉表》中，也做了很清楚的描述。陈寿说："左将军刘备以亮有殊量，乃三顾亮于草庐之中。亮深谓备雄姿杰出，遂解带写诚，厚相接纳。"这就把前因后果说得再清楚不过了。

但问题是,这种说法实在风险太大,让人觉得这个事情简直就是"传奇",只怕真是"千年等一回"。我们要问,诸葛亮难道就算准了刘备会"三顾茅庐"么?万一没有,或者只顾了一顾呢?诸葛亮就从此终老隆中了么?再说了,一个"每自比管仲、乐毅"的人,留在隆中干什么呢?建设"社会主义新农村"么?

看来,《魏略》和《九州春秋》的说法,也是轻易否定不了的。而如果既要接受《魏略》和《九州春秋》,同时又不否定《出师表》和《三国志》,就只有一种可能,即两种说法都是事实,而且"登门自荐"在前,"三顾茅庐"在后。也就是说,诸葛亮先去找刘备,刘备也接受了他的建议,但仍然没有给予足够的重视,于是诸葛亮就又回去了。等到刘备意识到诸葛亮的价值时,只好亲自出马,三顾茅庐,重新把诸葛亮请了出来。正因为有前面的那个曲折,这才需要亲自出马,也才需要"三顾"而不是"一顾"。这可是历史上不曾有过的说法,但这个猜想是不是太大胆了一点呢?

其实这里面还有一个问题,那就是从建安六年(公元 201 年)到建安十二年(公元 207 年),刘备在荆州呆了六七年,他和诸葛亮为什么从来就没见过面?要说他们不认识,倒是事实。要说他们不知名,就不对了。至少,刘备"天下枭雄"的名声,诸葛亮应该是知道的。如果刘啸先生的观点成立,那他为什么不早一点去找刘备,非得等到火烧眉毛才出山呢?反过来也一样。就算诸葛亮沉得住气,刘备也不该六年之后才发现诸葛亮这个一等一的人才呀?也有人说,刘备倒是早就知道诸葛亮了,先前也曾去了两次,都没见着,到建安十二年第三次去才见面。但这也不通。一年之间去了三次还说得过去。六年之间才去三次,可能吗?以刘备的进取心和紧迫感,会这样悠哉游哉地一拖几年,一而再再而三地徒劳往返吗?至于说诸葛亮住得隐秘,不好找,就更加不通。刘备是何等人?他手下那么多爪牙,如果铁了心要找一个人,哪有找不到的?再说诸葛亮又不是隐姓埋名躲避仇家的什么神秘人物,他和荆州官场,和荆州的士人集团、上流社会是有来往的,怎么会找不到?

对此,尹韵公先生的解释是:三顾茅庐之前,刘备虽然听说过诸葛亮,但人们的评价不一致。虽然司马徽、庞德公等人称他为"卧龙",诸葛亮也"每自比管仲、乐毅",但只有他那个小圈子里的人"谓为信然",大多数人则不以为然(时人莫之许也),刘备有些吃不准。徐庶推荐诸葛亮时,刘备就说"君与俱来",可见并未视若神明。这也不奇怪。刘表作为诸葛亮的"姨父",都不把他当回事,何况刘备?

诸葛亮心理上也有阻碍,那就是刘关张的关系太密切。据《三国志·关羽传》,他们三人"寝则同床,恩若兄弟",关系铁得不能再铁,根本容不得他人插足。也就是说,刘备那个集团,那个小圈子,排他性太强,任何后来者都难以居其上;而诸葛亮的理想,却是要做"首席执行官"的。他是千里马,不能先去拉磨盘。没有十足的把握,他宁肯不出山。所以,刘备和诸葛亮都需要有一个观察、了解和试探的过程。

这是有道理的。但我认为还应该注意一个问题,就是年龄。要知道,刘备比诸葛亮整整大了二十岁,而诸葛亮出山时才二十六岁。让一个四十六岁的人,对一个二十六岁的人表示心悦诚服,已属不易,你又怎么能要求他在四十一二岁或者四十三四岁的时候,去拜访一个二十一二岁或者二十三四岁的人?可见这六年功夫是非等不可的。如果不是六年下来,刘备已熬得快要心灰意冷,曹操又正好准备南下,他们再等几年,说不定也有可能。

总之,等到诸葛亮已经二十六岁,刘备也已经四十六岁,双方都深感时不我待时,由于某种机缘,他们终于见面。司马徽和徐庶的推荐也无疑至关重要。刘备曾向司马徽请教时事,司马徽说,要成就大业,不能用书呆子。书呆子懂得什么时事?"识时务者在乎俊杰",我们这里的俊杰就是卧龙和凤雏。刘备问他们是谁,司马徽说就是诸葛亮和庞统。

徐庶的推荐则无疑更直接。徐庶对刘备说,诸葛孔明可是一条卧龙,将军难道不想见他一见?徐庶是刘备器重信任的人(先主器之),他的话自然靠得住。刘备便说,那就请他和足下一起来吧!徐庶说,这个人是不可以随便召唤的,将军还是屈尊去拜访他吧!

这里有一点需要说明,就是我认为司马徽和徐庶的推荐,不能简单地看作他们的个人行为。我们知道,荆州是一个人才济济的地方。除了本土的人才,还有中原地区避难而来的士人。这些人关心国家大事,也关注荆州的安危。当他们发现刘表不足依靠时,势必寄希望于号称"天下枭雄"的刘备。于是,一部分愿意效力的(比如徐庶),就开始团结在刘备周围，形成《三国志·先主传》所谓"荆州豪杰归先主者日益多"的局面；而那些无意出山的（比如司马徽），则会帮助刘备发现人才。所以，这应该看作荆州士人集团的集体推荐。

也是刘备福至心灵了。不管他出于什么原因，求贤若渴也好，信任徐庶也好，急病乱投医也好，总之，刘备做出了一个正确的决定。他决定放下皇族和长辈的架子，亲自去拜访那个比自己小了二十岁，又没有什么职务头衔的年轻人。拜访之前，诸葛亮是否找过刘备，我们已无法确知。在我的"假说"成立之前，我们只能说，三顾茅庐可以肯定，登门自荐暂且存疑。现在的问题是，刘备三顾茅庐，是见到三次，还是只见到一次？

有学者（比如尹韵公先生）认为是见了三次，谈了三次。这是有可能的。诸葛亮的《出师表》和陈寿的《上〈诸葛亮集〉表》，一则说"三顾臣于草庐之中"，一则说"乃三顾亮于草庐之中"，都是这个意思。至于《诸葛亮传》说"凡三往，乃见"，也不是去了三次才见到。这个"乃"，和"乃三顾亮于草庐之中"的"乃"一样，是"于是"、"就"的意思。因此，"凡三往，乃见"应该翻译为：一共去了三次，就见面了。

如果这样说还不明确，那么唐人的理解或许可以参考。杜甫说"三顾频烦天下计"，周汝昌先生解释"频烦"就是"屡屡、几次"，还特别说"不是频频烦请"。当然不是。因为三顾的"顾"，并非"聘请"，而应理解为"咨询"、"顾问"。甚至"三顾"也不一定就是实指，即只去了三次，也可以理解为多次，即"再三"、"频繁"的意思。也就是说，刘备多次光顾隆中，向诸葛亮请教"当世之事"，两人越谈越拢，越谈越投机，于是诸葛亮决定出山辅佐刘备。是啊，这两个人的合作是何等重要，哪里能只谈一次就拍板的呢？

所以，《三国演义》之"刘玄德三顾草庐"就是地地道道的演义了。其实，即便所谓"凡三往，乃见"是去了三次才见到，罗贯中编的故事也是演义。不过这个演义实在精彩，也很有意思。刘备第一次去，罗贯中为他安排的节目，是先听歌，再看山，再碰钉子，再观景，再见崔州平。山是"清景异常"，景是"观之不已"，人是"容貌轩昂"，而且不同寻常：童子不懂事，农民会唱歌，朋友满腹经纶。这一番看得刘备是目瞪口呆大开眼界赞叹不已，只觉得隆中这地方真是神秘莫测，那卧龙岗上藏着的必是高人。

第二次去，就没有必要再看景了，只看人。先见其友，次见其弟，再见其岳父。如果说上一次只是让刘备开了眼界，那么，这一次就让刘备更加按捺不住。你想，诸葛亮的朋友、弟弟、岳父都如此地超凡脱俗，诸葛亮本人还不了得吗？

所以第三次刘备就要择吉斋戒，沐浴更衣了。而且，离草庐半里，就要下马步行；到草堂之外，就要拱立阶下；诸葛亮高卧不起，他就要一等再等了。那心情，已不像一个礼贤下士的招聘者，倒像是上门求婚的痴情人。

实际上刘备初入隆中，刚刚听了歌，看了山，便已肃然起敬。因此当他"亲叩柴门"与童子对话时，便有了些《西厢记》里面张生见红娘的味道。张生见红娘时是怎么说的？"小生姓张，名珙，字君瑞，本贯西洛人也，年二十三岁，正月十七日子时建生，并不曾娶妻。"结果被红娘抢白："却是谁问他来？"刘备怎么说？"汉左将军宜城亭侯领豫州牧皇叔刘备特来拜见先生。"结果也碰钉子："我记不得许多名字。"两个场景，岂非神似？

当然相似的。如果说戏剧中的崔莺莺是"待字闺中"，那么，小说中的诸葛亮就是"待价隆中"。他们都是心气极高的人，决不肯随随便便就"以身相许"。所以，他们都必须摆足了架子，做足了文章，吊足了胃口，以保证对方的诚意经得住考验。

另一方的情况则略有不同。张君瑞对崔莺莺，自然是一见钟情；刘玄德对诸葛亮呢，按照罗贯中的说法，也是相见恨晚。刘备怎么就那么想见诸葛亮呢？因为"水镜先生"已经让他意识到，自己迟迟不能成功的原因，是缺少一个可以运筹帷幄总揽全局的智囊型人物，一个当代的姜尚和张良。好不容易有了一个徐庶，又走了。其实，徐庶离开刘备，是在诸葛亮已经出山之后。《三国志》的记载很清楚，诸葛亮出山以后，曹操南征，刘琮投降，刘备"率其众南行，亮与徐庶并从，为曹公所迫破，获庶母"，《三国演义》改成了"元直走马荐诸葛"。这一改，就改出问题来了。请问，徐庶既然知道诸葛亮是经天纬地的政治天才，为什么早不推荐，非得要等自己走了才说？这岂非等于说徐庶害怕诸葛亮抢了自己的地位和风头吗？罗贯中显然也想到了这一点，便安排徐庶在推荐了诸葛亮之后，又特地去做说服动员工作，结果被诸葛亮臭骂一通。也就是说，徐庶之所以早不推荐，是因为他知道诸葛亮不肯出山。但这样一来诸葛亮的道德品质就成问题了。一个"每自比管仲、乐毅"的人，偏说徐庶的推荐是把自己当替罪羊、牺牲品，还要勃然变色，这也未免太矫情了吧！罗贯中想帮诸葛亮抬价，结果却是给他的脸上抹黑。这和"状诸葛多智而近妖"一样，都是弄巧成拙适得其反。

前面讲的那个故事也如此。尽管罗贯中说得天衣无缝，实际上处处露出马脚，让人一眼就看出刘备在隆中的那些奇遇和巧遇，其实都是诸葛亮的刻意安排。什么会唱歌的农民，不懂事的童子，满腹经纶的朋友，道貌岸然的丈人，都是诸葛亮的"托儿"。其目的，就是要把买方市场变成卖方市场，让刘备出大价钱把自己买断。

所以，《三国演义》里面这个"三顾茅庐"的故事，完全可以看作三国版的营销学教材。在这个故事里，刘备好比投资方，他要买断诸葛亮，又不知道货色如何。这倒也是商家的正常心理，但于刘备为尤，因为《三国演义》里面刘备这家公司的资本，是他打着"皇叔"的招牌忽悠来的；而他这个"皇叔"身份虽非假冒伪劣，却也含金量不高，有点"注水猪肉"的意思。因此刘备就会想，我这个"皇叔"是注水猪肉，诸葛亮那个"管仲"、"乐毅"就货真价实？我刘备可以忽悠天下，诸葛亮就不会忽悠我？这就要探个虚实。所以，他听了徐庶的推荐后，并没有像老祖宗刘邦那样冲动。刘邦听了萧何的推荐，立即就拜韩信为大将军，刘备却得先看看再说（当然他手上的官帽也不多）。所以他的三顾茅庐，表面上看是礼贤下士，实际上是实地考察。刘备这点小心眼，以诸葛亮之聪明，哪里会看不清？便给他来了个欲擒故纵曲径通幽。这就是我对"罗贯中版"之"三顾茅庐"的理解。

这当然未免有点"以小人之心度君子之腹"。它只是我的一点"个人意见"，连"时代意见"都算不上，更非"历史意见"，也不会是罗贯中的意见。那么，罗贯中为什么要这样写呢？我想原因之一是为了好看。看过《三国演义》的人，不管相信不相信，都承认这故事实在精彩。另一个原因，则可能是寄托了罗贯中自己的人生理想。罗贯中是元末明初人，据说曾经当过义军领袖张士诚的幕僚。明代王圻的《稗史汇编》说他"有志图王"，只不过壮志未酬而已。因此，他在写作《三国演义》时，难免会借古人之杯酒,浇心中之块垒,把自己的理想抱负投射到人物身上。其实,像他这样的古代读书人,是差不多都有"诸葛亮情结"的。他们敬佩诸葛亮的才智,仰慕他的人品,感动他"鞠躬尽瘁,死而后已",叹息他"出师未捷身先死"。他们和诸葛亮之间,几乎处处都有共鸣。

问题是,历史上和诸葛亮一样具有这些优秀品质的人并不在少数,成为读书人精神偶像的也还有一些,为什么诸葛亮最受崇拜呢?原因之一,我认为就在"三顾茅庐"。中国古代的读书人有一种矛盾心理。一方面,他们希望出将入相,建功立业,至少也得谋个一官半职,以便光宗耀祖。另方面,他们又很清高,很脆弱,碰不得钉子,受不了冷遇。没错,"男儿本自重横行",但那也得"天子非常赐颜色"呀!最好是那机会,那职务,那乌纱帽不用自己去求,去考,是人主恭恭敬敬给你送来,八抬轿子请你出山。诸葛亮享受的就是这种待遇。他就是刘备"请"出山的,还请了三回,实实在在给足了面子。

这就太让人羡慕了,也太让人向往了,因此必须大书特书。读书人是没有什么权力的,能够有的也就是"话语权"。那还不把文章做足?"罗贯中版"之"三顾茅庐"就这样诞生了。但可惜,这是罗贯中的诸葛亮,未必是真实的诸葛亮。

其实,刘备和诸葛亮的君臣际遇,是刘备"三顾茅庐",还是诸葛亮"登门自荐",以及刘备是否去了三次,见了三次,谈了三次,都不重要,重要的是他们谈了什么。无疑,如果他们真的谈了多次,我们现在是不可能完全和准确地知道其内容了。我们所能知道的,是结论性的意见,这就是著名的《隆中对》。诸葛亮的政治天才,在这里表现得淋漓尽致。两个人之间的对话,也充满张力,其戏剧性决不亚于罗贯中的"刘玄德三顾草庐"。

更有意思的是,早在建安五年(公元200年),也就是刘备和诸葛亮相见的七年前,就有人为孙权做了类似的战略规划,堪称"孙权版"或者"东吴版"的《隆中对》。这个人和诸葛亮一样,也预见到了"天下三分"的结果。或者说,也制定了"三分天下"的战略目标。那么,这个人是谁?他那个"孙权版"或者说"东吴版"的《隆中对》,和诸葛亮的《隆中对》又有什么异曲同工之妙呢?

请看下集:隆中对策。

第十七集　隆 中 对 策

　　刘玄德三顾茅庐，和诸葛亮深入讨论了天下的形势和今后的去向。在这个历史性的会见中，诸葛亮为刘备制定了一个长远的战略规划，这就是著名的《隆中对》。其实，在此之前，早就已经有人为孙权做了类似的规划，即"东吴版"的《隆中对》。那么，这两个战略规划的意义何在，它们的异同又在哪里呢？

　　这一集我们讲《隆中对》。

　　这是一次两个人之间的秘密会谈，由刘备和诸葛亮的一问一答构成。关于这次谈话的情况，《三国志·诸葛亮传》说得很清楚——"屏人曰"，也就是没有别人在场。因此，密谈的内容为什么会传出来，这是一个谜，姑不考。

　　刘备先发问："汉室倾颓，奸臣窃命，主上蒙尘。孤不度德量力，欲信大义于天下，而智术浅短，遂用猖獗，至于今日。然志犹未已，君谓计将安出？"这段话字数不多，内容和层次却很丰富。就说开头一节，便不简单。这十二个字，表面上看是套话，其实不然。这话刘备必须说，也有意义。因为刘备是所谓"帝室之胄"，不能不先表明心忧天下的态度和心系皇室的立场。有此"政治正确"的前提，自己要干一番大事业的话，说起来就理直气壮顺理成章；自己遇到困难需要帮助的话，也才能够得到同情。何况刘备对诸葛亮是寄予厚望的。他到隆中来，要找的不是处理具体问题的技术性人才，而是能够为他制定政治路线和总体战略的人，他当然要从天下大势说起。

　　接下来的话也有作用，那就是说明情况，宣示决心，表达诚意，提出问题。刘备实言相告：我现在情况不好（遂用猖獗），也没有办法（智术浅短），但我人还在，心不死（志犹未已），那么请问该怎么办（君谓计将安出）？

这些诸葛亮当然清楚。他理解刘备的心情，知道他的诚意，同时也清楚所谓"君谓计将安出"，不是要问皇上蒙尘了"计将安出"，而是他刘备至今一筹莫展"计将安出"。于是，诸葛亮便为刘备分析形势。什么形势呢？就是"自董卓已来，豪杰并起，跨州连郡者不可胜数"。这话的意思再清楚不过，就是说，现在最大的问题，还不是什么"汉室倾颓，奸臣窃命，主上蒙尘"，而是大家都在抢地盘。我们大汉已经进入一个不问皇帝死活、纷纷抢占地盘的时代了。这个时候，说那些"汉贼不两立"的废话没有意义，当务之急是给自己也弄它一块。地盘是最实在的。不管你是不是要"信大义于天下"，也不管你那个"光复汉室"是真是假，没有根据地，都是扯淡！

那么，身无分文，要啥没啥的刘备，也能弄到地盘吗？能。诸葛亮说："曹操比于袁绍，则名微而众寡。然操遂能克绍，以弱为强者，非惟天时，抑亦人谋也。"这意思同样也很清楚，就是强弱有无是会转化的。强者可能变弱，弱者可以变强。当年，曹操和袁绍相比，就像将军您现在和曹操，可谓"名微而众寡"。既然曹操能够战胜袁绍，那么，将军您怎么就不能战胜曹操呢？关键在于一要把握时机（天时），二要善于谋划（人谋）啊！

于是诸葛亮就帮刘备谋划。曹操"拥百万之众，挟天子而令诸侯"，我们不能打他的主意（此诚不可与争锋）。孙权"据有江东，已历三世，国险而民附，贤能为之用"，这个也只能联合，不能图谋（此可以为援而不可图也）。可以下手的有两个地方，一个荆州，一个益州。荆州，包括南阳、南郡、江夏、零陵、桂阳、长沙、武陵（章陵废置无定）。它的北面是汉水、沔水（北据汉沔），南面是广东、广西（利尽南海），东边连着江苏、浙江（东连吴会），西边通到重庆、四川（西通巴蜀），这可真是"用武之国"。这样一个地方，如果把它拿下，一盘棋也就活了。那么，能不能拿下呢？能。因为它的主人守不住。这简直就是上天赐给将军的（此殆天所以资将军），就看将军想要不想要了（将军岂有意乎）。

　　这是明知故问，也是实话实说。这个时候的刘备，上无片瓦，下无立锥之**地**，随便给他一块地方都是好的，何况是荆州，哪有不要的道理？但诸葛亮必须这么问。因为荆州是刘表的地盘，而刘表和刘备同为刘氏宗亲，哪有自家人抢自家人的道理？所以必须说清楚，这是"天所以资将军"，因为"其主不能守"；也必须问一句"将军岂有意乎"，因为你不要还会有别人要。但答案，却是不言而喻，所以并不需要明确回答。

　　益州的情况也差不多。益州，包括汉中、广汉、巴郡、蜀郡等。这个地方，对外是天险，对内是乐土。汉中平原和成都平原，更可谓"沃野千里，天府之土"，高皇帝（刘邦）就是在那里（具体说是在汉中）成就帝业的。可是，在成都的刘璋也好，在汉中的张鲁也好，都是"民殷国富而不知存恤"，因此"智能之士思得明君"。也就是说，这个地方差不多也是"天所以资将军"，只不过恐怕得自己动手去拿而已。

　　拿下了荆州和益州又怎么样呢？诸葛亮说，以将军您的身份（帝室之胄）、名望（信义著于四海），再加上"总揽英雄，思贤如渴"的号召力，一旦拥有了荆州和益州，那就可以建立一个根据地了。有了这个根据地，只要实行"西和诸戎，南抚夷越，外结好孙权，内修政理"的政策，事业就能发展，力量就能壮大。将来，一旦形势发生变化（天下有变），就可以派一员大将从荆州出发，取道宛城挺进洛阳；将军您则亲自从益州北上，取道秦川直抵西安。那时候，人民群众还不捧着酒饭来夹道欢迎吗（百姓孰敢不箪食壶浆以迎将军者乎）？于是诸葛亮最后说："诚如是，则霸业可成，汉室可兴矣。"

　　这一番话说得刘备是醍醐灌顶，如梦方醒，豁然开朗。原来所谓"霸业"或者"帝业"就是这样实现的。不过，这个最终目标的实现有一个前提，就是"天下有变"。那么，天下无变呢？诸葛亮没说，刘备也没问，因为用不着。诸葛亮是卧龙，刘备则是潜龙，两个都是明白人，话就不必说得那么直白。天下无变怎么办？就在荆州和益州呆着呗！有这么大一块地盘，够吃个七顿八顿的了。也就是说，按照诸葛亮的策划，刘备进可一统中华，退可三分天下，"帝业"不成还有"霸业"，"霸业"不成也有"事业"。难怪刘备要说"孤之有孔明，犹鱼之有水也"了。刘备这条鲤鱼要跳龙门，得靠诸葛亮告诉他水在哪里！

　　诸葛亮能帮刘备弄来"水"，是因为他务实。他并没有因为刘备表现出一副忧国忧民的样子，就跟着大唱道德高调，而是实实在在地为他策划了一整套可行的方案。事实证明，后来形势的发展，也完全在诸葛亮的预料之中。因此史家评论说，诸葛亮是"未出隆中，已知三分"，甚至有人认为是"未出隆中，已定三分"。当然，"汉室可兴"这个目标最后并没有实现，否则刘备就会到洛阳或西安去当皇帝，中国历史上就会冒出一个"后后汉"来。

刘备三顾茅庐请出了诸葛亮，从此他有了一个能够让他从一无所有到三分天下的总设计师。但是，诸葛亮刚刚走出隆中时，还只是刘备的私人顾问，并没有具体职务，只不过和刘备"情好日密"而已。这并不奇怪。第一，刘备自己此时还是一个"光杆司令"，就算给诸葛亮封个"上校团副"之类的头衔，又有什么意义？第二，此刻的诸葛亮还只是"纸上谈兵"，并没有表现出自己处理政治事务的实际操作能力，刘备又如何给他任命职务？第三，诸葛亮的"三分天下"，现在也还只是纸上的蓝图，并无实施方案。比方说，取刘表而代之，如何取，如何代，并没有具体办法。也不是诸葛亮想不出办法，而是需要机会。刘表毕竟是刘备的同宗，刘备也毕竟是刘表的客人。刘备就是再想鸠占鹊巢，也不能明火执仗地去抢吧！再说他也没有这个能力。

同样，诸葛亮这边也有阻碍。刘表毕竟是诸葛亮太太的姨父，诸葛亮也毕竟是刘表老婆的外甥女婿。他再怎么为刘备出谋划策，也不能教唆刘备去谋杀刘表。也就是说，刘备只能巧取，不能豪夺。诸葛亮也只能教刘备趁火打劫，而且这把火还不是他们自己能放的。诸葛亮在隆中说得很清楚："此用武之国，而其主不能守，此殆天所以资将军，将军岂有意乎？"这话再明白不过：我不是要你去抢别人的地盘，是他自己守不住，老天爷又要送给你，不要白不要，只看你有意无意。但是，这地方也不是我们想要就能要的，必须等到"其主不能守"，自己送上门来的时候。那么，送不上门呢？诸葛亮没有说，大约也只能等。这样一来，岂不让人急死？这一点，就连罗贯中都想到了。因此他让司马徽对刘备说，我算过命，民谣也有暗示，刘表将不久于人世，天命所归就在将军身上了。

这当然是鬼话，但刘表终将失去荆州倒是事实。这一点，诸葛亮看到了，其他人也看到了。事实上，早在建安五年（公元200年），也就是刘备和诸葛亮相见的七年前,就有人为孙权做了类似的战略规划,其观点和诸葛亮的《隆中对》极为相似。那么,这个人是谁?

是鲁肃。

提起鲁肃,我们受《三国演义》的影响,总觉得那是一个忠厚老实到迂腐无用的人。其实不然。历史上的鲁肃豪爽侠义,深得人心。《三国志·鲁肃传》裴松之注引《吴书》说他"体貌魁奇,少有壮节,好为奇计",本传则说他"性好施与"。他们家大约是比较富有的,鲁肃却不趁机发国难财(不治家事),而是"大散财货",接济穷人,资助英雄。周瑜当居巢(今安徽省巢县)县长的时候,曾经向鲁肃借军粮。当时鲁肃家有两囷(音逡 qūn,圆形谷仓)米,各三千石,鲁肃就随便指一囷送给周瑜。这就是著名的"指囷相赠"故事。从此周瑜和鲁肃成为好朋友。在周瑜的建议和推荐下,鲁肃投奔孙权,和张昭、周瑜一起,成为孙权最信任的人,而且实际上起的作用可能比张昭还大。

鲁肃也是一个有政治头脑的人。鲁肃投奔孙权后,孙权马上就接见了他,而且和他有过一次同桌喝酒(合榻对饮)的密谈。这次密谈,堪称"鲁肃版"或"东吴版"的《隆中对》。当时孙权问鲁肃,如今"汉室倾危,四方云扰",孙某既然继承了父兄的余功,便也想建立齐桓公、晋文公那样的霸业(思有桓文之功)。先生既然看得起孙某,不知有什么办法可以教我(君既惠顾,何以佐之)?

这话问得和刘备一样,然而鲁肃却当场就泼了一瓢冷水,说将军怕是当不成齐桓公、晋文公了。想当年,高皇帝(刘邦)也想尊奉义帝成就霸业的,但是不行,因为有项羽为害。今天的曹操,就是当年的项羽。有曹操在,将军怎么成得了齐桓、晋文?

但这决不等于没事可做。做不成齐桓、晋文,做什么呢?做皇帝呀!于是,接下来鲁肃说了两句极其重要的话:"汉室不可复兴,曹操不可卒除。"汉王朝是没有希望的了。曹操呢,只怕一时半会也除他不掉。所以,为将军计,只有"鼎足江东,以观天下之衅"。衅,就是裂痕破绽。那么,天下会不会有破绽呢?会有,因为"北方诚多务也"。多务就是多事,多事就破绽百出。等到北方处于多事之秋时,我们就向西进军,灭黄祖,伐刘表,将整个长江流域都据为己有(因其多务,剿除黄祖,进伐刘表,竟长江之极,据而有之)。那时,将军就可以"建号帝王以图天下"了。这可是高皇帝的功业啊!

这当然是一个宏伟蓝图。但在建安五年(公元200年)这个时候,在鲁肃,恐怕只能是说说而已;在孙权,同样也只能是听听而已。当时孙权才十八岁,按照男子二十始行冠礼(成年礼)的规矩,还要算未成年人。他刚刚接了哥哥孙策的班,屁股还没坐稳。《三国志·吴主传》的说法,是"深险之地犹未尽从,而天下英豪布在州郡,宾旅寄寓之士以安危去就为意,未有君臣之固"。孙权的两个堂兄,都在下面做小动作。孙辅暗通曹操,孙暠(皓)图谋夺权,孙权自己内部都差一点摆不平,哪里还能打荆州的主意做皇帝的梦?就算他有这个"贼心",也没有"贼胆"和"贼力"。因此,孙权只是淡淡地说了一句:"今尽力一方,冀以辅汉耳,此言非所及也。"这当然是打官腔,却也只能如此。别看这时孙权年纪轻轻,政治上却已经是十分成熟的了。

但是,到建安十三年(公元208年),情况就不同了。这个时候,孙权不但有了"贼心",也有了"贼胆"和"贼力"。鲁肃曾经做过的那个规划,又被人旧话重提,而且主张立即实施。这个人就是甘宁。

甘宁,字兴霸,巴郡临江人。《三国志·甘宁传》说他"少有气力,好游侠",经常召集一帮"轻薄少年",自己当领袖,呼朋引类,招摇过市。碰到什么人,对方态度好就交朋友,态度不好就抢东西。《吴书》说他"轻侠杀人,藏舍亡命,闻于郡中",还说他出门的时候"步则陈车骑,水则连轻舟,侍从披文绣,所如光道路"。住下来的时候,就用丝绸锦缎代替绳索系船,走的时候就割断丢弃(住止常以缯锦维舟,去或割弃),看来是个横行霸道又大手大脚的,或者说是一个喜欢漂亮喜欢玩酷的黑社会老大。

后来甘宁忽然改邪归正。他不再打家劫舍,反倒读起书来,而且"颇读诸子"。这时甘宁觉得不能再像年轻时那样胡作非为,该干点正经事了,便去投靠刘表。但是刘表并不把他当回事(不见进用),便又去投靠黄祖。黄祖也不把他当回事(凡人畜之),便又投靠孙权。甘宁投奔孙权是在什么时候,司马光的《资治通鉴考异》说"今无年月可据",我们当然就更加搞不清楚。但我们知道,他见到孙权,是周瑜和吕蒙的共同推荐;而孙权对他,则是礼遇有加,而且"同于旧臣"。

于是甘宁便在建安十三年(公元208年)春献策于孙权。据《三国志·甘宁传》,甘宁对孙权说,现在,大汉王朝的国运是一天一天的衰落了(汉祚日微),曹操也一天比一天猖狂了(曹操弥骄),他是终究要成为国贼的(终为篡盗)。荆州这个地方,"山陵形便,江川流通",这是我们东吴西面的屏障啊(诚是国之西势也)!我是在刘表手下干过的。据我观察,刘表这个人,自己既没有什么深谋远虑(虑既不远),接班人也很差(儿子又劣),根本就守不住那地方(非能承基传业者也)。将军一定要先下手为强,不能落在曹操后面(至尊当早规之,不可后操)。具体步骤,是先消灭黄祖。黄祖一灭,就打开了一个口子,也就能乘胜西进。那时,我们的天地就广阔了,就连占领巴郡、蜀郡,囊括益州,也不是什么困难的事(一破祖军,鼓行而西,西据楚关,大势弥广,即可渐规巴蜀)。甘宁这番话,思路和鲁肃相同,但更具备可操作性,不妨看作"鲁肃版"《隆中对》的实施方案。

现在,我们已经有了四个版本的《隆中对》。第一个是"袁绍版"的,即沮授所谓"挟天子而令诸侯,畜士马以讨不庭"。第二个是"曹操版"的,即毛玠所谓"奉天子以令不臣,修耕植以畜军资"。说这两个是《隆中对》,只不过因为它们都是实现"霸王之业"的战略规划。从这个意义上,我们不妨广义地也称之为"隆中对",其实和诸葛亮的《隆中对》有很大区别。真正可以并称为《隆中对》的,还是鲁肃的规划。

鲁肃的这个规划,和诸葛亮替刘备所做的规划,真可谓英雄所见略同,有异曲同工之妙。这两个方案,都认为曹操是最强大的敌人(此诚不可与争锋),也最不好对付(不可卒除)。同时,鲁肃和诸葛亮也都很清楚己方的力量还很弱小,统一大业不可能一蹴而就,因此都主张先三分后一统。这是两个方案最重要的共同之处,事实上孙权集团和刘备集团也基本上是按照他们两人的规划来实施的。后来,在这两个集团中,鲁肃和诸葛亮的关系最好,很重要的一个原因,就是他们观点相同,主张一致,惺惺相惜。

这两个方案也有很多不同之处。第一,鲁肃的三分,是孙权、刘表、曹操;诸葛亮的三分,是刘备、孙权、曹操。这并不奇怪。诸葛亮是替刘备做规划,而且要为他谋取荆州,当然不会把刘表算一份;而鲁肃替孙权规划时,刘备还在寄人篱下,自然也不会想到和他来三分天下。但到刘表死后,鲁肃就立即调整了战略,变成联合刘备对抗曹操了。

第二,诸葛亮设定的目标,是"汉室可兴",而鲁肃则直言"汉室不可复兴"。这也是立场不同所致。其实他们心里都很清楚,刘秀或者刘协的那个"汉",是再也扶不起来了。但是,鲁肃作为孙权的人,可以公开把话挑明,而且撺掇孙权"建号帝王以图天下"。诸葛亮就不行,只能高举"复兴汉室"的旗帜,等将来有条件的时候再说。不过,这和荀彧给曹操戴的高帽子一样,也成为诸葛亮一个沉重的政治包袱,我们以后还要讲到。

第三,鲁肃的实施方案,是先夺取荆州,占有益州,由三分而两立,也就是把"三国"变成"南北朝";诸葛亮的实施方案,是联合孙权,占领荆、益,等到曹操和孙权两败俱伤时再东进北上,也就是把"三国"变成"东西汉"。鲁肃的"三分"是现在时,诸葛亮的"三分"是将来时。但都要打荆州的主意,则是一样的。甘宁的建议,就是要迈出的第一步。

然而孙权的首席谋臣张昭却表示反对。张昭说,我们的情况并不乐观(吴下业业),只能小心谨慎,兢兢业业。大军一旦出发,灾难恐怕就会来了(若军果行,恐必致乱)。甘宁也马上就顶了回去,说国家把阁下当作萧何,怎么能这样畏首畏尾?那么,张昭和甘宁为什么会这样说话?孙权是怎么表态的?事情的结果又如何呢?

请看下集:江东基业。

第十八集　江　东　基　业

　　诸葛亮的《隆中对》,称孙吴集团"可以为援而不可图也"。鲁肃版的《隆中对》,则更认为他们可以"建号帝王以图天下"。事实上,以孙权为首的江东集团也是三国鼎立中不可或缺的一足。那么,这是一个什么样的政权呢?

　　上一集我们讲到,诸葛亮在隆中为刘备制定了一个战略规划,那就是接管荆州,占领益州,联合孙权,对抗曹操,先三分后一统。而在七年前,鲁肃也为孙权制定了一个战略规划,那就是先取荆州,再取益州,由三分而两立,和曹操划江而治,然后再求一统。江东,显然是一个绕不过去的话题,我们也必须弄清楚盘踞在那里的,究竟是怎样的一个利益集团?

　　对此,诸葛亮在他的《隆中对》里有一个准确的描述和判断:"孙权据有江东,已历三世,国险而民附,贤能为之用,此可以为援而不可图也。"江东,大约就是江苏、浙江、安徽三省长江以南一带地区。因为长江在芜湖、南京之间偏北斜流,古人便把这一段两岸分别称为江东、江西,而把现在的湖南称为江南。所谓"江东集团",则是一个历经两代三世建立起来的地方割据政权。它的创始人是孙坚,奠基者是孙策,真正的领袖是孙权。

　　孙坚,字文台,吴郡富春(今浙江省富阳)人。《三国志》说他是孙武之后,恐怕靠不住;但《吴书》说他们家族世代仕吴,则大约是真。孙坚从小就胆识过人。十七岁时,他和父亲乘船去钱塘,路上遇见海盗抢劫,在岸上分赃,舟船都不敢前进。孙坚说,这等毛贼可以打他一下,就操刀上岸,指指画画,好像在指挥人马。强盗以为官兵来了,一哄而散。孙坚穷追不舍,抓住其中一个,斩其首而还。于是孙坚名声大振,被官府任命为代理县尉(副县级公安局长),后来又升到县丞(副县长)。

不过,孙坚真正让天下人刮目相看,还是在讨伐董卓的战争中。前面说过,其时关东义士虽然建立了以袁绍为首的联军,却"日置酒高会,不图进取",真正忧国忧民而且出兵作战的,只有代理奋武将军的曹操和身为长沙太守的孙坚。曹操是被董卓打败了的,孙坚却是威风凛凛,斗志昂扬。谁要想挡住他的步伐,拖他的后腿,他就灭了谁。他在荆州杀了荆州刺史王睿,罪名是"无所知"(以坚武官,言颇轻之);在南阳又杀了南阳太守张咨,罪名是"不作为"(道路不治,军资不具,稽停义兵,使贼不时讨)。于是"郡中震栗,无求不获",孙坚也就狂飙突进,一路凯歌,终于在鲁阳(今河南省鲁山县)一带大破卓军,杀了董卓的都督华雄(不是关羽杀的)。

这时发生了两个小插曲。一是袁术听信谗言,不给孙坚运送军粮。孙坚便夜驰百里去见袁术,对袁术说,我孙坚和董卓前世无冤,后世无仇,之所以要不顾一切来讨伐他,就是为了上替国家灭贼,下替将军报仇(袁术一家被董卓杀害),将军为什么还要猜忌孙坚?袁术不好意思,马上就调集了军粮。第二件事就是董卓见孙坚骁勇,派人求和许亲。孙坚说,董卓罪大恶极,死有余辜。孙某若不能将其夷灭三族,拎着他的脑袋四海示众,死不瞑目,还说什么和亲!于是孙坚一鼓作气,进军距离洛阳只有九十里的大谷,吓得董卓挟持皇帝、百官和百姓,烧了洛阳就往西安跑。据野史记载,孙坚进入洛阳后,在宫中井内获得了汉代的传国玉玺。这枚玉玺后来被袁术夺走,成为他称帝的依据之一。孙坚,当之无愧地称得上是那个时代的"乱世英雄"。

可惜英雄也有英雄病,那就是骄傲。因为轻敌,孙坚在与刘表部将黄祖的战斗中,单枪匹马陷于敌阵被射杀,终年三十七岁。继承其事业的,是他的长子,十八岁的孙策。

孙策字伯符,英武一如其父,而且一表人才,不折不扣地是一个少年英雄,当地人都叫他"孙帅哥"(呼为孙郎)。吴郡太守许贡上书朝廷的时候,也说他很像当年的西楚霸王项羽(孙策骁雄,与项籍相似),所以人称"小霸王",也就是"小项羽"的意思。

　　其实在我看来,孙策比项羽更可爱。《三国志·孙策传》说他人长得漂亮,也爱漂亮(美姿颜),好说笑(好笑语),性格开朗(性阔达),能接受不同意见(听受),还"善于用人",因此"士民见者,莫不尽心,乐为致死"。这些都是项羽没有的优点。我们知道,项羽是不会用人的。刘邦在总结自己成功之道时就讲过一句话:"项羽有一范增而不能用,此其所以为我擒也。"孙策这边却是人才济济。虽然程普、黄盖是孙坚的老人,周瑜、张昭却是孙策的队伍。张昭字子布,彭城(今江苏省徐州市)人,聪明好学,博览群书,还写得一笔好字。《三国志·张昭传》说,孙策创业之初,便任命他为长史(秘书长)、抚军中郎将(秩比二千石,位次将军)。政务军事,全都交给张昭处理。张昭总理全局,名气又比较大,所以北方士大夫来信,总是把功劳都归于张昭。张昭就不安了,不知道该怎么办。告诉孙策吧,好像炫耀自己;不说吧,又好像有二心。孙策知道以后,却非常高兴。他讲了一个故事,就是当年齐桓公对管仲事之如父,称为"仲父"(即叔父)。国家大事,也都交给管仲。臣下有事来请示,桓公就说你去告诉仲父。再问,又说你去告诉仲父。旁边就有人说,一则告仲父,二则告仲父,当国君也太容易了吧! 桓公说,当国君的有劳有逸。劳在求贤,逸在得人。没有仲父的时候,我很难;有了仲父,我这个国君当得就容易了。因此孙策笑着说,正因为桓公"一则仲父,二则仲父",他才成就了霸业。现在,子布就是治国的大贤人呀! 我能用他,这难道不就是我的功劳和名声吗?

　　这就真是英雄! 不但大气,而且聪明。要知道,做臣下的,最怕的就是功高盖主。或者说,最怕的就是被认为功高盖主。事实上,历史上怀疑部下、嫉贤妒能的领导人不在少数,比如袁绍就是。这样的人,如果碰上比他更差劲的,也许还能得逞于一时。如果碰上曹操和孙策这样的,那就只有失败了。孙策能够在短短几年内打下一大片江山,不能不归结于他的这种大气和聪明。

　　孙策的大气和聪明使他英气逼人,充满人格魅力,也使他和其他英雄惺惺相惜,比如刘繇的部将太史慈。有一次孙策和太史慈狭路相逢,两个人短兵相接,搏斗中孙策抢到了太史慈背上的短戟,太史慈也抢到了孙策的头盔,最后不分胜负。后来,在另一次战斗中,太史慈被俘。孙策亲自为他松绑,拉着他的手说,我要是被你俘虏了,会怎么样? 太史慈说,那可说不清! 孙策大笑,说以后还是我们共济大事吧! 便拜太史慈为折冲中郎将,还让他回去安抚招募刘繇旧部。当时旁边的人都说,太史慈这回肯定一去不复返了,孙策却充满信心地说,子义(太史慈字)不跟我,还能跟谁(子义舍我,当复与谁)。果然,六十天后,太史慈如期归来,从此成为孙策手下一员骁勇的战将,就连曹操也想得到他。曹操曾经给太史慈寄去一个包裹,里面只装了一味中药——当归。但太史慈终其一生,都在孙氏兄弟部下,这不能不归结于孙策的人格魅力。

太史慈和孙策的这个故事,记载在《三国志·太史慈传》中,《三国演义》第十五回"太史慈酣斗小霸王"也有描写,但孙策的话"子义舍我,当复与谁"被改成了"子义乃信义之士,必不背我",意思就差多了。实际上,《三国志》那句话,表现的是孙策的自信;而自信,则恰恰是英雄人物的魅力所在。自信的人是有魅力的,有魅力的人是有吸引力的,何况孙策还能以诚相待!

孙策对人比项羽好,他的军纪也比项羽好,不像项羽,所到之处,不是烧宫殿、坑降卒,就是屠城池、杀无辜。《三国志·孙策传》裴松之注引《江表传》说,开始的时候,人们对他还不了解,一听说"小霸王"来了,都魂飞魄散。及至孙军一到,"军士奉令,不敢虏掠,鸡犬菜茹,一无所犯",大家便都拥护,纷纷前来劳军。这在那个乱世,实属难得。

不过更难得的,是孙策讲政治。有两件事情可以证明这一点。第一,袁术称帝时,拉拢过孙策,被孙策断然拒绝。我们知道,孙坚这股力量,原本是属于袁术系统的。孙坚攻击刘表,就是受袁术派遣(术使坚征荆州,击刘表)。孙坚阵亡后,孙策投奔和依靠的也是袁术。所以,论关系,孙策是袁术的部下;论辈分,袁术是孙策的父执。何况袁术也很欣赏孙策,曾经说过"使术有子如孙郎,死复何恨"的话,比曹操夸孙权"生子当如孙仲谋"早了十五年。然而,当袁术公然"大逆不道"时,孙策便"大义灭亲",立即宣布与"袁伯伯"断绝关系。当然,孙策对袁术也有怨气(袁术多次对他封官许愿,又多次出尔反尔)。他反对袁术称帝,也未必就是忠于汉室。但他并不稀里糊涂跟着袁术跑,就说明他有政治头脑。

第二件事情,就是当曹操"奉天子以令不臣"时,孙策打了同样的主意。曹操和袁绍在官渡作战,孙策便调兵遣将"阴欲袭许,迎汉帝",只是因为自己被刺客谋杀而未遂。据说当时郭嘉曾料到了这一点。郭嘉说,孙策这个人,骄傲轻敌,没有戒备,因此"虽有百万之众,无异于独行中原也"。只要派出刺客,一个人就能搞掂,因此他"必死于匹夫之手"。果然,孙策未及过江,就被刺受伤身亡。这事并非野史所传,而是见于《三国志·郭嘉传》正文。但孙策不早不晚,恰好死在官渡之战那节骨眼上,就未免太巧了。所以裴松之在作注的时候,就说郭嘉"诚为明于见事",但他再神机妙算,也"无以知其死在何年也"。所以曹操躲过这一劫,实属运气(此盖事之偶合),并非当真是郭嘉料事如神。

当然,这事学术界有不同说法。比如吕思勉先生就认为《三国志》关于孙策要偷袭许县的记载是"痴话",因为江东离许县比河北远得多,孙策能不能到达都是问题,哪里还能劫持皇帝?因此他认为《江表传》的说法更可靠——孙策北上是去打陈登的。这事我们就不讨论了。要说的是,如果孙策当真是去劫持皇帝而且得手,那么,"挟天子以令诸侯"的,还真不知道会是谁,历史也可能要改写。至少,孙策就不再是"小霸王",而是"大霸王"了,因为他在政治上确实比项羽强。

不过孙策也有和项羽同样的毛病,那就是意气用事,喜欢杀人,而且说杀就杀。比如严舆,是严白虎的弟弟,而且是代表严白虎来讲和的,孙策也答应了。但是,会谈的时候却把他杀了。据《三国志·孙策传》裴松之注引《吴录》,当时孙策突然拔出刀来砍断坐席。严舆身子动了一下,孙策说,听说足下有轻功,能坐着跳起来,所以开个玩笑。严舆说,我看见刀子就这样(见刀乃然),孙策就拿起手戟扔过去,把严舆杀了。

如果说,孙策杀严舆还多少有些道理,比方说是为了威慑敌人(严舆死后,其党羽丧胆败亡);那么,他杀高岱,就完全是为了面子。据《吴录》说,当时高岱隐居在余姚,孙策请他出来讨论《左传》,自己也做了充分的准备。这时有人就在中间倒闲话了。这个人对孙策说,高岱瞧不起将军,认为将军只有武功,没有文化。将军和他讨论学术问题,他肯定懒得答理,说自己不知道。又对高岱说,孙策最忌恨别人超过自己。他要问你什么,你最好说不知道。如果和他争论,那就危险了。高岱信以为真,就照着做,结果孙策果然认为高岱轻视自己,就把高岱关了起来。这时很多人出来为高岱求情。孙策登楼一看,黑压压一片(数里中填满),更加忌恨高岱(恶其收众心),便把他杀了。另外,孙策杀于吉,也是因为其追随者太多,使诸将"不复相顾君臣之礼",伤了自己的自尊心。所以,我们实在要庆幸孙策没能够"挟天子以令诸侯"。否则,他杀的人恐怕比曹操还多。

事实上,喜欢杀人和死要面子,是孙策的致命伤,他就是死在这两个毛病上的。孙策的死,《三国志·孙策传》的记载是"为故吴郡太守许贡客所杀",而《江表传》和《吴历》的说法则更有戏剧性。前面说过,当时吴郡太守许贡上书朝廷,曾说过"孙策骁雄,与项籍相似"的话。其实后面许贡还有说法,就是建议朝廷把孙策召到京都严加约束,免得他在外面作乱。孙策看到许贡的表文,就把许贡杀了。许贡的仆人和门客为了替许贡报仇,便去刺杀孙策。本来,这次刺客只是伤了孙策的面部,完全可以治好(医言可治),但必须静养百日(当好自将护,百日勿动)。然而孙策却去照镜子。照完,便对着旁边的人说,我的脸变成这副样子了,还能再建功立业吗(面如此,尚可复建功立事乎)?便推开案几,大吼一声,结果创口破裂,流血不止,当夜身亡,时年二十六岁。这可真是"死要面子"的典型了。

这样看来,孙策还真是个"小项羽",但比项羽优点多。陈迩冬先生在他的《闲话三分》一书中说,孙策对其母,不失为孝子;对其妻,不失为佳偶;对其弟,不失为好兄长。这是有道理的。《三国志·吴夫人传》裴松之注引《会稽典略》说,有一次,也是因为面子问题,孙策要杀一个名叫魏腾的人,大家都没有办法营救。孙策的母亲就站在水井旁边说,你要再这么乱杀提意见的人,我就跳进井里去,免得看见你自取灭亡。孙策大惊,就放了魏腾。这可以算是孝子。据《三国志·周瑜传》及裴松之注引《江表传》,孙策为自己和周瑜分别迎娶了江东美女大桥和小桥。当时孙策和周瑜都只有二十四岁,又都是成功人士,所以孙策对周瑜说,桥公这两个女儿虽然颠沛流离,但能够有我们两个人做老公,也还是很开心的事。这可以算是佳偶。最后一点,孙坚阵亡时,孙策十八岁,孙权十一岁,另外两个弟弟年纪更小。孙策把老母幼弟托付给朋友,把孙权带在身边,让他耳濡目染学习军事政治,临终前又把权力交给他,更为他留下一片基业、许多良臣。这可以算是好兄长。但陈先生也说,让老母亲白发人送黑发人,不能算是好儿子;让桥大姑娘年纪轻轻就守寡,不能算是好丈夫。这位短命的孙帅哥,恐怕只能算是好兄长。

陈先生的话十分幽默,但我以为还可以补充一点:对江东集团,孙策不失为好领导。理由也有两条:第一,他的基础打得好;第二,他的接班人选得对。我们知道,孙坚南征北战,主要是打出了威望;孙策南征北战,却打出了地盘。江东六郡基本上是孙策平定的,所以陈寿说"割据江东,策之基兆也"。可以说,孙策自十八岁领兵,至二十六岁身亡,短短七八年间就做了人家半辈子甚至一辈子的事,实在好生了得!这份基业,他自然不会轻易与人。《三国志·孙翊传》裴松之注引《典略》说,当时,张昭等人都以为孙策会把权力交给老三孙俨,也就是孙翊,因为孙翊"骁悍果烈,有兄策风"。但是孙策却选择了孙权。事实证明,孙策的选择是对的。在三国时代的三巨头中,孙权的寿命是最长的,七十一岁(次则曹操,六十六岁;再次刘备,五十八岁);在三国时代的三个政权中,孙吴的国祚也是最长的,五十一年(次则曹魏,四十六年;再次刘蜀,四十二年)。东吴的相对稳定,与孙策选对了接班人大有关系。

那么,孙策为什么要选择孙权呢?

答案就在孙策的遗言那里。《三国志·孙策传》说,临终前,孙策先找来张昭等人,对他们说:"中国方乱。夫以吴越之众,三江之固,足以观成败,公等善相吾弟!"然后再把孙权叫过来,把印绶给他戴上,说:"举江东之众,决机于两阵之间,与天下争衡,卿不如我;举贤任能,各尽其心,以保江东,我不如卿。"这就十分明白。也就是说,孙策心里很清楚,靠武力打江山,是自己的历史使命,而且这个使命已经基本上完成。以江东集团的政治资源和军事力量,其"天下"暂时就只能这么大。下一步,只能是"保江东"而"观成败"。这样一来,作为自己的接班人,需要的就不是军事才能,而是政治才能,不是英勇善战,而是老成谋国了。因此,他没有选择性格作风和自己相似的孙翊,而是选择了和自己不同的孙权。我们知道,帝制时代的接班人,常常是以所谓"深肖朕躬"为条件的。孙策偏偏选择"不肖"(不像),这正是他了不起的地方。这也再次证明,孙策是有政治眼光和政治头脑的。

但这也就给江东集团今后的政治路线定了一个调子,那就是要以所谓"守成"为"基本国策",在守成的前提下图谋进取。这个决策无疑是正确的。当时官渡之战犹酣,曹操袁绍雌雄未决,各路诸侯心怀鬼胎虎视眈眈。荆州有刘表,益州有刘璋,汉中有张鲁,关中有马腾,确实是中原方乱天下未定。这个时候,已有一定规模的江东集团作为后起之秀,既然一时半会还没有那么大一只"胃"把他们都"消化"了,那就只能"保江东"而"观成败",即先巩固成果,同时等待时机,窥测方向,以求一逞。

不过,守,也有各种守法。抱残守缺是一种,以攻为守也是一种。事实上,在孙权时代,江东集团内部一直存在着两种不同的意见,代表着两条不同的路线。以张昭为代表,是主张保守的,这可以算是"鸽派"。以周瑜、鲁肃为代表,是主张进攻的,这可以算是"鹰派"。孙权是在两派之间搞平衡,但骨子里是"鹰派"。因此,当甘宁提出要讨伐黄祖时,孙权当场就表了态。孙权举起酒杯说,兴霸,这件事就像这杯酒,就托付给你了!

事实上,孙氏兄弟一直都在讨伐黄祖。建安五年(公元 200 年)和建安八年(公元 203 年),孙策和孙权都出过兵,这一回是第三次出击。这固然因为他们和黄祖有杀父之仇,但更重要的恐怕还是集团的利益所使然。刘备和刘表无冤无仇,不也在打这块地方的主意吗?其实,垂涎荆州的又岂止孙权集团和刘备集团,曹操同样也是虎视眈眈。当初,郭嘉为曹操所做的设计,也是要尽快拿下荆州。荆州,成了一群虎狼眼中的羊。

那么,荆州的情况又如何?

请看下集:必争之地。

第十九集　必争之地

在郭嘉、鲁肃和诸葛亮为各自君主所做的战略规划中,荆州都成为他们决意夺取的必争之地;而诸葛亮和甘宁,也都断定刘表守不住荆州。事实上,荆州的争夺改变了当时中国的状态,争夺的结果成为三国鼎立的前兆。荆州,究竟是一个什么样的地方;荆州的州牧刘表,又是一个什么样的人?

前面几集我们讲到,无论诸葛亮,还是郭嘉、鲁肃,在他们为自己老板制定的战略规划中,都把荆州看作必争之地。而且,诸葛亮和甘宁都断定刘表守不住荆州。鲁肃虽未明说,似乎也有这个意思。那么,荆州是怎么回事,刘表又为什么守不住荆州呢?

现在我们就来说说刘表。

如果说曹操是"可爱的奸雄",那么,刘表给人的印象,就可以说是"漂亮的草包"。刘表字景升,和刘备一样,也是"帝室之胄",而且是当时的名士。《后汉书》说他是鲁恭王之后,"身长八尺余,姿貌温伟",与张俭等人一起号为"八顾"(八个以有德行引导别人的人)。《三国志》则说他"少知名,号八俊,长八尺余,姿貌甚伟"。看来,刘表这个"帝室之胄",大约是真的,不像刘备那个"皇族身份"可能是注水猪肉。他这个名士,也是真的,还上了排行榜。他还是个帅哥,个子比诸葛亮还略高一点,而且长得漂亮。另外,他的名声也很好,是东汉末年的"党锢中人"(受迫害的正派士人),曾被宦官集团追捕,只因为逃得快才幸免于难(诏书捕案党人,表亡走得免)。这在当时,都是成就一番事业的资本。

刘表也有本事。对于这一点,《三国志》和《后汉书》都有记载和描述。依两书所载(以下凡未注明者均引自两书),汉献帝初平元年(公元190年),孙权的父亲、长沙太守孙坚杀了荆州刺史王睿,朝廷就任命刘表担任这个职务。当时荆州地区并不太平,"宗贼大盛","袁术阻兵",刘表甚至不能到任(表不能得至),只好"单马入宜城"(今湖北省宜城)。这时,刘表做出了一个正确的决策,那就是依靠当地豪族来平定荆州。刘表找到了两个人,一个是南郡人蒯越,一个是襄阳人蔡瑁。蔡瑁财大气粗,婢妾数百人,别业四五十。此人后来成为刘表的连襟、诸葛亮妻子的姨父。蒯越足智多谋,是曹操最为欣赏的荆州士人。《后汉书·刘表传》李贤注引《傅子》说,建安十三年刘琮投降,曹操兵不血刃就得了荆州,却写信给荀彧说:"不喜得荆州,喜得异度耳"(异度即蒯越之字)。这固然表现了曹操的求贤若渴,也说明蒯越非同一般。刘表找到这两个人,事情就成功了一半。

蒯越为刘表出的主意是软硬兼施。蒯越告诉刘表,为害荆州的,一是袁术,二是宗贼。所谓"宗贼",大约就是以豪门大族为中心、按照宗族关系组织起来的地方性非政府武装力量。刘表受命而不能到任,就因为他们作梗。那么,应该怎么办呢?蒯越说:"理平者先仁义,理乱者先权谋。兵不在多,贵乎得人。"也就是说,治理荆州,必须有两手,那就是道德的感召和武力的威慑。使君的敌人不就是袁术和宗贼吗?袁术的特点是什么?是"骄而无谋"。宗贼的特点是什么?是"率多贪暴",因此应该先灭宗贼,后阻袁术。具体的做法,是"诛其无道,施其才用"。使君"威德既行",所有的人便都会归顺(襁负而至矣)。然后使君"南据江陵,北守襄阳",荆州八郡就可以"传檄而定"。那时候,就算袁术打过来,又有什么关系呢(公路虽至,无能为也)?

刘表采纳了蒯越的计策,让蒯越召来宗贼头目十五人,"皆斩之而袭取其众"。如此这般做下来,结果"江南悉平"(此处之"江南"指今长江以南的两湖地区),刘表也得以坐镇襄阳(理兵襄阳)。后来袁术和孙坚合纵,袁术派孙坚袭击刘表,刘表部将黄祖前来救援,孙坚中流矢而死,从此袁术势力无法到达荆州。于是朝廷任命刘表为镇南将军、荆州牧,封成武侯,假节(有尚方宝剑的意思),刘表成功了。

这里要稍微讲一下汉代的地方行政制度。西汉初年,汉王朝实行的是"郡国制",即郡县和封国并存的"一朝两制"(一个王朝,两种制度)。汉景帝采纳晁错的建议削藩以后,至汉武帝时期,封国已徒有虚名,实际上实行的是郡县制,即中央、郡、县三级管理。县属郡,郡属中央,全国一百多个郡,一千多个县。县的长官叫县令或县长,郡的长官叫郡守,后来叫太守。前面提到的长沙太守孙坚,江夏太守黄祖,便是郡的长官。

不过,东汉的太守和西汉的太守是不一样的。西汉的太守之上,没有地方行政长官,东汉却有,那就是刺史或州牧。这事还得从西汉说起。西汉元封五年(公元前 106 年),汉武帝将天下分为十二个州部,即十二个州,一个部(司隶部),每个州派遣一名刺史。所谓"刺史",就是中央派到地方上监察不法(刺)的特派员(史)。刺史的级别是六百石,职责是巡视监察,没有固定治所,也不常驻地方,而且不能干预地方行政。到了东汉,情况就变了。天下还是十三个州:司隶、豫州、冀州、兖州、徐州、青州、荆州、扬州、益州、凉州、并州、幽州、交州,但这十三个州却变成了一级地方行政区域,郡管县的两级管理制变成了州管郡、郡管县的三级管理。州的长官,有时候叫刺史,有时候叫州牧,有时候既有刺史又有州牧。相比较而言,刺史威轻,州牧权重。汉灵帝时,州牧已是任重、位高、权大;汉献帝时的州牧,更多为天下枭雄、一方诸侯,比如冀州牧袁绍、兖州牧曹操。刘表由刺史变成州牧,是他成功的表现。

刘表担任荆州牧以后,气度不凡。建安元年(公元 196 年),也就是曹操奉迎天子的那年,张绣的叔叔骠骑将军张济因为辖地无粮,入侵荆州南阳郡的穰城(今河南省邓县),中箭身亡。荆州的官员都来对刘表表示祝贺。刘表却说,张济是因为走投无路才来荆州的。我们做主人的无礼,导致战争,这不是我的初衷,因此本州牧接受吊唁,不接受祝贺(济以穷来,主人无礼,至于交锋,此非牧意,牧受吊不受贺也)。于是张绣驻兵宛城(今河南省南阳市),和刘表联盟。

刘表此举无疑大得人心,《三国志》说张济的部众"遂服从",《后汉书》说"皆服从"。到建安三年(公元 198 年),刘表不但实际拥有了荆州七郡(南阳、南郡、江夏、零陵、桂阳、长沙、武陵),而且广开疆土,"南接五岭,北据汉川,地方数千里,带甲十余万",境内"万里肃清,大小咸悦而服之",俨然独立王国。中原士人见此,纷纷避难荆州,投奔刘表的学士竟多达千人,刘表也都"安慰赈赡,皆得资全"。同时,他还建学校,兴儒术,把荆州建设称为一个乱世之中的"王道乐土"。刘表,应该说是一个好州牧。

刘表既然这样有本事,为什么还要说他是"草包"呢?也有几个原因。

第一,刘表胸无大志。他不是一个雄才大略的人,也没有什么紧迫感和进取心。郭嘉就曾极为不屑地说:"表,坐谈客耳!"(《三国志·郭嘉传》)曹操也说:"我攻吕布,表不为寇;官渡之役,不救袁绍,此自守之贼也。"(《魏书》)这都是看透了刘表。事实上刘表的愿望,就是守住自己这一亩三分地,老婆孩子热炕头。所以,不管谁和谁发生了矛盾和战争,他都按兵不动,作壁上观,满门心思"欲保江汉间,观天下变"。官渡之战时,袁绍派人向刘表求助,刘表答应袁绍,却又不出兵,也不帮曹操。后来曹操征乌丸,刘备劝他袭击许县,他也不动,结果坐失良机。曹操和郭嘉瞧不起他,并非没有道理。

第二,刘表也没有度量。官渡之战时,刘表坐山观虎斗,他的部下韩嵩和刘先就对他说:"豪杰并争,两雄相持,天下之重,在于将军。"将军如果想有所作为,就应该趁机下手干他一把(若欲为有,起乘其敝可也)。如果不然,则应该选择其中一方(如其不然,固将择所宜从)。现在,将军"拥十万之众,安坐而观望",见到该支持的不能支持(见贤而不能助),劝他们讲和吧又劝不了(请和而不得),最后的结果,必定是双方的怨恨都集中在将军您的身上。到时候,将军就是想守中立,怕也不能(将军不得中立矣)!刘表的大将蒯越也这么劝他。于是刘表便派韩嵩到曹操那里探个虚实。韩嵩回来后,"深陈太祖威德",刘表又怀疑韩嵩背叛自己,要杀他。只不过查来查去查不出什么问题,这才作罢。

刘表这事做得实在没道理。据《后汉书》,韩嵩临行之前,是有言在先的。韩嵩对刘表说,依韩嵩愚见,以曹公之英明,必将得志于天下。将军如果打算投靠曹操,派韩嵩出使中原,是可以的。如果心存犹豫,那就不合适。为什么呢?因为韩嵩一到京师,皇上说不定就会给韩嵩一官半职。韩嵩能够推辞,当然没有关系;如果推辞不掉,从此韩嵩就成了天子的新臣,将军的故吏了。"在君为君,不复为将军死也",请将军三思。

韩嵩这话说得实在,然而刘表不听,坚持要韩嵩北上。果然,汉献帝拜韩嵩为侍中、零陵太守,韩嵩也果然站在朝廷和曹操的立场上说话。刘表大怒,要杀韩嵩,韩嵩神色自若不为动容,把临行前的话说了一遍,刘表的老婆也来劝说,刘表还是怒不可遏。最后查不出韩嵩的问题,还是将他囚禁起来,直到曹操拿下荆州后才被放出。对此,陈寿评论说:"表外貌儒雅,而心多猜忌,皆此类也。"

既无大志,又无度量,就造成了刘表的第三个问题——不会用人。刘备天下枭雄,诸葛亮人中之龙,两个都在他的身边、眼前,他居然视而不见;中原士人南下荆州有千人之多,也只见他安顿,不见他重用。刘备初到荆州时,刘表是礼遇甚厚的。《三国志·先主传》说,他亲自到郊外迎接,"以上宾礼待之",还拨了军队给刘备。但是,随着"荆州豪杰归先主者日益多",刘表便开始"疑其心"而"阴御之"了。裴松之注所引《世语》甚至说刘表还摆了"鸿门宴",蒯越和蔡瑁还准备在席间下手,被刘备看出,借口上厕所而遁逃。逃到檀溪,的卢马一跃三丈,这才逃得性命。《世语》的说法是:"备屯樊城,刘表礼焉,惮其为人,不甚信用。曾请备宴会,蒯越、蔡瑁欲因会取备,备觉之,伪如厕,潜遁出。所乘马名的卢,骑的卢走,堕襄阳城西檀溪水中,溺不得出。备急曰:'的卢,今日厄矣,可努力!'的卢乃一踊三丈,遂得过。"后来,罗贯中便据此写成"刘皇叔跃马过檀溪",故事当然复杂得多,也好看得多。

但这是靠不住的,孙盛便认为不可能(此不然之言)。因为当时刘备依附刘表,双方力量悬殊。如果刘表有谋杀刘备的意思,刘备在荆州岂能安然无恙呆六年?所以孙盛说"此皆世俗妄说,非事实也"。裴松之在为《三国志》作注时,引用了《世语》的说法,也引用了孙盛的批评,看来他是赞成孙盛的。

不过,"刘皇叔跃马过檀溪"的故事虽然是"世俗妄说",但"备屯樊城,刘表礼焉,惮其为人,不甚信用"这十六个字还是准确的。何况刘表提防刘备,也并非没有道理。刘备这个人,确实很让诸侯们头疼棘手。一方面,他投靠谁,谁就倒霉,走到哪里,哪里就闹地震;另方面,除袁术外,大家又都承认他是个人物,是个英雄,因此都得对他礼遇有加,包括袁绍,包括曹操。可以说,这是一个"猫头鹰"式的人物,体面的说法是"天下枭雄"。这样一个人物来到刘表这里,刘表其实是没有办法的。郭嘉就曾一针见血地指出:"表,坐谈客耳!自知才不足以御备,重任之则恐不能制,轻任之则备不为用",他能做的,大约也就是客客气气把刘备束之高阁,而且时时刻刻小心提防吧!

刘表的第四个问题是后继无人。所谓"后继无人",不是说刘表没有接班人,而是说他的接班人既不中用,又安排失当。刘表有两个儿子,长子叫刘琦,次子叫刘琮。刘琦和刘琮都是刘表前妻所生,但刘表后妻蔡夫人已将娘家侄女许配给刘琮,就希望刘琮做接班人。蔡瑁这些人也都帮刘琮说话,实际上是蔡氏家族已经控制了刘表。这个情况,刘琦当然不会看不出,便多次希望求教于诸葛亮。诸葛亮论身份,是刘表的部下;论辈分,是刘表的晚辈;论关系,是蔡夫人的外甥女婿;论亲疏,和刘琦、刘琮都一样。这个主意,他自然不好拿,于是就有了一个颇具戏剧性的故事。《三国志·诸葛亮传》说,刘琦多次向诸葛亮讨教"自安之术",而"亮辄拒塞,未与处画"。刘琦没有办法,只好在游园的时候请诸葛亮上楼,让人撤去楼梯,说:"今日上不至天,下不至地,言出子口,入于吾耳,可以言未?"诸葛亮这才说:"君不见申生在内而危,重耳在外而安乎?"申生和重耳都是春秋时期晋献公的儿子。晋献公宠信后妻骊姬,要立骊姬之子奚齐为接班人。结果,留在国内的太子申生被杀,逃出国的公子重耳后来回国当了国君,这就是晋文公。诸葛亮这么一说,刘琦恍然大悟,便设法谋得江夏太守的职务,离开了是非之地。诸葛亮可能自己也没想到,以他经天纬地之才,初出茅庐第一计,竟然是管了别人的家务事;而他管的这件闲事,却又为刘备立了一大功。为什么呢?因为刘琦带走的一万人,是后来赤壁之战中刘备一半的本钱。

刘表的这个安排,实际上为后来荆州的分裂埋下了伏笔。事实上,刘琦出走后,荆州集团就已经分裂为两派。一派以刘琮为名义上的代表,背后是蔡瑁、蒯越等人。这些人是倾向于曹操的,蔡瑁可能还和曹操有旧。《襄阳耆旧传》说他"少为魏武所亲",而且刘琮投降后,曹操还到了他的内室,见了他的妻子。后来鼓动刘琮投降曹操的,也是这些人。这一派,可以叫做"降曹派"。另一派,以刘琦为名义上的代表,背后是刘备、诸葛亮等人。刘备是铁了心要对抗曹操的,诸葛亮则是主张联吴抗曹的，因此这一派是"抗曹派"。至于刘表自己的心思，恐怕是既不愿意降曹，也不愿意联吴，最好是守中立而观时变。但他只管得了自己的生前，管不了自己的身后。他的两个儿子，也没有一个是可以成就一番事业的。何况争夺荆州的赤壁之战还没开始，他自己家里就快打起来了。如此不能安排后事，岂非"草包"？

由是之故，刘表在历史上得到的评价不高，陈寿甚至认为他和袁绍是一路货色。陈寿认为，刘表和袁绍，都是有仪表（威容）、有风度（器观）、有名气（知名当世）、有成就（表跨蹈汉南，绍鹰扬河朔），但都"外宽内忌，好谋无决，有才而不能用，闻善而不能纳，废嫡立庶，舍礼崇爱"，正可谓"漂亮的草包"，因此其失败也是理所当然（非不幸也）。

这个评价应该说有道理，刘表和袁绍也确实不乏相似之处，所以《后汉书》便将袁绍和刘表合为一传，将刘焉、袁术、吕布合为一传（《三国志》则将董卓、袁绍、袁术、刘表合为一传）。但我觉得还是要为刘表说句公道话。第一，袁绍和刘表虽然都失败了，但袁绍是自取灭亡，刘表是在劫难逃，他自己并没有招谁惹谁。第二，以刘表的实力和能耐，除了当一个"自守之贼"外，也别无选择。他的错误，只在于不明白一个道理，就是单靠保守，是守不住的，有时候还得"以攻为守"。第三，正是由于刘表实行"爱民养士，从容自保"的政策和策略，荆州地区保持了十多年的安定和平，许多北方南下的难民也得到了资助和周全，这不能不说是刘表做的好事。

所以，"漂亮的草包"这个评价用在袁绍身上，大体准确。当然，袁绍这个人还是有本事的，不能完全说是"草包"。只不过他遇到了一个比他更强的对手，就显得像"草包"了。但不管怎么说，袁绍确有自以为是、自鸣得意、自我膨胀和刻意做秀之嫌。他看重"漂亮"，也甚于看重"能力"。因此，说他是"漂亮的草包"，不算很冤。

刘表就有些冤枉了。他并没有自命不凡，反倒有些自知之明，这才实行"爱民养士，从容自保"的政策和策略，希望能够"苟全荆州于乱世"。因此，比较准确的评价，还是如历史学家何兹全先生所言。何先生在他的《三国史》中说，如果说曹操是"治世之能臣，乱世之奸雄"，那么，刘表就是"治世之贤臣，乱世之庸人"。看来，刘表最大的不幸，是生错了时代。他不该生在这个弱肉强食的乱世。这不是他的错误，只能算运气不好。

当然,刘表也不是一点运气都没有。他被派到荆州,就是他的运气。荆州,是东汉时期最大的两个州之一。这两个州,就是荆州和益州,都是领县上百个。次为幽州,领县八十余。不过荆州和益州虽然大,分量却不是最重。当时中国的政治中心是在北方,争夺政权的战场也主要在北方,荆州和益州一时半会还不至于落入虎口,最适合刘表这样的弱者生存,刘备这样的小集团发家。可见刘表的运气不能说是很坏,也可见诸葛亮在隆中为刘备所做的策划,是何等地深谋远虑。

可惜,树欲静而风不止,上帝和他人都不让刘表平安无事。诸葛亮为刘备定下了取而代之的策略,北边的曹操和东边的孙权也都虎视眈眈。其实,像刘表这样的人,在天下未定之时,是可以苟且偷生偏安一隅的。一旦天下将定,他的好日子就到头了。而所有这一切,都因为他是荆州牧,正所谓成也荆州,败也荆州,生也荆州,死也荆州。

从这个意义上讲,刘表是"不幸的幸运儿"。

事实上,到了建安十三年(公元208年),孙权和曹操都开始下手,刘表和他的荆州面临重大变故。连同暂时依附他的刘备,也几乎面临灭顶之灾。那么,在建安十三年这个不寻常的日子里,荆州地区究竟发生了什么事情呢?

请看下集:兵临城下。

第二十集　兵 临 城 下

建安十二年，曹操平定了北方，孙权坐稳了江山，刘备得到了诸葛亮，原本希望厉兵襄阳以观时变的刘表好日子到头。建安十三年，孙权和曹操都开始对荆州下手，刘表和他的荆州，包括依附他的刘备，都面临危机。那么，他们的命运究竟如何呢？

上一集我们讲到，胸无大志也没有雄才大略的刘表，原本是想在这个群雄逐鹿弱肉强食的时代苟全偏安的。然而树欲静而风不止，荆州注定要成为各方争夺的对象。孙权终于先下手。建安十三年（公元208年）春，孙权实施鲁肃和甘宁的战略规划，在曹操从乌丸返回邺城的时候，出兵西征，一举剿灭了刘表的大将、江夏太守黄祖。其实孙权征黄祖，这是第三次。第一次是在建安八年（公元203年），结果是"破其舟军"；第二次是在建安十二年（公元207年），结果是"虏其人民"。这一回最厉害，是"屠其城"而"枭其首"。黄祖彻底灭亡了（屠城，即"毁其城，杀其民，若屠者然也"，是历史上一种极其野蛮的行径）。

孙权灭黄祖是有原因的。表面上的原因，是要报杀父之仇（孙坚是在和黄祖作战时中流矢而死）；实际上的原因，则是图谋荆州。荆州地处吴之上游。孙权即便为了自身安全，也要打荆州的主意；而黄祖身为江夏太守，距离江东最近，当然要拿他开刀。事实上，孙权破江夏、灭黄祖后，势力已向西部扩展，可以觊觎江陵、贪图襄阳、鲸吞荆州了。

孙权的胜利让曹操感到时不我待。曹操很清楚，荆州一旦为孙权所有，整个中国的形势就会发生巨大变化。前面说过，曹操也是早就想拿下荆州的，而且做了准备。建安十三年正月，曹操在邺城造玄武池，训练水军。这是军事上的准备。六月,曹操罢三公官,重新设置丞相和御史大夫职务,并自任丞相,大权独揽。这是政治上的准备。此外,曹操还派张辽屯兵长社(今河南省长葛),于禁屯兵颍阴(今河南省许昌),乐进屯兵阳翟(今河南省禹县),保卫许县,以防不测。又安抚马腾,推荐他做卫尉,同时将其家属扣在邺城,成为实际上的人质,以解除后顾之忧。做完这些事情以后,曹操于七月份出兵南征刘表。

几乎在同时,刘表也一病不起,并于八月身亡。据《三国志·先主传》裴松之注引《魏书》,刘表临终前曾托国于刘备,被刘备婉言谢绝。刘表说:"我儿不才,而诸将并零落。我死之后,卿便摄荆州。"(《英雄记》的说法是代理荆州刺史)刘备回答说:"诸子自贤,君其忧病。"有人劝刘备接受,刘备说:"此人待我厚,今从其言,人必以我为薄,所不忍也。"

这事裴松之认为不实(此亦不然之言),我也认为靠不住。上一集我们讲过,刘表对刘备的态度,如《三国志·先主传》所说,是"疑其心,阴御之",怎么会把荆州拱手相让?何况刘表和他老婆早就选定了接班人,这个人就是刘琮。裴松之说:"表夫妻素爱琮,舍嫡立庶,情计久定,无缘临终举荆州以授备。"这是在理的。《后汉书·刘表传》说,刘表病重时,长子刘琦从夏口到襄阳来探视,竟被挡驾,不得相见。刘琦都见不到的人,刘备怎么见得到?刘备和诸葛亮暗中支持刘琦,蔡瑁一伙不会完全不知道,他们又怎么会让刘备去见刘表,让刘表托国于刘备?何况,就算他们不知道刘备和刘琦的关系,刘备是一个不肯甘居人下的枭雄,他们总是知道的,岂能在这关键时刻让刘备去见刘表?从《后汉书》所说的情况看,病重时的刘表实际上已经被这一伙人控制了;而屯兵樊城的刘备,消息也并不灵通(比如后来刘琮投降曹操,刘备就完全蒙在鼓里)。刘备和刘表,应该说没有可能相见。

没有可能的事,为什么会有人信以为真呢?原来这事是刘备自己所说。据《三国志·先主传》裴松之注引孔衍《汉魏春秋》,刘备曾对人说过"刘荆州临亡托我以遗孤"的话。这话司马光认为属实,而且写进了他的《资治通鉴》。当然,"托孤"和"托国"略有区别。但把刘琦和刘琮托给刘备,也等于交出了荆州。何况"托孤"也好"托国"也好,二刘总要见面。刘备和刘表既然不可能相见,又怎么可能有"托孤"之事呢？

也有两种可能。

一种是刘备说了假话。这也没什么。当时，曹操长驱直入兵临城下，荆州大难临头人心浮动。一些人不愿意荆州落入曹操之手，也很清楚无论刘琦还是刘琮，都抵挡不了曹操的凌厉攻势，便寄希望于刘备。刘备自己也不想失去荆州，至少不想失去荆州的人心。荆州对于他，进，是成就霸业的根据地，退，是保全性命的栖息地。也就是说，刘备需要荆州，荆州也需要刘备。刘备的话，无妨看作一种稳定人心的策略。

第二种可能，是刘表确曾"托国"于刘备，但并非真心，而是试探。我们知道，刘备到荆州以后，笼络人心网罗人才，曾经引起刘表的警惕，《三国志·先主传》说得很清楚："荆州豪杰归先主者日益多，表疑其心，阴御之。"刘表既然在平时都疑心颇重，临终前又怎能放心？这就要试探，甚至威胁。我甚至怀疑刘表说"我死之后，卿便摄荆州"时，屋后已埋伏着蔡瑁他们安排的刀斧手。刘备"天下枭雄"，政治经验丰富，还能不明白其中利害？便说了一句漂亮话："诸子自贤，君其忧病。"其实刘表那两个宝贝儿子贤不贤，两个人心里都有数，这番话不过演戏做秀而已。这也同样不奇怪。在那个尔虞我诈、弱肉强食的乱世，什么事情都可能发生。

所以，把刘表的"托国"和刘备的"谦让"看作"高风亮节"，不过腐儒之见。在这个问题上，我们需要一点"历史意见"。也就是说，在那个时代，优胜劣汰强者为王，乃是天经地义；而由刘备接管荆州，则是保全荆州的最好方案，有什么好让的？诸葛亮不是早就说了吗——"此殆天所以资将军，将军岂有意乎"？可见并无道德问题。实际上刘备此时没有欣然从命取而代之，并非"不忍"，而是"不能"。所谓"吾不忍也"云云，也是做秀。同样，诸葛亮建议刘琦出任江夏太守，既是帮了刘琦一把，也是为刘备留了后路。

刘琦出走没多久，刘表便一命呜呼，接班人自然是刘琮。这时曹操的军队已经在路上了，很快就会兵临城下。《三国志·刘表传》说，当时蒯越、韩嵩、傅巽（音训 xùn）等人都劝刘琮投降。刘琮说，我就不能和诸位一起守住先君留下的基业，以观天下之变吗？傅巽说，不能。"逆顺有大体，强弱有定势"。以人臣对抗人主，是以逆抗顺；以地方对抗中央,是以弱战强;以刘备对抗曹操,是以卵击石。我们三个方面都不行,还要对抗王师,那是找死。不过,最有说服力的还是傅巽下面的这段话。傅巽问刘琮,将军自己想想,你比得上刘备吗?刘琮说,比不上。傅巽说,那好!"诚以刘备不足御曹公乎,则虽保楚之地,不足以自存也;诚以刘备足御曹公乎,则备不为将军下也。"也就是说,如果刘备打不过曹操,将军就无法自保;如果刘备打得过曹操,他还会再做将军的部下吗?刘琮一听就明白了。对抗曹操,无论输赢,自己都没有好下场,那还不如投降呢!

刘琮投降,不敢告诉刘备,刘备也不知道。等到曹操大兵已至南阳郡的宛城,刘琮才派宋忠去和刘备讲。《三国演义》说宋忠是刘琮派到宛城给曹操送降书的人,回来的路上被关羽拦截捉拿,并非事实。据《三国志·先主传》裴松之注引《汉魏春秋》,事实是刘琮派宋忠向刘备"宣旨",刘备"乃大惊骇",说你们这些人怎么这样做事,大祸临头才来和我说,不觉得太过分了吗?于是拔出刀来对宋忠说,我今天就是宰了你也不解恨,只不过不想弄脏了我的刀,也不想丢我的人!

不过此时此刻说什么都没有用了,刘备惟一的选择是走为上计,便带着诸葛亮和徐庶等人往南走。《三国演义》说刘备出走之前,诸葛亮在新野放了一把火,于史无据。此前的"火烧博望"是有的,但那把火应该是刘备所放(先主设伏兵,一旦自烧屯伪遁,悍等追之,为伏兵所破),没诸葛亮什么事。

有事是在南撤途中,不过这有事也等于没事。《三国志·先主传》说,当时刘备驻兵樊城,在汉水之北,刘琮的襄阳则在江南,诸葛亮便劝刘备攻击刘琮。按照诸葛亮的意见,刘琮根本就不堪一击,而只要拿下襄阳,荆州就是自己的了。然而刘备说"吾不忍也",谢绝了诸葛亮的建议。这事吕思勉先生认为未必确实。吕先生说:"当时的襄阳,人心自然不定,攻破它自然是容易的,(但是)转瞬曹操的大兵来了,却如何能守呢?诸葛一生惟谨慎,怕不会出这种主意罢?"当然这也说不清。反正刘备没有攻打襄阳,只在路过襄阳的时候对刘琮喊了一番话,然后继续南逃。

刘备跑得快,曹操追得也快。据《三国志·荀彧传》,出征前,曹操曾问计于荀彧。荀彧认为,现在"华夏已平,南土知困",是夺取荆州的大好时机,但必须速战速决。因此他建议曹操"显出宛、叶而间行轻进,以掩其不意",即在大张旗鼓由宛城(今河南省南阳市)和叶县(叶音摄 shè,今河南省叶县南)进军的同时,率轻骑兵抄小路向襄阳和江陵挺进。曹操马上就明白了其中的道理:襄阳是刘表老窝,而江陵则屯集了大量的军需物资,包括水战必需的舰船。这是绝不能让刘备得手的。于是采纳荀彧的建议,浩浩荡荡由宛城、叶县向荆州挺进(直趋宛、叶如彧计),走到半路,留下辎重,自己率轻骑兵直扑襄阳,《三国志·先主传》的说法是"曹公以江陵有军实,恐先主据之,乃释辎重,轻车到襄阳"。曹操抵达襄阳后,得知刘备已向江陵逃窜,又亲点五千精锐骑兵,以一天一夜三百里的速度追了过去,试图将他那个眼中钉、肉中刺一举歼灭。

曹操的速度快,刘备却是跑得快,走得慢。说他"跑得快",是说他逃跑的决心下得快,实际上却走得很慢。走得慢的原因,是他路过襄阳时,当地许多士人、百姓,包括刘琮的部下都跟着他南撤,随行人员多达十几万,辎重数千辆。这样一支队伍,呼朋引类,扶老携幼,一天只能走十几里。《三国志·先主传》说,当时有人劝刘备不要再管这些人了,赶快率轻军保江陵。然而刘备不肯。他派关羽率领水军,走水路到江陵会合,自己则坚持和众人同行。对此,刘备的解释是:"夫济大事必以人为本。今人归吾,吾何忍弃去!"

据历史学家朱维铮先生说,这可能就是"以人为本"一语最早的出处。但必须指出,刘备的"以人为本",和我们现在所讲的"以人为本"是不同的。我们今天讲"以人为本",是要以人为"根本";刘备讲"以人为本",恐怕更多的是以人为"资本"。我们知道,在东汉末年的政治博弈中,刘备的资本或者说本钱是不太多的。但他所到之处,都备受尊敬和欢迎,其原因就在程昱所说,他刘备"有雄才而甚得众心"。人望、人缘、人心,是刘备的本钱和资本,也是他的根本和基本。一旦丢失,就一无所有。何况,得人心者得天下,失人心者失天下。刘备既然有得天下之意,就必须先得天下之心,这就是"济大事必以人为本"的含义。因此,尽管追兵在后危险在前,他也不能丢了这个"本"。正如吕思勉先生所说:"要做事业,手下一定要有人",和道德不道德、仁慈不仁慈没有关系。

　　同样,襄阳地方有那么多人跟着刘备走,也未必因为在他们眼里,刘备是好人曹操是坏人,更未必是要跟着刘备打江山,不让曹操得手。吕思勉先生说得好:"老百姓只要饱食暖衣、安居乐业,谁来管你们争天夺地的事情?"有人说襄阳士民追随刘备,是害怕曹操屠城,这也是不确的。没错,曹操是干过屠城的事。兴平元年(公元194年),曹操征徐州,"所过多所残戮"。这事影响极其恶劣,荀彧就批评了曹操,曹操后来也接受了教训,我们以后还要再说。反正,自徐州事件后,曹操已经明白屠城这种野蛮行径并不利于自己一统天下的事业,何况刘琮已经不战而降,有什么必要滥杀无辜呢? 曹操还没有蠢到这个地步。

　　总之,不知道由于什么原因,很有一些人跟着刘备走了。此时古风尚存,士人和官员迁移必是拖家带口举族而行的,因此人数极多。于是双方的形势便不可同日而语。曹操日行三百里,刘备日行十几里,曹操很快就追上了刘备。两军在当阳的长坂(今湖北省当阳县东北)相遇,胜败几乎不言而喻。《三国志·先主传》的记载只有短短一行字,但刘备当时的狼狈已跃然纸上:"先主弃妻子,与诸葛亮、张飞、赵云等数十骑走,曹公大获其人众辎重。"可怜的刘豫州,这时不但再也讲不得"以人为本",就连老婆孩子也顾不上了。

　　这一仗虽然是刘备惨败,但维护刘备的文学家、艺术家也做足了文章。"赵子龙单骑救主"、"张翼德大闹长坂",都是大家熟悉的故事。这些事也都有根据。《三国志·赵云传》说:"先主为曹公所迫于当阳长坂,弃妻子南走,云身抱弱子,即后主也,保护甘夫人,即后主母也,皆得免难。"《张飞传》说:"先主闻曹公卒至,弃妻子走,使飞将二十骑拒后。飞据水断桥,瞋目横矛曰:'身是张益德也,可来共决死!'故皆无敢近者,故遂得免。"可见赵云救阿斗是实,但刘备并没有摔孩子;张飞"长坂坡一声吼"也是实,但并没有"吼断了桥梁水倒流",那桥是张飞拆掉的。

　　刘备虽然靠张飞保全了性命,靠赵云找回了妻子,但他并没有出路。前往江陵的道路已被曹操截断,他只有东行,和关羽、刘琦会合。但是,刘琦手上,只有一万人马;关羽手上,也只有一万水军。这两万人合起来,能抵挡曹操的泰山压顶吗?

　　就在刘备一筹莫展的时候,鲁肃来了。

　　鲁肃是日夜兼程一路赶过来的。原来,刘表病故后,政治上极为敏感的鲁肃,立即意识到这件事对于江东的重要性。据《三国志·鲁肃传》,鲁肃对孙权说,荆州这个地方,极具战略意义,不可掉以轻心。鲁肃说,荆州"与国邻接,水流顺北,外带江汉,内阻山陵,有金城之固,沃野千里,士民殷富",如果能"据而有之",那就是"帝王之资"。现在刘表死了,两个儿子早有矛盾,军中将领也各有彼此,再加上刘备这个"天下枭雄"夹在当中,未来局势很不明朗。刘备在刘表这里是很不得志的(表恶其能而不能用也),和曹操又有矛盾(与操有隙)。如果现在他和刘琦、刘琮齐心协力、同心同德,我们就应该与之联盟;如果他们同床异梦、互不合作,我们就应该另打主意,以济大事。所以,请将军派我以吊唁的名义出使荆州,到那里去探探虚实,做做工作。

　　鲁肃的想法其实很明确,那就是要利用刘表去世这样一个机会,实施他那个"东吴版"或者"孙权版"的《隆中对》。其战略目标,是将荆州"据而有之",以为孙权的"帝王之资";其战术方案,则是联合刘备来对抗曹操(说备使抚表众,同心一意,共治曹操)。而且,鲁肃断定刘备"必喜而从命"。那样一来,就"天下可定"了。因此他请孙权早做决断。如果不早去,就怕曹操抢了先(恐为操所先)。

　　做出这个决断不太容易,因为孙权和刘表,或者说江东集团和荆州集团是世仇。孙权的父亲是被黄祖杀死的,黄祖也刚刚被孙权所杀。但孙权是一个政治家,政治家就不会感情用事意气用事。他马上就批准了鲁肃的计划,鲁肃也立即启程。然而曹操的动作更迅速。鲁肃从柴桑(今江西省九江市)走到夏口(今武汉市汉口),曹军已向荆州;走到江陵,刘琮已经投降。措手不及的刘备从樊城出走,准备南下渡过长江。鲁肃得到消息,立即北上,与刘备相会于当阳长坂。

　　对于兵败如山倒、已经狼狈不堪的刘备来说,鲁肃真是天上掉下来的活神仙。据《三国志·先主传》裴松之注引《江表传》,鲁肃和刘备有这样一番对话。鲁肃问刘备,豫州现在准备到哪里去?刘备说,准备投靠苍梧太守吴巨。鲁肃说,吴巨是个凡人,远在天边,自身难保,还能保护将军吗?依鲁肃愚见,不如和孙将军联合,共图大业。孙将军聪明仁慧,礼贤下士,兵多将勇,众望所归,而且拥有会稽、丹阳、吴郡、豫章、庐陵、庐江六郡之地。如果贵我双方联盟,足以成就大事呀!而且,据

《三国志·鲁肃传》，为了促成此事，鲁肃还和诸葛亮套近乎，说我是令兄诸葛瑾先生的好朋友啊！

其实这话也可说可不说，因为这个方案很对刘备心思，也符合诸葛亮在隆中定下的规划和方略。结果如《三国志·鲁肃传》所说，是"即共定交"。于是刘备、诸葛亮和鲁肃同行，与前来接应的关羽、刘琦一起，率军东向，从当阳来到夏口（后来又到樊口）。这时曹操也没有再追杀刘备，而是率军直扑江陵。刘备似乎可以喘口气了。

然而曹操却并不让刘备消停。他在得到了江陵的军需物资以后，就决定顺江东下。曹操的矛头自然是指向刘备的，至少刘备是首当其冲；而孙权的态度和立场却不明确，也不明朗，《三国志·诸葛亮传》的说法是"时权拥兵在柴桑，观望成败"。这实在是太危险了。因此诸葛亮就向刘备提出立即出使东吴，说服孙权联盟抗曹的建议。诸葛亮的说法是："事急矣，请奉命求救于孙将军。"

这话说得铿锵有力掷地有声，然而在《三国演义》里面却还有一场忸怩作态："肃坚请孔明同去，玄德佯不许。"这其实是小说家言，事实应该是诸葛亮挺身而出，刘备当机立断，根本就没有那么多装腔作势。生死攸关，岂能儿戏？后来，诸葛亮在他的《出师表》里回忆说："后值倾覆，受任于败军之际，奉命于危难之间"，说的就是这件事。我们从他的话里，不难想见当时的气氛。

显然，这是关系到刘备集团生死存亡的事情。但这件事的成功与否，却并不取决于刘备方面的一厢情愿，也不完全取决于诸葛亮的外交才能。其根本所在，还在于江东集团的政治利益。那么，孙权集团的态度如何？诸葛亮能完成他的使命吗？

请看下集：临危受命。

第二十一集　临危受命

曹操南征荆州,势如破竹;刘备败走当阳,求救江东。这就使原本计划要夺取荆州与曹操划江而治的江东集团,处于一个两难选择的尴尬境地。不帮刘备,唇亡齿寒;帮助刘备,养虎遗患。面对如此难题,帮助孙权做出决策的究竟是谁?

前面我们讲到,鲁肃从柴桑赶到当阳,说服了刘备与孙权联合,并一起来到夏口。这时,曹操已经占领了江陵,获得了大量军需物资,即将顺江东下。感到事态严重的诸葛亮临危受命,奔赴江东"求救于孙将军"。鲁肃和诸葛亮都在应对突如其来的变故,也都在开始实施自己的计划,而他们的成功与否,就全看孙权如何决策了。

孙权的决策并不容易,因为这意味着他要在曹操和刘备之间做一个选择。论亲疏,孙权和曹操是姻亲——曹操的侄女嫁给了孙权的弟弟(孙匡),曹操的儿子(曹彰)娶了孙权的侄女。辈分关系虽然有点混乱,总归结了亲。不像刘备,非亲非故,八竿子打不着。论强弱,按照《三国志·刘晔传》的说法,曹操南征荆州时已是"九州百郡,十并其八,威震天下,势慑四海",可谓实力雄厚;刘备则本无力量,又遭打击,落落如丧家之犬。论情感,孙权对曹操是又恨又怕又作恭敬状,对刘备这个"天下枭雄"则谈不上喜欢不喜欢,至少犯不着去管他的死活。但是,曹操的手伸到自己的隔壁,而且是自己觊觎的地方,孙权是不高兴的。何况这次被消灭的是刘备,下一步可能就会轮到自己。至少,占据荆州的计划就会落空。这种唇亡齿寒的感觉,孙权不会没有;由此造成的严重后果,孙权也不能不考虑。

　　但是决策却很难。因为有一笔账很清楚,那就是天底下没有免费的午餐,也没有火中取栗不烧手的事。一旦介入曹刘之争,那就再也脱不了干系。何况刘备这个"天下枭雄",也不是什么"善类",帮他等于帮强盗,弄不好还会引狼入室。问题是袖手旁观就安全吗?也未必。想当年,刘表在官渡之战时采取中立态度,结果是曹操灭了袁绍又来灭他。总之,帮助刘备,无异于引火烧身;不帮刘备,则等于助纣为虐。反过来说也一样:不帮刘备,唇亡齿寒;帮助刘备,养虎遗患。联刘不是,降曹不是,守中立也不是。这就尴尬,也就两难。何去何从,对年轻的孙权(二十六岁)来讲,不能不说是一个严重的考验。

　　因此,在事态还不严重,情况还不明了的阶段,孙权的态度是犹豫的。《三国志·诸葛亮传》说,当时孙权"拥军在柴桑,观望成败",应该说是准确的描述。然而孙权最后却决定联刘抗曹。正是由于孙权的这一决策,曹操的势力再也无法到达南方,历史也开始由诸侯混战变成三国鼎立。因此,这可以说是一个划时代的决策。但问题是,原本打算"观望成败"的孙权,最后为什么会毅然介入曹刘之争?究竟是谁使他做出了这样的决定?

　　在一般人看来,扭转了乾坤的当然是诸葛亮。这显然是受了《资治通鉴》和《三国演义》的影响。尤其是《三国演义》,还特别安排了"舌战群儒"和"智激周瑜",似乎不但"主和派"的投降论调要靠诸葛亮来痛斥,就连周瑜也都需要他来"激励",鲁肃则只能傻乎乎地干着急。《三国演义》是小说,且不去管它。《资治通鉴》是正史,就不能不讨论了。

　　那我们就先来看《资治通鉴》怎么说。

　　《资治通鉴》说,鲁肃到当阳见到刘备和诸葛亮后,双方一拍即合(即共定交)。于是刘备采纳鲁肃的计策(备用肃计),进驻鄂县樊口(今湖北省鄂州市),诸葛亮则和鲁肃一起到柴桑(近江西省九江市)去见孙权。这里有一个问题,就是《三国志》的《先主传》、《关羽传》、《吴主传》、《周瑜传》和《鲁肃传》,都说是到夏口,不是樊口。到樊口是《江表传》的说法,而且应该是诸葛亮使吴以后。但这是小问题,且看它后面怎么说。

　　按照司马光的描述,诸葛亮应该很快就见到了孙权。诸葛亮一出场,就表现出非凡的政治智慧和外交才能。作为荆州方面的代表,诸葛亮和孙权初次见面,自然要有一段开场白,以便分析形势,介绍情况,说明来意。这话如果是由平庸之辈来说,八成不是客套话,就是打官腔。但到了诸葛亮那里,却变成了折冲樽俎的经典,可以看作外交学的绝妙教材。

诸葛亮的第一句话是这样说的:"海内大乱,将军起兵江东,刘豫州收众汉南,与曹操并争天下。"这话精彩!表面上看,诸葛亮只不过平平淡淡地描述了局势,回顾了历史,但这三言两语之中,却埋下了伏笔,充满玄机。我们知道,天下大乱群雄并起逐鹿中原,并非只有曹操、刘备、孙权三家。已经被消灭了的,比如袁绍、袁术、吕布等等,或许可以不算,刘璋、张鲁、马超他们也不算?但是诸葛亮只字不提。不提的原因,可以解释为他们不值一提,也可以解释为现在要谈的事情与他们无关。但既然只说当前之事,那就应该说"并争荆州",不该说"并争天下"。说"并争天下",等于说三分天下的就是我们,或者能争天下的就是三家。这就把《隆中对》的观念和思想,在不知不觉中传递给孙权了。

与此同时,诸葛亮又不动声色地传达了第二个信息,那就是在这三家中,我们两家是统一战线,因为是我们两家"与曹操并争天下",曹操是我们共同的敌人。我们知道,弄清楚谁是我们的朋友,谁是我们的敌人,是政治斗争的首要问题。这个问题不能不说,但又不能刻意去说。刻意去说,不是引起猜疑,就是引起反感。尤其是作为刘备的代表,就更不能那么说。因为就实力而言,刘备和曹操、孙权实在不能同日而语。曹操拥有半个中国,数十万大军,孙权也好歹有江东六郡十万精兵。刘备呢?对不起,只有一郡之地两万人马,这还是算上了刘琦的那一份。如果诸葛亮公开亮出"统战"旗号,恐怕孙权肚子里就会冷笑:就你那个要啥没啥的刘豫州,也和我同日而语?但现在诸葛亮只是讲历史,讲情况,孙权就没有什么话好说。孙权不说,也就等于默认。

于是,轻飘飘一句"将军起兵江东,豫州收众汉南",就使刘备获得了和孙权平起平坐的地位,也使自己获得了和东吴方面对等谈判的地位,还不动声色地把孙权拉下水,把他置于和曹操敌对的地位。这可真是一箭数雕。好了,既然我们两家是统一战线,曹操是我们共同的敌人,那你还不赶快出兵帮我们打?要知道,这才是诸葛亮出使东吴的真正目的。这根骨头,就这么不显山不露水地埋在了开场白里面,诸葛亮的外交能力不能不让人佩服。

实际上"将军起兵江东,豫州收众汉南"这句话的意义还不止于此。孙权集团确实发家于江东,所以"将军起兵江东"的说法没有问题。但是,刘备却并非在汉南起兵,他起兵是在涿郡的涿县,也就是现在河北省的涿州市,为什么要说"收众汉南"?我认为诸葛亮的用心很深。我们知道,刘备从汉灵帝末年起兵到依附刘表,一直是寄人篱下,没有自己独立的地位。一个没有独立地位的集团,是没有资格和孙权这样实际上的独立王国国王对话的。但是现在刘表死了,诸葛亮来了,刘备也独立了。"收众汉南"就是独立的标志。所以,诸葛亮回顾历史也好,描述现状也好,都不能说"起兵涿郡",只能说"收众汉南"。这就等于告诉孙权,我们刘豫州和你孙讨房一样,也是一个独立王国的君主,而且我们将来还要三分天下。现在,还是赶紧把"与曹操并争天下"的局面定下来吧!

这些就是诸葛亮"海内大乱,将军起兵江东,刘豫州收众汉南,与曹操并争天下"这句话的话外音。短短二十四个字里面竟然暗藏着那么多的潜台词,孔明不愧谈判高手!

不过东吴方面也未必就那么好糊弄。好吧,就算你们刘豫州和我们孙讨房一样,也是一方霸主,甚至可以和曹丞相叫板抗衡,那怎么不继续呆在荆州呢?又怎么跑到我们这里来搬救兵呢?这就必须有个交代。但这个问题不能深究,只能敷衍了事。于是诸葛亮轻描淡写一笔带过:现在,曹操已经平定了中原,攻破了荆州,威震四海。我们刘豫州"英雄无用武之地"(《三国志》的说法是"英雄无所用武"),所以到了这里(故豫州遁逃至此),请将军根据自己的力量做一个决断,看看应该怎么办(愿将军量力而处之)。

这可真是太极高手!一句"英雄无所用武",一句"量力而处之",轻飘飘四两拨千斤,球就踢到孙权那里去了。按照诸葛亮的这个说法,似乎刘备既未战败,也不狼狈,有麻烦的倒是孙权,还要他自己"量力而行",也不想想这麻烦是谁给孙权惹来的。

但你不能说诸葛亮不对,因为他话里有话,而且是给孙权交底。没错,我们刘豫州确实没有用武之地,却也因此没了麻烦,因为反正是死路一条,了不起拼他个鱼死网破。反倒是您孙将军,虽有用武之地,却也有不少麻烦。为什么呢?因为你观望狐疑,犹豫不决,"事急而不断"呀!所以诸葛亮对孙权说,如果江东能够和中原抗衡,不如及早和曹操一刀两断。如不能,就应该偃旗息鼓,俯首称臣。像将军这样,表面上惟命是从,实际上心怀二志(外托服从之名,而内怀犹豫之计),火烧眉毛却当断不断,恐怕马上就会大祸临头(祸至无日矣)。这意思就再清楚不过:我们刘豫州是英雄无用武之地了,您孙将军还是有用武之地的。但是如果用得不好,就是麻烦,阁下就看着办吧(量力而处之)!

明明是自己走投无路,只好"求救于孙将军",却偏说是孙权有麻烦,还要做出一副设身处地替他谋划的样子,这可真是反客为主,得了便宜又卖乖!孙权当然不吃这一套,马上就反唇相讥说,既然如此,你们刘豫州怎么就不投降呢?

这话说得够损,挖苦讽刺之意溢于言表,也不好回答。诸葛亮却大义凛然地回答说,想当年,齐国壮士田横不过是个匹夫,尚且不肯投降(守义不辱),何况刘豫州!我们刘豫州可是王室之胄,英才盖世,众望所归(众士慕仰,若水之归海)呀!我们是铁定要抵抗的。如果抵抗失败,那是天意(此乃天也)。投降,却是万万不能!

这就只能看作外交辞令了。没错,刘备当然是英雄,但并非从来就不投靠他人,或投降他人。在此之前,他可是在不断地改换门庭,包括投靠曹操,也包括投降别人。当吕布来袭击他,俘虏了他的老婆孩子时,他不也"求和于吕布"吗?那个时候,刘备难道就不是"王室之胄,英才盖世,众士慕仰,若水之归海"?当他一会儿投靠陶谦,一会儿投靠吕布,一会儿投靠曹操,一会儿投靠袁绍时,他的"骨气"在哪里?毕竟,人在屋檐下,不能不低头。何况我们这位"刘皇叔",可历来就是能屈能伸的。近来学得乌龟法,该缩头时且缩头,才是他的一贯作风。《三国演义》有诗咏刘备云:"勉从虎穴暂趋身,说破英雄惊煞人。巧借闻雷来掩饰,随机应变信如神。"这倒是说准了刘备的性格。可见"守义不辱"是大话,"随机应变"才是实话。我们当然没有必要因此谴责或者小看刘备,但也别真以为他是宁折不弯的什么"铮铮铁汉"。其实,这回那位刘豫州不肯投降哪里是骨头硬?是吃准了曹操根本就不会放过他,投降也没用,只能死硬到底。

当然,这些话诸葛亮不能说穿,何况诸葛亮的说法也并不错。要知道,当时刘备集团的处境十分危险,除了抵抗到底别无出路,而孙权方面却还很犹豫。在这种情况下,作为刘备方面的使节,无疑只能以高尚的道德激励对方,决不能长他人志气,灭自己威风。至少,诸葛亮这样说,就把刘备方面准备抵抗到底的信息,传达给了孙权。这对于双方的合作是十分重要的。另外,诸葛亮这么说,也可能是认为二十六岁的孙权少年气盛血气方刚,要激他一下。果然,孙权吃不消了,勃然变色说,我孙某又岂能以六郡之地十万精兵受制于人?于是当场表态:"吾计决矣,非刘豫州莫可当曹操者!"

诸葛亮达到目的了,但孙权还是有点不放心,也不买"英雄无所用武"的账,直截了当就问:"豫州新败之后,安能抗此难乎?"诸葛亮便又向孙权陈述了战胜曹操的可能性,以及曹操失败的必然性。诸葛亮说,曹操率领轻骑兵千里奔袭,杀到这里已成强弩之末,哪里会有战斗力?北方之人,不习水战,哪里会有战斗力?刘琮的部队投降曹操,原本是迫于压力,并非心悦诚服,又哪里会有战斗力?事实证明,诸葛亮的这些判断完全正确。更重要的是,诸葛亮还带来一个重要的信息,那就是刘备虽然败于长坂,但剩余部队加上关羽的水军,也还有一万人马,刘琦那里也有一万。荆州水军,并没有全都落到曹操手上。实际上,江东集团对于是和是战之所以一直争论不休,其中一个重要原因,就是以为刘备已全军覆没,荆州已全部沦陷。既然刘备方面还有这么多的力量,那就太让人欣慰了!

于是"权大悦,与其群下谋之"。但长史(秘书长)张昭等人却都主张投降曹操,只有鲁肃私下里表示了不同意见,并劝孙权召回在外地的周瑜。周瑜自然也是主战的。有了他们两个的支持,孙权最后下定了决心,支援刘备对曹作战,并且作了部署。这就是《资治通鉴》所说孙权决策的整个过程。按照这个顺序,诸葛亮说服孙权在前,鲁肃旁敲侧击、周瑜推波助澜在后。孙刘联盟,是诸葛亮外交活动的辉煌成果。

不可否认,《资治通鉴》这一段讲述是有依据的,基本上是照抄《三国志》正文及裴注,只有个别文字不同(比如将"英雄无所用武"改成"英雄无用武之地"),无伤大雅,也没有添油加醋,应该说真实可信。

但是这里面有问题。问题的关键,就是《三国志》并没有告诉我们孙权和诸葛亮的这次谈话是在什么时候。比方说,是在和"群下"商量讨论之前呢,还是之后? 这个问题,《三国志》是没有说的。这里面可是大有文章。因此我们要问,孙权是否可能不和任何人商量,仅凭诸葛亮一席话就拍板表态?

我认为不可能。

第一,曹操发动的这场战争,原本就不是冲着孙权来的。《三国志·武帝纪》说得很清楚:"公自江陵征刘备","公至赤壁与备战"。也就是说,这场战争,也包括后来的赤壁之战,原本是曹刘之战,孙权是被拖下水的。既然曹操打的是刘备,夺的是荆州,并不关孙权什么事,孙权又怎么可能仅凭诸葛亮一席话就卷入这场是非,去趟这汪浑水? 有人说是因为诸葛亮使用了激将法。这就实在太"小儿科"了一点,未免把历史文学化,视政治为儿戏了。要知道,政治家进行决策是不能感情用事的,孙权也不例外。不错,孙权当时是还年轻,却也少年老成,哪里会像《西游记》里的孙猴子一样,你一激,他就跳将起来?

第二,孙权集团内部对于此事一直有不同看法。不少人主张倒向曹操,甚至投降曹操。这一派,我们无妨称之为"主和派",或"降曹派",或"鸽派"。鲁肃、周瑜等人则主张联合刘备,对抗曹操。这一派,无妨称之为"主战派",或"联刘派",或"鹰派"。这两派的分歧很大,争论也很激烈,正所谓"文要降,武要战,纷纷不定"。当然,这话是戏文里说的,不能看作史料;按照文臣武将来区分两派,也未免简单了一点。但"纷纷不定",则是可以肯定的,有《三国志》之《吴主传》、《周瑜传》和《鲁肃传》的记载为证。《吴主传》说"是时曹公新得表众,形势甚盛,诸议者皆望风畏惧,多劝权迎之,惟瑜、肃执拒之意";《周瑜传》说孙权"延见群下,问以计策",大家都主张投降而周瑜反对;《鲁肃传》则说"权得曹公欲东之问,与诸将议,皆劝权迎之,而肃独不言",可见确实是"纷纷不定"。

问题在于,这种"纷纷不定"是不是像司马光说的那样,是在孙权和诸葛亮谈话并且表态之后呢? 我认为不可能。江东集团是一直关注着荆州的,他们应该早就有反应。也就是说,"鹰派"和"鸽派"早就形成了,孙权也应该是心里有数的。以孙权之善于"举贤任能,各尽其心"，怎么可能在其内部还没有充分讨论统一思想的情况下，就对一个其实是潜在竞争对手的外人轻率表态？

这个问题，就连罗贯中也想到了。因此，在诸葛亮见到孙权之前，《三国演义》安排了一场"舌战群儒"。可惜此事于史无据，也就不能算数。何况，就算是事实，那也是"荆州鹰派"和"江东鸽派"的辩论，不是孙权集团内部的讨论。当然，讨论也是有的，因为孙权集团的内部会议，《三国演义》是安排在孙权和诸葛亮谈话之前的，但可惜没有结论。再说，有结论也没有用，因为这不是《资治通鉴》的时间顺序。

第三，诸葛亮这次行动的成功与否，并不完全取决于他的外交才能，而在于江东集团的政治利益。事实上，孙权最后决定出兵帮助刘备，并非行侠仗义，路见不平一声吼，而是为了保住自己的既得利益，甚至在此前提下再捞一把。其实，但凡如此重大的决策，都只能是对政治利益进行反复掂量，对成败得失进行反复权衡之后的选择。但是我们前面说过，这笔账并不好算。弄好了可以火中取栗，弄不好就是引火烧身。这其实是押宝，是赌博。孙权如果算得清，算得准，诸葛亮不来做工作他也会做决策。正因为一时半会拿捏不准，这才犹豫。因此可以肯定，孙权是对诸葛亮表了这个态，但不是在一开始，也不是因为诸葛亮的激将法。他之所以答应帮助刘备，是因为在此之前，已经有人帮他算清了账。

或许有人要问，这个人难道就不能是诸葛亮吗？我认为不能。因为诸葛亮不可能真正帮孙权进行政治利益的掂量和成败得失的权衡。这工作诸葛亮不是没做，而是没做到位。没做到位也不是没有水平，而是立场所决定。作为刘备集团的使节，诸葛亮只可能代表刘备的利益，不可能代表孙权的利益。为了刘备的利益，他可以帮孙权出谋划策，甚至可以做到设身处地。但再设身处地，立场也不会变，说服力也就会打折扣。这一点，我们后面还要讲到。

何况孙权要考虑的，除了江东集团的利益，还有他个人的利益。由此可见，真正能够说服孙权并帮他拿定主意的，只可能是他那个集团内部的"自己人"，而且是深知孙权内心深处的想法，能够真正替他着想的人。那么，这个人是谁呢？

请看下集：力挽狂澜。

第二十二集 力挽狂澜

　　诸葛亮对孙权的劝说,无疑是其外交活动中精彩的一笔。但孙权最终决定联刘抗曹,却是其根本利益所使然。作为刘备集团的代言人,诸葛亮显然不可能代表孙权集团的利益。那么,是谁从根本利益的角度为孙权进行了分析,从而使孙权下定了决心呢?

　　上一集我们讲到,联刘抗曹,是孙权根据集团和个人的利益做出的决定。因此,帮助他拿定主意的,只可能是他那个集团内部的"自己人",不可能是诸葛亮。因为诸葛亮作为刘备集团的使节,代表的是刘备的利益,坚守的是刘备的立场。他怎么可能深入孙权的内心世界,贴心贴肺地替孙权着想? 不能深入其心,又怎能把账算清?

　　当然,账还是算了的。而且,诸葛亮说服孙权的主要办法也是算账。他帮孙权算了三笔账。第一,关键时刻,最忌犹豫。当断不断,反受其乱。像你这样"外托服从之名,而内怀犹豫之计",结果必然是两头不讨好。第二,江东兵强马壮,荆州尚有余威,只要贵我双方"协轨同力",则"破操军必矣"。第三,曹军一旦失利,必定退回北方。这样一来,我们荆州和你们东吴的力量就会强大起来,三足鼎立的形势也就形成了(如此则荆、吴之势强,鼎足之形成矣),所以"成败之机,在于今日"。

　　这当然能打动孙权,但还不是最能打动孙权的。因为诸葛亮算的这三笔账,并没有也不可能触及孙权内心深处最隐秘的东西。何况诸葛亮的算法也有问题。有什么问题呢? 有两笔账没算。第一,他只是说你孙权要么投降要么战斗,不能观望狐疑,犹豫不决,却没说投降了会怎么样。这可是关键问题。如果投降的结果很好，为什么不呢？第二，他只说如果能够战胜曹操，就可以三分天下，至少也能三分荆州，但打败了呢？也没说。那好，如果败了怎么办？你们刘豫州打败了，那是咎由自取。孙将军可是被你们拖下水的。他要是败了，请问谁为他埋单？这个诸葛亮也没说。这就等于说，我们去抢银行吧！抢成了，一辈子都不缺钱花。但是被发现了会坐牢，会杀头，却不告诉你。警察来抓，我也不管你。请大家想想，有这么说话的吗？我要是孙权，就不上这个当！

其实，兵马未动，先想败局，这个道理诸葛亮不会不懂。同样，替人谋划，就要把话说透，这个道理诸葛亮也不会不懂。那他为什么不说？因为没有办法。曹操的军队已在路上，杀气腾腾，虎视眈眈。如果孙权不出兵，刘备大约只有死路一条。诸葛亮呢？和刘备已经"厚相结纳"，决心同生死，共患难。何况自刘备三顾茅庐以来，诸葛亮一直是纸上谈兵，可谓寸功未立。这回出使东吴说服孙权，正是他"初出茅庐第一功"。无论从道义上讲，还是从策略上讲，诸葛亮都只能千方百计去游说孙权，别无选择！所以，我们不能怪他没说清楚，但要说孙权心里不明白，怕也未必。他之所以并不追问，很爽快地就回应了诸葛亮，是因为此前已经有人说服了他。那么，这个人是谁呢？

我认为是鲁肃。

为什么是鲁肃呢？因为鲁肃是东吴集团政治路线和政策策略的设计师。前面说过，鲁肃是有一个"东吴版"之《隆中对》的。根据鲁肃的这个规划，也根据孙策的政治遗嘱，东吴集团的政治路线，应该是"保江东"而"观成败"，先三分而后一统。第一步，巩固和发展孙策创立的基业；第二步，夺取荆州和益州，和曹操划江而治；第三步，在适当的时候北伐，统一中国，建立新王朝。

应该说这是一个不错的规划，因为它包含着近、中、远三个步骤，高、中、低三个目标。最高纲领和远期目标是一统天下，最低纲领和近期目标是保住江东，居中而有弹性的是夺取荆、益。荆州和益州当然不是他孙权和鲁肃说要就能要的。但逆水行舟，不进则退。有此"以攻为守"的策略，则最差也能割据一方南面称孤，因此可以说是如意算盘。但是这个如意算盘却有一个重要前提，那就是荆州在刘表手上。

以刘表之反应迟钝、软弱无能、不思进取和空谈误国,当然可以打他的主意。

因此,曹操的南征和刘表的去世,便打破了孙权和鲁肃的好梦。鲁肃马上意识到事情的严重性,向孙权请命奔赴荆州,孙权也马上就批准了他的行动。可惜,孙权、鲁肃也好,刘备、诸葛亮也好,都没想到曹操的动作会那么快,结果"肃未到而曹公已临其境"。于是鲁肃当机立断,向刘备提出双方联合"共济世业"的建议,实际上是想让刘备当挡箭牌,不让荆州落入曹操之手。所以,孙权是否同意连刘抗曹,诸葛亮固然着急,鲁肃也着急。

这个时候,曹操帮了他们的忙。由于我们不能确知的原因,曹操莫名其妙地给孙权写了一封信,说是"近者奉辞伐罪,旄麾南指,刘琮束手。今治水军八十万众,方与将军会猎于吴"。这话翻译过来就是:最近老夫奉朝廷之命,伐有罪之人。军旗往南一指,刘琮就举手投降。现在,老夫又准备了八十万水军,准备和将军您一起,在您呆的那个地方打打猎。这真是好大的口气。所以,当孙权把这封信交给部下看时,部下"莫不响震失色"。

曹操这封信是本案的一个关键,因为这是曹操的对吴宣战书,也是形势急转直下的转折点。在此之前,这场战争是曹刘之战,即曹操征刘表,降刘琮,伐刘备。这个时候,孙权是可以隔岸观火的。但此信一出,曹刘之战就变成了曹孙之战,刘备的事情就变成了孙权自己的事情,孙权再也无法作壁上观。这可大不一样。因此我们要问,曹操是否写了这封信? 曹操为什么要写这封信? 曹操这封信是什么时候送到孙权那里的?

曹操这封信的原文,不见于《三国志》正文,而见于其《吴主传》裴松之注所引《江表传》。正文的说法,是"曹公新得表众,形势甚盛,诸议者皆望风畏惧,多劝权迎之"。《周瑜传》也说曹操夺得荆州后,江东这边"将士闻之皆恐",也没说收到一封什么信。我们知道,《江表传》是晋人虞溥(音普)的作品,后来由他的儿子虞勃献给晋元帝。这是东晋时期的事,陈寿当然不可能看到。但曹操给孙权写信,在当时也应该算是大事,陈寿会不知道? 为什么《三国志》不收录这封信,而要采用"望风畏惧"、"闻之皆恐"这个说法呢? 因此,曹操是否写了这封信,实在可疑。

　　曹操这封信也写得蹊跷。如前所说，曹操发动这场战争的初始目的，是征刘表，灭刘备，占据荆州，并不关孙权的事。据《三国志·程昱传》，刘备逃往夏口时，除程昱外，曹操的许多谋士都认为孙权肯定会杀了刘备（论者以为孙权必杀备）。这是很能代表曹操集团的想法的。显然，这个时候，曹操最希望的，是孙权帮他杀了刘备，至少也要守中立。他怎么会写这样一封刺激孙权的信？

　　有学者（比如尹韵公先生）认为，曹操写的是恐吓信。这是有道理的。因为曹操所有的兵力加起来也没有八十万，又哪来的八十万水军？明摆着是虚张声势嘛！那么，曹操为什么要虚张声势呢？是为了警告孙权，或者给孙权打招呼：你小子不要管闲事！既不要帮助刘备，更不要觊觎荆州。你要是胡乱插手的话，老夫可不是好惹的！

　　恐吓当然也是战争中常用的手段，何况是曹操这个"奸雄"！自然，"兵不厌诈"。但这里有个问题，就是这种做法会不会适得其反？按照曹操谋士程昱的预测，孙权是有可能和刘备结盟的。程昱说，曹公原本就无敌于天下，最近又拿下了荆州，已经"威震江表"。孙权虽然有勇有谋，但年纪轻，资历浅，在位时间短，单枪匹马显然力不从心。刘备这个人素有英名，关羽、张飞也都是"万人敌"，孙权肯定要利用他们对付曹公。如果他们联手，局势就会难解难分，杀刘备就更困难了。

　　程昱这个预测很有道理。孙权受到威胁，你不让他找帮手，是不可能的。刘备打了败仗，你不让他往东吴那边跑，也是不可能的。对于曹操来说，最好的结果，是孙权像袁绍、刘表一样，把刘备养起来，既不用他也不帮他。在这种情况下，你去吓唬孙权，岂不是逼得他们结为同盟结为死党？这个道理，曹操是懂得的。就在一年前，被曹操打得落荒而逃的袁尚和袁熙逃往辽东，曹操就不追，也不讨伐收留他俩的公孙康。曹操说："急之则并力，缓之则自相图"，不如等他们自己打起来。再早一些，征袁谭、袁尚时，郭嘉的建议也是如此。这显然是明智的。那么，这一回曹操为什么不等他们"自相图"，偏要"急之"？

　　因此不能排除另一种可能性，就是曹操在顺利占领荆州后，起了得寸进尺的心思，打算一鼓作气再消灭东吴。毕竟，他手上并非只有那五千轻骑兵，还有十几万大军跟在后面。这也有可能。《三国志·贾诩传》说"太祖破荆州,欲顺江东下",而贾诩反对。贾诩认为,曹操"昔破袁氏,今收汉南",已经"威名远著"了。下一步,就应该实行怀柔政策,安抚荆州士民,让他们安居乐业,过和平安定的好日子。那样一来,便"可不劳众而江东稽服矣"。从这段文字看,当时曹操"顺江东下",打的就是孙权。

因此,这件事有三种可能:一,曹操写这封信是向孙权下战表;二,曹操写这封信是为了吓唬孙权;三,曹操没有写这封信。我个人的意见,这封信可能写了也可能没写。但如果写了,那就是向孙权下战表。至于它是什么时候送到江东的,以后再说。

其实,就算曹操不写这封信,东吴方面也十分紧张。因为单是曹操在荆州的凌厉攻势,就已经让他们"望风畏惧"了。而且,不管怎么说,曹操"顺江东下",矛头所指,不是孙权也是孙权。也就是说,不管曹操写没写这封信,江东诸臣的感受都是大祸临头。这才会有投降曹操的主张。如果曹操只是要灭刘备,他们投什么降?

这就到"烈火见真金"的关头了。

当时,孙权肯定召开了紧急会议。开会的原因,是孙权得到了曹操要来打他的消息。得到消息的途径,《资治通鉴》和《三国演义》都说是收到了曹操的信,《三国志·鲁肃传》则说是"得曹公欲东之问"。问,就是消息、信息,很可能是情报。那时各方的情报工作也都是做得很好的。总之,孙权明确得知曹操杀过来了,就和部下商量应该怎么办。结果上上下下一片投降论调,大小官员"皆劝权迎之",只有鲁肃一言不发(肃独不言)。孙权无奈,起身上厕所,鲁肃也跟着追到屋檐下。聪明的孙权立即意识到鲁肃有话要说,而且是极其重要的话,便拉着他的手说,足下有什么要对我说的吗?

鲁肃确实有话要说,而且他意识到这是说服孙权的最好时机,只是这些话不能当众说出来。为什么呢?我们知道,鲁肃到当阳见刘备,劝说刘备与孙权联合,是得到了孙权事先批准的。鲁肃请命的时候说得很清楚,他此行的目的,是"说备使抚表众,同心一意,共治曹操"。既然如此,孙权怎么又犹豫呢?是因为有一笔账不太好算:不帮刘备,荆州就是曹操的;帮助刘备,荆州就是刘备的。两个都不帮,袖手旁观,荆州仍然不可能变成自己的,弄不好战火还会烧到家门口来。这实在是不好决策。但是现在问题变了，不再是要不要帮助刘备，而是要不要投降曹操。这个账就好算得多。把这个账算清，也就什么都清楚了。

于是鲁肃就对孙权说，刚才那些人的议论，都是误导将军。投降曹操不是不可以，但要看是谁。比如我鲁肃，是可以的；将军您，就不可以。为什么呢？鲁肃投降曹操，曹操会让鲁肃回到家乡，接受地方上的品评，获得一个品行和才能的鉴定。然后，鲁肃就可以做一个最基层的小官，坐着牛车，带着随从，和士大夫们交往，一步一步升上去，当个郡守、州牧总不成问题。然而将军如果投降曹操，又能到哪里去呢？

这当然是只能悄悄说的话，但说到孙权心坎上了。孙权叹息说，刚才他们的议论，很是让我失望。只有仁兄这一番话，才是深谋远虑，正和我的想法相同，这是上天以仁兄赐我啊（今卿廓开大计，正与孤同，此天以卿赐我也）！

鲁肃这样说，是因为他看透了孙权的心思；而他能够看穿孙权，又因为他和孙权有同样的想法。上两集我们讲到，鲁肃在他那个"东吴版"的《隆中对》里面所做的规划，最终是要"建号帝王以图天下"的。对此，孙权当时的反应看起来很冷淡，说我现在"尽力一方"，只不过是要辅佐汉室，你讲的那些话"非所及也"。以当时全国的形势和东吴的力量，孙权大约也只能这么说，但心里肯定是高兴的，也是赞成的。据《三国志·鲁肃传》，二十二年后，孙权称帝，登坛之前还特地回过头来对众人说，当初鲁子敬就想到了今天，真可谓"明于事势"了。可见"非所及也"是言不由衷，"明于事势"才是心里话。孙权既然要南面称孤，又岂能北向称臣？这笔账，他可是算得清。

不投降曹操，就只有联合刘备。这叫做别无选择。至于打不赢怎么办，鲁肃没说，孙权也没问。因为战败的结果，和投降没什么两样，然而光荣得多。但这个话，只有自己人说才合适，孙权也才听得进。同样，也只有孙权和鲁肃，才能有此心照不宣的默契。而且，孙权既然已经明白，投降和战败对于他来说是同样的结果，也就不必再问诸葛亮这个问题了。所以，鲁肃和孙权谈话必在诸葛亮之前，而且差不多已经一锤定音。

在这个问题上，我们不可迷信《资治通鉴》。这本书其实是有倾向性的。我们知道，作为历史学家，司马光不可能编故事，但他可以选故事,还可以改故事。一些有利于曹操,或者不利于刘备的史料,就被他删去。孙权对鲁肃说的"此天以卿赐我也"这句话,也被删除。曹操和吕布的"乘氏之战",则被他从两天改成了一天。《资治通鉴》的"猫腻"如此之多,我们怎么能不多一个心眼?

司马光不但在史料的取舍上做文章,还在时间的顺序上做手脚。我们知道,陈寿的《三国志》是纪传体史书。它的特点,是同一时期发生的事情,其片断往往散见于各人的传。如果不标出精确时间,就根本看不出先后。鲁肃和诸葛亮的话就是这样。但《资治通鉴》是编年体史书,就有先后问题了。谁先谁后,也就变成了一种"春秋笔法"。

孙权的决策过程正好就有这个问题。根据《三国志·鲁肃传》的记载,刘备和鲁肃"共定交"后,刘备"遂到夏口,遣亮使权,肃亦反命",所以《资治通鉴》说诸葛亮和鲁肃到柴桑"俱诣孙权",是没有问题的。问题是这个"俱诣孙权",是两个人一起去见还是分头去见?大家都说是分头见。那么,谁先见谁后见?司马光说是诸葛亮先见,而且是诸葛亮说服孙权以后,孙权才和包括鲁肃在内的群臣集体见面,司马光的说法是"权大悦,与其群下谋之"。这样一来,诸葛亮"先入为主",说服孙权的头功当然是他的。

可惜"权大悦,与其群下谋之"这句话是司马光的,《三国志·诸葛亮传》的说法是"权大悦,即遣周瑜、程普、鲁肃等水军三万,随亮诣先主,并力拒曹公"。按照这个上下文关系,孙权竟没有和鲁肃、周瑜谈话,或者和诸葛亮谈话是在最后。这当然也不对。因此,事情的真相应该是这样:鲁肃和诸葛亮回到柴桑时,正好曹操的信也到了。这一点司马光也承认,因此他使用了"是时"(这时)这个词。这时,孙权当然不能马上就见诸葛亮,而必须先在内部统一认识。于是便有了他召开的紧急会议,以及和鲁肃私下里的谈话。《三国演义》的时间表就是这样的。正是这次谈话,使孙权清楚地意识到,投降曹操决无出路。只有联刘抗曹,才可能现在南面称孤,将来克成帝业。鲁肃可谓"一言兴邦"。

这一点孙权心里十分清楚。据《三国志·鲁肃传》,赤壁之战曹操败走之后,鲁肃先回,孙权派了许多头面人物前去迎接(大请诸将迎肃)。鲁肃来到殿前,正要入门行礼,孙权却站起身来,叫着他的字说,子敬呀,本将军"持鞍下马相迎",够给面子了吧?鲁肃小步急行向前说,不够。大家听了这话,无不愕然。等到坐下以后,鲁肃才慢慢举起鞭子说,鲁肃的愿望,是将军位至至尊,威加四海,一统九州,成就帝业,然后派一辆舒舒服服的小车子来接鲁肃,那才是有面子呐!孙权听了,抚掌大笑,因为这话说到他心眼里了。

我们还可以再提供一个证据。据《江表传》,孙权登基时,群臣都来祝贺,张昭也举起笏来准备歌功颂德。孙权却打住他说,当年朕要是听了张公您的话,现在恐怕在讨饭了!结果张昭趴在地下汗流浃背。看来孙权对当年那场争论一直耿耿于怀。由此推论,当时真正打动他的,一定是鲁肃的那句话:"将军迎操,欲安所归?"

在这个问题上,司马光之前的史学家陈寿、裴松之的态度显然要客观、公正得多。裴松之在《鲁肃传》和《周瑜传》的注文中说得很清楚:"刘备与权并力,共拒中国,皆肃之本谋";"建计拒曹公,实始鲁肃"。也就是说,建议刘备联合孙权的,是鲁肃;说服孙权联合刘备的,也是鲁肃。鲁肃是孙刘联盟的始作俑者,也是孙刘联盟的第一功人。

不过,鲁肃只是帮孙权算清了政治账,也就是解决了要不要打的问题。他并没有帮孙权算军事账,也就是并没有解决能不能打的问题。这个问题不解决,仗也打不得的。那么,能不能打的问题又是谁解决的呢?

请看下集:中流砥柱。

第二十三集 中流砥柱

经过鲁肃和诸葛亮的劝说,孙权审时度势反复掂量,决定联合刘备对抗曹操。但是,进行这样一场风险很大的战争,不能不探讨军事上的可能性。那么,是谁为孙权做了可行性分析,孙权最后又是怎样决策和部署的呢?

上一集我们讲到,鲁肃向孙权直陈利害,一针见血地指出"将军迎操,欲安所归",从而使孙权下定对抗曹操的决心。但鲁肃只是帮孙权算清了政治账,并没有帮孙权算军事账,而这个问题同样重要。鲁肃显然意识到了这一点,因此他建议孙权立即召回正在去鄱阳(今江西省鄱阳市)途中的周瑜。周瑜接到命令后,也立即回到了柴桑。

这件事《三国志·鲁肃传》有明确记载,原文是"时周瑜受使至鄱阳,肃劝追召瑜还"。但《周瑜传》没有这么说,而是说孙权召开紧急会议,大家都主张投降,遭到周瑜痛斥。为此,裴松之在为《周瑜传》作注的时候,很替鲁肃打抱不平。裴松之说,首先提出要抵抗曹操的,其实是鲁肃(建计拒曹公,实始鲁肃),周瑜的观点不过和鲁肃正好相同罢了(与肃暗同),这才能够"共成大勋"。可是《周瑜传》对鲁肃在前的谋划只字不提,给人的感觉好像是周瑜"独言抗拒之计",只怕是故意要抹杀鲁肃的功劳(殆为攘肃之善也)。

裴松之这话可能说得重了一点。陈寿那样写,倒未必是要"攘肃之善",只不过惜墨如金,不想重复记载而已,否则就不会有《鲁肃传》里那几句话了。同样,周瑜的观点,也未必是"与肃暗同",只怕是"明同",否则鲁肃就不会建议孙权召回周瑜了。如果周瑜和张昭他们一样，也是个投降派，鲁肃把他请回来，岂不是给自己找麻烦？鲁肃没有那么蠢。

这样看来，《三国演义》里面那场"智激周瑜"的戏，就未免滑稽可笑而且荒诞不经了。按照《三国演义》的说法，第一，建议召回周瑜的不是鲁肃，而是所谓"吴国太"的主意。第二，周瑜也不是孙权召回的，而是自己回来的，是周瑜得到了曹军东进的消息，立即往回赶，结果"使者未发，周瑜已先到"。第三，周瑜回到柴桑后，并没有马上去见孙权，而是先见了东吴的文臣武将，后见了诸葛亮，第二天清晨才见到孙权。第四，周瑜和这些人见面时，态度极其暧昧，见人说人话，见鬼说鬼话。等到众人辞去，却又"冷笑不止"。第五，周瑜和诸葛亮见面时，大唱投降论调，弄得鲁肃一头雾水，直到诸葛亮扯出什么"揽二乔与东南兮"的所谓《铜雀台赋》，周瑜才跳将起来，原形毕露，也才有第二天会议上力主抵抗的慷慨陈词。这就是所谓"孔明用智激周瑜，孙权决计破曹操"。

这里面显然有太多的虚构和戏说。比如"吴国太"，就是编出来的。所谓"吴国太"，乃是吴夫人的妹妹，和吴夫人一起嫁给了孙坚。这事于史无据，似乎也不大可能。据《三国志·吴夫人传》，当年孙坚见吴夫人（这时应该叫吴姑娘）才貌双全，打算向她求婚；而女方家族则"嫌坚轻狡"，准备拒绝，弄得孙坚又羞又恨。吴姑娘便说，何必为了一个小女子惹出祸端来呢？如果所嫁非人，那也是命啊！吴家这才把她嫁给了孙坚。请大家想想，就连吴夫人自己，吴家原本都是不想嫁的，怎么可能再搭上一个吴妹妹？

那么，为什么会凭空冒出一个"吴国太"来呢？原来《三国演义》对孙权的决策过程另有一套说法。《三国演义》第四十三回和第四十四回说，鲁肃和诸葛亮回到柴桑后，鲁肃请诸葛亮在宾馆休息，自己先去见孙权。正好孙权和众人在讨论曹操的来信，大家都主张投降，只有鲁肃持反对意见。也就是说，鲁肃和孙权谈话，在孙权与诸葛亮谈话之前。这个顺序和《资治通鉴》不同，但显然合理得多。

问题是，《三国演义》是要拔高诸葛亮的。为了拔高诸葛亮，就得贬低鲁肃，也就必须淡化鲁肃谈话的意义，更不能让鲁肃立即成功。所以，孙权虽然赞成鲁肃，却仍有疑问。于是鲁肃便建议孙权和诸葛亮谈，因此有了诸葛亮的"舌战群儒"，也有了诸葛亮和孙权的谈话。谈完以后，孙权对诸葛亮说:"先生之言,顿开茅塞,吾意已决,更无他疑。即日商议起兵,共灭曹操。"这样一来,说服孙权的功劳,就是诸葛亮的了。

但是,这时周瑜还没有出场啊! 周瑜的作用,也不能视而不见忽略不计呀! 于是《三国演义》便安排了这样的情节:孙权表态的消息传出,张昭等人都说中了孔明把东吴拖下水的奸计,又去游说孙权,孙权又犹豫起来。这个时候,鲁肃再来说什么,就没有用了。因为鲁肃这时已经有了"里通外国"的嫌疑,没有了公信力。何况,为了拔高诸葛亮,鲁肃在罗贯中的笔下已经定位为忠厚老实没有用的人,出不了这主意。这就要另找人说,而且得有一个说法。孙策的遗言"内事不决问张昭,外事不决问周瑜",就是最好的说法。这话据《三国演义》第二十九回说,是孙策对吴夫人说的,孙权也知道。问题是此刻孙权自己想不起来,张昭来说也不合适,吴夫人又早在建安七年或者十二年去世(历史上有两种说法),也就只好给她编出一个妹妹吴国太来。当然,这位吴国太还有一个作用,那就"佛寺看新郎"(第五十四回),充当孙权嫁妹时女方的家长。

其实,不但这位吴国太,就连孙策的遗言,也都是子虚乌有。但不这样,又如何增加诸葛亮在赤壁之战中的功劳呢? 实际上所有这些,都是为了让诸葛亮出场,以便他表演"智激周瑜"的好戏。这场戏是在深夜时分(至晚)表演的,故事大家都熟悉,不说也罢。在我看来,这是一场滑稽戏,而且三个人的形象都不好。鲁肃不用说,迂腐迟钝到可笑的程度。周瑜和诸葛亮,则一个装腔作势,一个阴阳怪气。三人刚一开谈,周瑜就装出一副投降派的样子,大放力主投降之厥词。结果鲁肃"愕然",诸葛亮"冷笑"。"愕然"是有道理的,因为在鲁肃看来,周瑜当然应该是主战派。何况事先周瑜已经给他吃过定心丸:"子敬休忧,瑜自有主张。"怎么转眼之间就变成投降派了呢? 这就该过过脑子。也就是说,愕然之后应该是思考。然而鲁肃不,当真跟周瑜急。这哪像是一个发表过东吴版《隆中对》的政治家?

诸葛亮的"冷笑"就更可笑。以他之聪明睿智和明察秋毫,难道看不出周瑜是在装? 居然跟着起哄,话说得也很没有格调和品位。他对鲁肃说,子敬呀,你怎么和我们刘豫州一样不识时务? 你看刘豫州现在是什么下场? 公瑾兄的主意多好,荣华富贵也能保住,老婆孩子也能保全,国家兴亡什么的,管他呐! 这像是诸葛亮吗?

　　周瑜也可笑。明明是"承伯符寄托,安有屈身降曹之理";"自离鄱阳湖,便有北伐之心";却偏要等诸葛亮扯出什么《铜雀台赋》,才勃然大怒说"吾与老贼势不两立"。请问这是逐鹿中原,还是争风吃醋? 这是赤壁之战,还是特洛伊战争?

　　当然,《三国演义》这么写,道理也不是没有。有什么道理呢? 就是周瑜后来说的:"适来所言,故相试耳!"原来周瑜是在试探诸葛亮。周瑜为什么要试探诸葛亮呢? 因为按照《三国演义》的性格定位,他这个人气量狭窄心眼小。心眼小,就容易怀疑别人,也就要试探。问题是你不能光讲性格,也要讲道理。两个素不相识的人第一次合作,代表的又是有着各自利益的集团,一般地说,也都是要试探一下的,何况江东集团和荆州集团原本关系不好。但是,第一,这种试探应该是双向的,为什么诸葛亮不试探孙权,不试探周瑜? 第二,试探总要有内容,不能为试探而试探。那么请问,周瑜要试探什么呢? 立场? 态度? 诚意? 用不着吧! 事情是明摆着的。刘备集团如果可以投降曹操,跑来求你干什么? 这正是诸葛亮不试探孙权和周瑜的原因。也就是说,刘备已走投无路,只能"求救于孙将军"。这个时候,就算孙权有投降的打算,诸葛亮也得硬着头皮把他扭过来,拽回来,他何必要试探? 他既然已经别无选择铁了心,你又试探什么?

　　所谓"智激周瑜"就更没有道理。我们知道,诸葛亮是"未出隆中,已知三分"的,可见他平时十分关心时局,对东吴方面的情况也相当熟悉,不会不知道周瑜的一贯态度和一贯立场。就算以前不太了解,在从夏口到柴桑的旅途中,他也应该向鲁肃打听清楚了。诸葛亮是何等做事认真的人,承担的又是何等重大的任务,他怎么可能不事先了解一些情况,又怎么可能不去了解周瑜这样的重要人物? 这时,鲁肃和诸葛亮已经成了朋友,又有共同的主张。就算诸葛亮不问,他也会主动介绍周瑜。因此,诸葛亮应该清楚地知道周瑜是一个什么样的人,也应该清楚地知道周瑜根本就用不着"激"。

　　那么,周瑜是一个什么样的人呢? 一句话:"铁杆鹰派"。事实上,鲁肃之所以建议孙权召回周瑜,不但因为周瑜既懂军事,又熟悉情况,还因为周瑜是"铁杆鹰派"。这恐怕是更重要的。建安七年(公元202年),袁绍病死,曹操气焰嚣张,责令孙权送子弟做人质。当时张昭等人"犹豫不能决"，是周瑜义正辞严地说服孙权，拒绝了曹操的要挟。也就是在那一次，孙权的母亲吴夫人明确表态，让儿子把只比孙策小一个月的周瑜看作自己的兄长。周瑜既然是这样的人，"智激"云云，岂非多余？

　　或许有人会问，难道周瑜过去态度强硬，这回就不会软弱？过去是"鹰派"，这回就不会变成"鸽派"？不会。因为周瑜的这种态度并非莽撞冲动的一时兴起，而是日积月累和深思熟虑的结果。《三国志·周瑜传》告诉我们，周瑜是孙策的"铁哥们"，从小一起长大，而且"独相友善"，已达到"升堂拜母，有无通共"的程度。后来孙策在袁术那里不得志，带领部下离开袁术到历阳（今安徽省和县），手下只有五六千人，是周瑜"将兵迎策"，辅佐孙策荡平江东。孙策去世后，又是周瑜率先支持孙权，和张昭一起成为孙权的左膀右臂。据《三国志·鲁肃传》，周瑜还对鲁肃说，现在是"烈士攀龙附凤驰骛之秋"，而孙权是一定能够成就帝业的，鲁肃这才投奔了孙权。可见周瑜和孙权的关系，就像诸葛亮和刘备的关系，那是不会变的。他对孙权和曹操的态度中，也既有感性的成分，又有理性的成分，因此完全靠得住，既不用试探，也不用智激。

　　实际上这一次周瑜的态度也很明朗。在孙权召开的会议上，周瑜充分表现出他中流砥柱的英雄本色，说话掷地有声。据《三国志》本传，周瑜在会上说，曹操"托名汉相，其实汉贼"。以将军之"神武雄才"兼"父兄之烈"，要做的事情，应该是"横行天下，为汉家除残去秽"。何况曹操自己来送死，岂有我们反倒投降之理（况操自送死，而可迎之邪）？

　　这话说得大义凛然，而且也是必须说的。因为战争是政治斗争的延续。只有政治上正确，自己才是"正义之师"，也才能鼓舞士气。问题是政治上的正确并不等于军事上的可行，"鸽派"的意见也并非全无道理。在他们看来，曹操无异于豺狼虎豹（曹公豺虎也），且又"挟天子以征四方，动以朝廷为辞"，本来就不好对付。如果再公开和他翻脸，事情就更不好办（今日拒之，事更不顺）。何况江东方面赖以为据的，就是长江。但是现在曹操已经占据了荆州，获得了江陵的舰船和刘表的水军，长江天险"已与我共之矣"。再加上曹操原本人多势众，船马并行，水陆俱进，双管齐下，哪里抵挡得住？显然，重要的不是该不该"除残去秽"，而是能不能"横行天下"。至少是，所谓"操自送死"究竟有没有根据。

　　周瑜当然不会想不到这一点。针对"鸽派"的担忧，他指出了曹操这次出征的四大弊端。本土不安,后患未除,贸然南下,此其一;放弃鞍马,使用舰船,舍长就短,此其二;寒冬十月,马无草料,给养不足,此其三;劳师远征,水土不服,必生疾病,此其四。周瑜说,这四条,都是兵家大忌,曹操却一条不落地都犯了。我看活捉此贼,就在今日!请将军给我三万精兵,周瑜保证为将军大破曹操!

这和诸葛亮的判断是一致的,可谓"英雄所见略同"。诸葛亮的判断,我们在上上集讲过了。他指出了曹操此战的三大问题:劳师远征,舍长就短,人心不服。尤其是曹操远道而来,长途跋涉,本来就很疲劳。再加上他求胜心切,轻骑兵"一日一夜行三百余里",结果使自己变成了"势不能穿鲁缟"的"强弩之末"。这就犯了兵家的大忌。诸葛亮说,依兵法,犯如此大忌者"必蹶上将军"。

诸葛亮这番话,是对孙权"豫州新败之后,安能抗此难乎"问题的回答。那么,孙权和诸葛亮的这次谈话是在什么时候?我认为应该是在和鲁肃谈话之后,和周瑜谈话之前。具体时间,就是在鲁肃建议召回周瑜,周瑜也正往回赶的那个空档。因此可以说,诸葛亮和周瑜一起,粉碎了曹操不可战胜的神话。

总之,鲁肃帮孙权算清了政治账,诸葛亮帮孙权算清了联盟账,而且和周瑜一起算清了军事账。鲁肃解决了该不该的问题,诸葛亮和周瑜则解决了能不能的问题。现在孙权心里有数了,于是亮出底牌:"老贼欲废汉自立久矣,徒忌二袁、吕布、刘表与孤耳!今数雄已灭,惟孤尚存。孤与老贼,势不两立!君言当击,甚与孤合,此天以君授孤也。"请注意,曹操此刻已不再是"曹公",而是"老贼"了。这显然只能是在决心下定之后。据《三国志·周瑜传》裴松之注引《江表传》,为了表示这个决心,孙权拔出刀来砍断案角,声色俱厉地说,再有人胆敢主张投降曹操的,他的下场就和这案子一样!

大约也就在这天晚上,周瑜和孙权有一次单独谈话。据《江表传》,周瑜说,我那些尊敬的同事只看到曹操的来信,说有八十万大军,就无谓地紧张起来。他们甚至都不去核实一下,就发表立即投降的意见,实在没有道理。现在周瑜就为主公算一笔明细账。老贼率领的北方军队,充其量不过十五六万,而且疲劳不堪。收编的刘表旧部,也不过七八万人,而且狐疑观望。以疲劳不堪之师,率狐疑观望之众,人数虽多,又有什么可怕？只要给周瑜五万精兵，就足以对付这二十多万没有战斗力的队伍。请将军不必犹豫！

孙权听了这话，便抚着周瑜的背（抚背）说，公瑾呀，你这话说到我心里去了。子布（张昭）他们，只顾自己的小家庭、小算盘，很让我失望，只有公瑾和子敬，和我想法相同。这是上天派你们二人帮助我啊（此天以卿二人赞孤也）！五万人马，短时间内很难结集。我已经选好了三万人，舰船、粮草和武器也都准备完毕。请公瑾和子敬、程公（程普）先行一步，我在后方"续发人众，多载资粮，为卿后援"。公瑾兄能够对付曹操，那当然好。如果不利，就回来，本将军亲自和他曹孟德决一死战。

这里值得注意的是这样三句话："独卿与子敬与孤同"；"已选三万人，船粮战具俱办"；"邂逅不如意，便还就孤，孤当与孟德决之"。这就再次证明，此前孙权已有参战打算，连人马、舰船、粮草和武器都准备好了。这次谈话，则坚定了孙权的信心。于是任命周瑜、程普为左右督（正副总指挥），鲁肃为赞军校尉（参谋长），率领吴军向西与刘备会合。

据《三国志·先主传》裴松之注引《江表传》，这时刘备已经按照鲁肃的安排，从夏口到了樊口。当时"诸葛亮诣吴未还"，曹军又一天天逼进，刘备心急如焚，天天派人守在码头，终于盼来了周瑜的救兵。刘备派人去劳军，周瑜说，军务在身，不敢擅离职守。如果豫州能够屈就，那是周瑜十分盼望的。刘备对关羽和张飞说，是我们主动和东吴方面结盟的。如果我不去，恐怕就显得没有诚意。于是便来了个"单舸赴会"（乃乘单舸往见瑜）。舸（音葛），就是大船，比如"弘舸"，但有时也指小船，比如"走舸"。总之是刘备自己一个人乘船去见周瑜。我们都知道《三国演义》里面有一个关羽"单刀赴会"的故事（实际上是双方都"单刀赴会"），不知道刘备真有"单舸赴会"。这也可见刘备确实是英雄。

刘备见了周瑜，想必自有一番慰问。但他最关心的，显然还是军情。刘备问："今拒曹公，深为得计。战卒有几？"周瑜说，三万。这个数字显然不能让刘备满意，也无法让他放心。顺便说一句，《江表传》甚至说刘备根本不相信周瑜能够胜利，还存了一个小心眼，故意"差池在后"，自己带了二千人和关羽、张飞在一起，不和周瑜联合。这事孙盛认为不实，是"吴人欲专美之词"。这个且不管它，刘备不放心应该是可能的，就说太少了（恨少）！然而周瑜却意气风发信心十足地说，三万人足够了！请刘豫州放宽心思看我破敌吧！

周瑜的态度自然是英雄气概,刘备的担心也不无道理。周瑜的三万人马,加上关羽的一万和刘琦的一万,总共也才五万;而按照周瑜的测算,曹操那边少说也有二十万人。五万对二十多万,打得赢吗？

答案是现成的,那就是周瑜指挥的孙刘联军在赤壁大破曹军。曹操焦头烂额,丢盔弃甲,狼狈逃窜,在周瑜和刘备的夹击下一路狂奔,幸得张辽、许褚等人的接应方才脱险。周瑜和刘备的部队则水陆并进双管齐下,追击曹操直至南郡城下。曹操留征南将军曹仁和横野将军徐晃守江陵,折冲将军乐进守襄阳,自己带着残兵败将退回北方,而且再也没有来过。

这就是赤壁之战。它是中国历史上一次有名的以少胜多以弱胜强的战争,历来受到高度重视和评价。但是,也有学者认为,当时曹操其实只有五千人,赤壁之战不过是一次普普通通的遭遇战,战争的规模被史家扩大化了。这当然只是一家之言。但这场战争在历史上诉讼纷纭,倒是事实。包括战争的目的、规模、时间、地点、胜败原因,历史学家都有不同意见。比方说,有学者认为,曹操失败的主要原因,是遇到了"非典"或者"禽流感",只好自己把船烧了撤退。这是有曹操的话为证的。据《三国志·周瑜传》裴松之注引《江表传》,赤壁之战后,曹操曾写信给孙权,说"赤壁之役,值有疾病,孤烧船自退,横使周瑜虚获此名"。那么我们要问,是这样吗？还有,《三国演义》对这场战争进行了浓墨重彩的描述,其中许多故事都脍炙人口,比如"舌战群儒"、"智激周瑜"、"借刀杀人"(第四十五回周瑜要诸葛亮去"断操粮道")、"草船借箭"、"阚泽献书"、"庞统献计",以及"苦肉计"、"借东风"等等,都是我们耳熟能详的。因此我们也要问一句:有这事吗？

请看下集:赤壁疑云。

第二十四集 赤 壁 疑 云

经过本集团鲁肃、周瑜和刘备集团使者诸葛亮的劝说,孙权审时度势反复掂量,决定联合刘备对抗曹操,赤壁之战由此发生。然而,历史上对于这场战争的记载和描述却是疑云重重,历史学家的看法也众说纷纭,有人甚至认为那不过是一次普普通通的遭遇战。那么,赤壁之战的真相究竟如何?

这一集我们讲赤壁之战。

赤壁之战大约是三国时代最有名的一场战争。说起三国,很少有人不知道赤壁之战的。这实在要归功于罗贯中。因为《三国演义》中虚构成分最多的就是这一部分,写得最精彩的也是这一部分。其实,对于这场战争,正史上的记载并不多,留下的问题倒不少,以至于史学界多次为此爆发"新赤壁之战"。牵涉到的问题,包括以下方面:一,谁的战争;二,规模如何;三,时间地点;四,胜败原因。在这些问题上,历史学家们各执一词,甚至针锋相对。比如曹方投入的兵力,就有说实际五十万和其实五千人的(此外还有四十万、三十万和二十多万三种说法),分歧之大可见一斑。《百家讲坛》不是学术论坛,无法在这里讨论这些问题,只能谈一点"个人意见"。

事情还得从第一个问题说起,那就是这场战争究竟是为谁发动的。众所周知,曹操此番南下,是为了伐刘表、夺荆州。这个目的在刘琮投降、刘备战败、江陵陷落以后,应该说就已经实现了。这才有贾诩劝曹操就此收手的说法,这事我们在《天生奇才》一集已经讲过了。当然,刘备虽然成了"穷寇",但"人还在,心不死",应该追他一追。不过我以为也不排除另一种可能性,那就是曹操准备在消灭刘备以后,一鼓作气再消灭东吴。《三国志·贾诩传》说:"太祖破荆州,欲顺江东下。"这个"顺江东下"难道只是为了消灭刘备吗?周瑜出征前,孙权跟他说什么?孙权说:"卿能办之者诚决。邂逅不如意,便还就孤,孤当与孟德决之。"如果这回曹操当真打的只是刘备,孙权恐怕就该说,瑜哥呀,你先打着试试看。打得赢就打,咱捞一把;打不赢就回来,咱不管那"刘皇叔"的死活了。

如果事情是这样的话,那么,后面的问题也就好解决了。结论应该是:这是一场规模较大的战争,时间是在建安十三年的十二月,地点则在今湖北省赤壁市(即原蒲圻县)。为什么这样说呢?因为主张赤壁之战是"小战"的学者,对这场战争的描述大约是这样的:建安十三年七月曹操出兵,八月刘表病亡,九月刘琮投降。曹操"以江陵有军实,恐先主据之",遂亲率精骑五千,以一日一夜三百里的速度追赶刘备,两军相遇于当阳。刘备败走夏口,曹操军进江陵。在获得了大量军需物资后,曹操又立即顺江而下,结果和溯流而上的孙刘联军不期而遇,仓促之间打了一次"遭遇战"。因为是不期而遇,因为是仓促应战,再加上其他一些原因,曹操打败了。

显然,如果赞成这个说法,就得承认战争发生的时间是在十月。因为到了十二月,曹操的后续部队也该到了,兵力不会只有五千。那么,曹操这五千精兵在十月份赶到赤壁是干什么的呢?当然是打刘备的,不是打孙权的。据《三国志·程昱传》,当时"刘备奔吴",而曹操的许多谋士都断定孙权会杀了刘备,只有程昱不以为然。曹操是否以为然呢?没说。因此可以想象曹操当时的判断,是孙刘不会联盟。但没有想到他们居然联盟了,而且集结了五万兵力。五千人对五万人,当然不是对手,也当然是"小战"。

这个说法也不是没有道理和证据,证据就在《三国志·诸葛亮传》。据此传,当时诸葛亮对孙权说:"曹操之众,远来疲敝,闻追豫州,轻骑一日一夜行三百余里,此所谓'强弩之末,势不能穿鲁缟'者也。"按照这个说法,曹操的兵力就只有五千,而且就是从襄阳到江陵一路急行军赶过来的那支轻骑兵。

但这里有个问题,就是如果曹操果真只带了五千人东下,那么,当周瑜带了三万人马前来救援时,刘备为什么还要说"恨少"? 可见曹操的兵力少说也有十万。或者说,诸葛亮说这话时只有五千,后来就不止了。这就需要时间,因此战争应该发生在十二月。至于交战地点,湖北省史学家已有"文武赤壁"的说法(即蒲圻赤壁因赤壁之战而为"武赤壁",黄州赤壁因苏东坡的词赋而为"文赤壁"),就不讨论了。

其实,只要曹操的矛头所向是孙权,或刘备捎带孙权,或孙权捎带刘备,他就不会如此轻敌。当阳一战,刘备已是败军之将、惊弓之鸟,五千精兵或许可以对付。但孙权就不一样了。诸葛亮的说法是"孙权据有江东,已历三世,国险而民附,贤能为之用",这情况曹操不会不知道。所以他要打孙权,就不能只有五千人。实际上《三国志·周瑜传》说得很清楚:"曹公入荆州,刘琮举众降,曹公得其水军,船步兵数十万",怎么会只有五千? 只不过我们搞不清楚到底是几十万而已。曹操自己的说法是八十万,这当然是吹牛。但打个对折,也有四十万;再打个对折,也有二十万。周瑜计算的结果,就是这个数。有学者认为,周瑜计算的,是曹操的全部兵力,不是参战部队的数字。那么再打个对折,也有十万。何况,追赶刘备的那五千人是骑兵,哪来"首尾相接"的船舰,火烧赤壁又从何说起? 所以,赤壁之战是"遭遇战"的说法,恐怕只能算是一家之言。

战争的目的和规模确定以后,剩下的就是过程和结果了。

作为一场规模较大的战争,赤壁之战有四个阶段,即决策、准备、交战、完成。这个过程,《三国演义》写得非常精彩,为中国古代文学的宝库留下了一笔宝贵的遗产。但是,我们不得不十分遗憾地指出,文学不是历史。《三国演义》花了八回篇幅浓墨重彩加以描述的战争过程,尤其是那些脍炙人口的故事,竟大多是虚构的。

这里也有两种情况。一种是历史上完全没影的,比如"舌战群儒"、"智激周瑜"、"阚泽献书"、"庞统献计",以及"借东风"等等。还有一种是有点影儿,但被移花接木或者夸张放大了。比方说"蒋干中计",就不完全是无中生有。至少,蒋干这个人是有的,也到过周营。但可惜,那是在赤壁之战之后,《资治通鉴》记载在建安十四年(公元209年),当然没有上当受骗盗什么书。这个故事我们以后再说。

另一件有点影的事是"草船借箭",但事情发生得更晚,是在建安十八年(公元 213 年)。不过是发生在孙权身上,而且也不是为了借箭。这事我们也以后再说。事实上,"草船借箭"在技术上根本就不可能。有人已经算过这笔账了,这里不讨论。

看来,《三国演义》里面的许多好戏,历史上都没有演过。

实际上,对于这场战争,正史的记载十分简略,而且陈寿自己的说法也很矛盾。比方说,赤壁的那一场大火是谁放的?就有两种说法。《先主传》和《周瑜传》说烧船的是孙刘联军,《郭嘉传》和《吴主传》说烧船的是曹操自己。为了不影响读者的阅读情绪,我把这两种说法都列在下面,不感兴趣的读者可以跳过这一段,直接阅读下文。

关于烧船一事的两种说法是:

《先主传》说:"权遣周瑜、程普等水军数万,与先主并力,与曹公战于赤壁,大破之,焚其舟船。先主与吴军水陆并进,追到南郡。时又疾疫,北军多死,曹公引归。"《郭嘉传》说:"太祖征荆州还,于巴丘遇疾疫,烧船。"《吴主传》说:"瑜、普为左右督,各领万人,与备并进,遇于赤壁,大破曹公军。公烧其余船引退,士卒饥疫,死者大半,备、瑜等复追至南郡,曹公遂北还。"《周瑜传》裴松之注引《江表传》甚至说,事后曹操曾经写信给孙权,说是"赤壁之役,值有疾病,孤烧船自退,横使周瑜虚获此名。"按照这个说法,就连曹军的战舰,也是曹操自己烧的,没周瑜什么事,更没诸葛亮什么事。

曹操的这封信当然不一定靠得住,但也不是一点影儿都没有。我认为比较靠得住的,应该是《周瑜传》的说法:"时曹公军已有疾病,初一交战,公军败退,引次江北,瑜等在南岸。"也就是说,曹军从江陵顺江而下,孙刘联军从樊口逆流而上,两军在赤壁相遇,结果曹军败北,只好"引次江北",把战舰停靠在对岸的乌林(在今湖北省洪湖市)。

为什么两军刚一交战,曹操就败了呢?张作耀先生的《曹操评传》提出了四个"直接原因"。第一,曹军中瘟疫流行,病者甚多,减弱了战斗力。这也是有旁证的。《三国志·武帝纪》说:"公至赤壁,与备战,不利。于是大疫,吏士多死者,乃引军还。"《蒋济传》也说:"大军征荆州,遇疾疫。"第二,曹军不习水战,站立尚且不稳,哪里还能打仗?第三,曹操料敌不周,自以为来势汹汹势不可挡,没想到会遭遇迎头痛击。第四,两军狭路相逢,又在江中,曹操人多并不顶用,陆军就更是用不上。因此张先生说,在这种特定的情况下,本来处优势的曹操,反倒处于劣势了。

　　这四个原因,差不多都被诸葛亮和周瑜预料到了。比方说生病,周瑜就料到了。不习水战,周瑜和诸葛亮都说了。另外,诸葛亮说的两条:军队疲劳和人心不服,恐怕也很重要。还有一点也不能不指出,就是曹操打的是"侵略战",孙刘联军打的是"保卫战"。兔子急了也咬人,何况是周瑜和刘备? 我们看史料,孙刘联军这边,斗志是很昂扬的。我相信,当他们来到赤壁时,将士们很可能是摩拳擦掌跃跃欲试。曹操那边呢? 似乎没有这方面的记载。两军相敌勇者胜。孙刘联军的初战告捷,并不奇怪。

　　初战失利后,曹操不得不停止前进,把战船靠到北岸。这时已是寒冬,北风劲吹,船舰颠簸,曹军中又一堆病人。为了解决这些问题,曹操下令将战舰连锁在一起,陆军则在岸边安营扎寨。这个做法,是曹操自己的决策,还是某个谋士的建议,我们不得而知,但可以肯定没庞统什么事。《三国志·庞统传》的记载很清楚,他没有参与这场战争。

　　这个情况孙刘联军马上就知道了。据《三国志·周瑜传》,这时周瑜的部将黄盖对周瑜说:"今寇众我寡,难与持久。然观操军船舰首尾相接,可烧而走也。"由此可见,此战曹方的兵力是多于孙刘联军的,这才有"寇众我寡"的说法。但此时曹军已经大面积地感染了某种严重的传染病,失去战斗力,而且已经战败了一次,又犯了战舰相连的错误,黄盖这才提出放火的建议。

　　周瑜然其计,于是黄盖诈降纵火,曹军大败。据说那天黄盖准备了战舰数十艘,都装满了柴草,又浇了油,蒙上篷布,插上旗帜,浩浩荡荡驶向北岸。曹操的部队都跑出来伸长了脖子观看,指指点点说黄盖投降来了,没想到黄盖的船驶过来以后,竟是一齐放火。当时东南风劲吹,火势一直蔓延到岸上。曹操的战舰和军营全都着火,顷刻之间"烟炎张天"。曹军有的被烧死,有的被淹死,人仰马翻,曹操只好撤退。撤退之前,大约又把剩下的船也烧了,这就是《吴主传》所谓"公烧其余船引退"。这样讲,就都讲通了。

　　曹操这次败退十分狼狈。据《三国志·武帝纪》裴松之注引《山阳公载记》,曹操在船被烧了以后(该书说是刘备烧的),率领残余部队

"从华容道步归"。当时道路泥泞,无法行走,天上又刮着大风,曹操就命令"羸兵"背草填路。羸,音雷,瘦弱的意思。所谓"羸兵",就是部队中战斗力较弱的那一部分,甚至可能是伤病员。这些弱者刚刚把路修得勉强可行,骑兵就冲了过去,全然不顾羸兵的死活。结果,羸兵被冲过去的人马所践踏,陷在泥泞之中,死于非命。我不知道这些羸兵是哪一部分的,是曹操自己从北方带来的,还是投降了的刘琮部队;也不知道他们是原本就体弱伤残,还是在这次战争中感染了疾病。但不管怎么说,他们都是应该被救助的对象。按照人道主义原则,曹操应该让这些羸兵先走,自己率精兵断后。但那个时代似乎并无人道主义观念,曹操就更没有。

司马光的《资治通鉴》,采用的就是这个说法。由此可见,赤壁之战曹操失利,一是因为染疾,二是因为被烧,这才决定撤军。所以裴松之在《贾诩传》的注文中说:"赤壁之败,盖有运数。实由疾疫大兴,以损凌厉之锋;凯风自南,用成焚如之势。天实为之,岂人事哉!"也就是说,首先是因为遇到了"非典"或者"禽流感"(疾疫大兴),削弱了战斗力(以损凌厉之锋)。其次是因为没想到寒冬腊月居然刮起了东南风(凯风自南),让黄盖火攻得手(用成焚如之势)。曹操的失败,实在是因为运气不好。

其实事情没有这么简单。曹操的失败,有客观原因,也有主观原因。对此,张作耀先生的《曹操评传》有很好的总结。我们知道,本来,曹操的优势是很明显的。第一,曹操挟天子以令诸侯,诸侯不敢与之争锋,有政治上的优势;第二,曹操夺得荆州,威震四海,许多人闻风丧胆,有心理上的优势;第三,曹操南下,势如破竹,军心振奋,以新胜之军战丧胆之师,有气势上的优势;第四,曹操兵力数倍于孙刘联军,有军事上的优势。张先生的书里面说的就是这四条。那么,曹操为什么还是败了呢?

也有几个原因。根据张先生的分析,也参考其他学者的观点,我认为,主要是战略有误。也就是说,曹操似乎没有明确他的战略目标是什么,是夺取荆州,还是夺取江东?是消灭刘备,还是连孙权也一起干掉?现在看来,似乎是后者,或兼而有之,总之是不明确。其实,曹操的胃口不该这么大。他应该把他的战略目标锁定在荆州和刘备。如果是这样,他的做法就应该是在当阳大败刘备后,乘胜追击,赶在刘备逃往夏口之前将其一举歼灭,说不定连鲁肃也一起俘虏了。即便不能消灭刘备,也可以把他堵在路上,隔断他和江东的联系,逼他南下投奔苍梧。那样一来,结果就会大不一样。

然而不知为什么,曹操竟放过刘备,掉转头来直扑江陵。其实江陵那些军需物资完全可以留给后续部队去解决。刘琮已经投降了,襄阳已在手中,江陵岂非囊中之物?放刘备可是放虎归山。不过,也还不要紧。这时,曹操也仍然可以在稍事停留后,即马不停蹄迅速东进,急破刘备与孙刘联盟形成之前。要知道,这事也是有一个过程的。只要孙、刘不联盟,单单消灭一个刘备,曹操的力量是绰绰有余的。

但是曹操却在江陵停了下来,而且一停就是两个月。当然,这时他有许多事情要做,比如安顿荆州吏民,包括任命刘琮为青州刺史,文聘为江夏太守,释放被刘表囚禁的韩嵩,封蒯越等十五人为侯。这些工作也是要做的。但既然如此,就该接受贾诩的建议,干脆用怀柔政策使江东臣服。可是他不。在江陵停留了不长不短的两个月后,又匆匆东进了。在这里,事情坏就坏在"不长不短"这四个字上。如果停留的时间短,孙、刘的联盟还没形成,曹操的敌人就只有刘备一个;停留的时间长,战争的准备就更充分,作战的时间也更合适。比如在来年开春以后再进军赤壁,也许就不会有后来那么多麻烦了。

曹操甚至还有第三种选择,就是自己留在江陵,另派大将率军进攻夏口,把夏口拿下,或者把守在夏口。我们知道,当时刘琦在夏口,手上有一万人;关羽在江陵,手上也有一万人。刘备兵败当阳后,无法再去江陵,遂"斜趋汉津"(汉津是一个渡口,在今湖北省荆门境内),和前来接应的关羽会合,渡过了沔水,又遇到江夏太守刘琦,一起到了夏口。这个时候,曹操如果以那五千轻骑兵去打刘备,是有风险的。但是,派大军(步兵和骑兵)从襄阳出发,或者从江陵出发去打,则是可能的。至少,大军压境于夏口,对孙权集团就是威慑。那时候,不要说张昭他们,就连孙权自己,态度恐怕都会变。

其实一开始曹操就应该以陆军为主力,走陆路向东挺进,扼江两岸,寻找合适的战场。曹操的陆军是久经沙场英勇善战的,水军却问题多多。自己训练的没有战斗经验,荆州投降的又离心离德。这样的队伍,怎么可以做先锋队,又怎么可以做主力军?

就算这些都没做,或者都错了,曹操也还有一次机会,那就是当他的部队在巴丘(今湖南省岳阳市)遇到疾病的时候,立即停下来,甚至退回江陵。留在巴丘,孙刘联军会不会迎上来,这不好讲;但退回江陵,这场战争肯定可以避免。可以说,曹操是一错再错。

那么,身经百战又老谋深算的曹操为什么会犯这么多错误呢? 张作耀先生的《曹操评传》认为"根本原因就在于思想上的骄傲轻敌",并说这是史家共识。这是有道理的。也许正是由于这个原因,他对孙刘联盟的可能性估计不足,总认为孙权会像公孙康那样,把刘备的人头送来。但他没有想到,孙权不是公孙康,此时也不是彼时。王夫之的《读通鉴论》说,曹操之所以能够荡平北方,就因为诸侯自相残杀,最后只剩下孙、刘两家。这两家要是再不团结,就只有死路一条。所以,孙刘联盟,那是势在必行的。

综上所述,我们可以说,曹操之败,在于轻敌;孙刘之胜,在于联盟。这是最重要的原因。至于曹操没有看出黄盖是诈降,没有想到冬天也会刮东南风,都是小问题了。

此外,曹操的失败,可能还有一个原因,那就是他老了。著名历史学家吴晗先生在《论赤壁之战里的周瑜、诸葛亮、张昭》一文中列了一个年龄表。他说,赤壁之战这一年,孙权二十七岁,诸葛亮二十七岁,周瑜三十四岁,鲁肃三十七岁,曹操五十四岁。因此吴晗先生说,这一仗不但是弱的打败了强的,被攻的打败了进攻的,哀兵打败了骄兵,而且是"青年打败了老将"。其实吴晗先生少算了一个人,那就是刘备,四十七岁。但即便加上刘备,孙刘联军这边,统帅的平均年龄也只有三十四岁,正好是周瑜的年龄。周瑜是孙刘联军的总指挥。所以,赤壁之战也可以说是周瑜打败了曹操,三十四岁的打败了五十四岁的。

不过曹操到底是曹操。虽然老了,败了,笑傲江湖的英雄本色却依然故我。《山阳公载记》说,曹操从华容道冲出去后,喜形于色。大家问他为什么,曹操说,刘备确实是我的对手(刘备吾俦也),可惜动作稍微晚了一点。如果在这个地方堵住放一把火,我们只怕连骨灰都没有了。过了一会儿,刘备当真来放火,但曹操已经走了。顺便说一句,这些内容,被司马光在编撰《资治通鉴》时删去。再顺便说一句,整个过程都没关羽什么事。

　　赤壁之战是曹操南征北战中遇到的最大挫折,但是曹操又笑了。那么,他能笑到最后吗?

　　请看下集:半途而废。

附录一 心平气和说空城

我在中央电视台《百家讲坛》的《品三国》节目第一集里讲了一句话,说曹操虽然抢走了关羽的老婆,却也被别人抢走了"空城计"的"发明权"。此言一出,立即招致批评。先是有复旦大学历史系资深教授周振鹤先生在上海的《青年报》发表谈话,说"历史上不曾有过'空城计',所以谈不上谁发明",并由此得出结论:"一个研究文学的人去讲历史,当然免不了破绽百出。"后是有一位网名"红茶杨威利"的朋友发出题为《空城计与易教授》的帖子,说我讲的那个故事"并不是什么空城计"。而且"就算要勉强去认定,最多也只是一个空营计"。他认为三国时期既有"空城计"又有"空营计"。"空城计"是文聘对孙权使的,"空营计"是赵云对曹操使的。我的说法固然是"信口开河",周振鹤先生则"更加无知",因此"两位教授在历史的研究上可真是唱了一出'空城计'"。

这就很有些意思了。既然有这么多人较真,那我也不妨来钻钻牛角尖。当然,我们还得把曹操那个故事再讲一遍。

先看《资治通鉴》怎么说。按照《资治通鉴》的说法,事情大概是这样的。汉献帝兴平二年(公元195年),吕布和陈宫率一万多人从东缗(故城址在山东省金乡县东北)来打曹操。当时曹操驻军乘氏(故城址在山东省戶野具西南),部队都下乡收麦子去了(兵皆出取麦),留守的不到一千人。正好屯西有大堤,堤南有一大片树林,深不可测。曹操便"隐兵堤里,出半兵堤外",吕布则"令轻兵挑战"。两军相遇后,曹操的伏兵都从堤内冲出,"步骑并进",打得吕布落荒而逃,曹操"追至其营而还"。显然,这是一场"完完全全的伏击战",不但不是什么"空城计",就连"空营计"也算不上。

问题是《资治通鉴》的这个说法并不完全靠得住。为什么呢?因为司马光做了手脚。《资治通鉴》的这段记述,源自《三国志》裴松之注所引《魏书》。但《资治通鉴》在重新表述时,却删掉了一些内容,已非此事的原始情况和完整情况。实际上事情的真相是这样的:吕布打过来的时候,手中兵力不足千人的曹操情急之下,便让随军女眷都到城上短墙(陴)去站岗,所有的兵力也都用上(悉兵拒之)。吕布来了以后,看见曹军人数不多,墙上站着女人,屯西又有大堤,堤南"林木幽深",便怀疑那里有埋伏。吕布就对部下说,曹操这个家伙很狡猾(多谲),我们不要上当(勿入伏中),便向南后退十余里。等到第二天吕布再来时,曹操果然在堤内埋伏了军队,这才有后来那场"伏击战"。可惜这些关键内容,包括"太祖乃令妇人守陴,悉兵拒之"、"布疑有伏"、"引军屯南十余里"、"明日复来"等等,都被司马光删掉了,这才造成许多人的误读。没错,司马光是写了《资治通鉴考异》。在胡刻本和中华书局点校本的《资治通鉴》里,《考异》是散注在正文之下的,很容易查找。但恕我老眼昏花,在这段正文后面竟然找不到司马光先生的任何解释。那么,请批评我的人明以告我,司马光删去上述文字究竟是何道理?在此之前,对不起,我是只能相信《三国志》裴松之注所引《魏书》的。

按照裴注所引《魏书》,这场战争其实有两个阶段,时间则有前后两天。两个阶段情况并不相同,前则设疑后则设伏,怎么能说"完全是伏击战"?那么,发生在第一天的那个情况算不算"空城计"呢?这就要看你对"空城计"如何定义了。广义地看,是可以算的。因为它具备了"空城计"最基本的要素和内核,那就是公开示弱示虚,让对方不知深浅不知虚实,进而因生疑而不敢进攻甚至撤退。"布疑有伏"就是产生怀疑,"引军屯南十余里"就是不敢进攻而且撤退,而产生怀疑并立即撤退的原因,则不但因为"屯西有大堤,其南林木幽深",而且因为城墙之上"妇人守陴"。我们知道,战争是男人的事。曹操军中,平时也没有一支"娘子军"。这个时候"妇人守陴",只能说明曹营差不多已是一座"空城"。

当然,这里有一个问题,就是"令妇人守陴"是曹操出奇制胜的精心设计,还是他万般无奈的垂死挣扎?如果是前者,就是"空城计";如果是后者,就不是。这里有一个细节不能忽视,就是"令妇人守陴"后面还有"悉兵拒之"四个字。也就是说,曹操这回是把所有的兵力都用上了。根据这个情节,很多人都不同意说曹操使用了"空城计"。

这种批评很有道理,但我也有我的疑问。第一,历史上并无曹操平时训练女兵的记载,这些临时拉来凑数的"妇人"应该没有什么战斗力,这一点曹操难道不知道?第二,即便"悉兵拒之",也远非曹操的全部兵力,这一点吕布难道不知道?第三,既然吕布怀疑曹操要打"伏击战",那他第二天为什么还要来?

因此,我认为,以曹操之"多谲",以及他对周边地形的熟悉,此举很可能是他的一次急中生智。他明明知道不足千人的"悉兵拒之",即便加上"妇人守陴"也不顶用,却还是要这么做,就是想蒙吕布一把。因为吕布并不知道曹操的大部队下乡收麦子去了。他看见曹操这边上阵的不足千人,连女人都用上了,必定起疑。起疑必定撤退。等到第二天再来时,大部队已经调回来埋伏在大堤之南的树林里了。那么,吕布第二天为什么要再来呢?因为他想明白了,曹操其实是负隅顽抗;或者不甘心,想看看曹操这边的"妇人守陴"和"悉兵拒之"究竟是怎么回事。可惜他晚了一步,而曹操要的就是这个"时间差"。

无疑,这里面有冒险,有侥幸,也不乏赌博的意思。也就是说,曹操当时的想法很可能是两手准备:先示弱,后拚命。如果能蒙住吕布,让他摸不着头脑,就诈他一下,反正第二天就能把部队调回来。实在不能蒙混过关,那就拼个鱼死网破。所谓"悉兵拒之",我以为当作如是解。

其实,但凡使用"空城计"者,谁不是两手准备?谁又能万无一失?魏禧《日录》就说,诸葛亮也就是遇到了司马懿,"若遇今日山贼,直入城门,捉将孔明去矣"。由此可见,曹操此举,和晋人郭冲《条亮五事》(这是诸葛亮"空城计"的最早出处)、罗贯中《三国演义》中诸葛亮的"空城计",正可谓有异曲同工之妙。诸葛计成,是对方知道他一生谨慎,因此怀疑他城中不空。曹操侥幸,则是对方认为他一生奸诈,因此怀疑他城外有伏。疑其"城中不空",所以认为"开四城门"是引我上当。疑其"城外有伏",所以认为"妇人守陴"是诱我深入。细节虽然不同,但事不同而理同,因此不妨都名之曰"空城计"。

可惜诸葛亮那件事并未发生，而且于理不合。第一，司马懿不敢进攻，无非是害怕城中有埋伏。那么，派一队侦察兵进去看看，行不行？第二，司马懿"果见孔明坐于城楼之上，笑容可掬"，距离应该不算太远，那么，派一个神箭手把诸葛亮射下城楼，来他个"擒贼先擒王"，行不行？第三，按照郭冲的说法，当时司马懿的军队有二十万人，诸葛亮只有一万人；按照《三国演义》的说法，当时司马懿的军队有十五万人，诸葛亮只有二千五百人。总之是敌众我寡。那么，围他三天，围而不打，行不行？何至于掉头就走呢？所以裴松之作注时，就断定郭冲所言不实。裴松之说："就如冲言，宣帝（司马懿）既举二十万众，已知亮兵少力弱，若疑其有伏兵，正可设防持重，何至便走乎？"

但是，在诸葛亮那里并不可能的事，为什么在曹操这里就可能呢？因为情况不同。第一，当时吕布手上只有一万多人，并不像司马懿那样有一二十万，围而不打大约不行。第二，此处地形确实是打埋伏的好地方，吕布不能疑。第三，吕布既然不可能打马向前，"辕门射戟"的手段也就使不上。再说曹操也没在城楼上，射谁呢？"令轻兵挑战"的事吕布倒是做了，可惜是在第二天。这时，曹操已经当真设了埋伏，派兵侦察又有什么用？当然，你可以不同意曹操这件事是"空城计"，因为曹操的"令妇人守陴"也可能并非计谋。但不管怎么说，我的说法毕竟于理不悖，于史有据。按照科学研究的惯例，至少可以作为"假说"提出，怎么就是"信口开河"、"破绽百出"呢？

至于"空城计"究竟是谁发明的，当然可以讨论。包括曹操这一招算不算，历史上有没有"空城计"，都可以讨论。事实上，对于这个问题，历来就有不同看法。将曹操此例算作空城计，这话早就有人说过，不是我的"发现"。将文聘此例算作空城计，这话也早有人说过，并不"新鲜"。还有人说最早的"空城计"，发生在公元前666年。这都算一种说法吧！我们不能因为别人和自己观点不同，就乱扣帽子。钱锺书先生的《管锥编》，就只列举了《南齐书·高祖纪》、《旧唐书·良吏传》和《北狄传》的三个例子，也不提文聘和赵云的那两例。按照网友"红茶杨威利"的逻辑，是不是也要算作"一知半解"呢？

其实提不提文聘那一例，各人有各人的原因。我不提，是因为它发生在曹操战吕布一事之后。钱先生不提，则可能是先生对"空城计"的概念有严格界定。考《管锥编》所举三例，一则曰"偃兵开城门"，二则曰"开城门延贼"，三则曰"开门以待之"，都有"开门"这个环节。我不知道这是否就是钱先生的标准。如果是，那么，我说的那一例不算，"红茶"先生的那一例也不好算数的呢！至于周振鹤先生断言历史上不曾有过"空城计"，他的标准可能更严格，具体内容我就不晓得了。但可以肯定，周先生作为复旦大学历史系的资深教授，是决不会"更加无知"的。

附录二　我 的 历 史 观

一

有一家媒体问我：你常说，历史也是可以酿酒的，这代表你的历史观吗？我回答说，不能代表。这样一句话，怎么可能就代表了历史观呢？但这话没错，历史确实可以酿酒。《三国演义》就是历史酿的酒。不过也有酿成醋的。而且，酿成醋的还不少，能把人的牙都酸掉。酒也有好几种。有甜酒，有苦酒，还有药酒，也有只做药不酿酒的。总之，历史就是让人说的东西。说的过程就是发酵的过程。至于酿成什么，一看目的，二看手艺，三看运气。

媒体喜欢的是直截了当。所以这个问题也就只能这样回答。但他们也提醒了我，是得找机会谈谈历史观的问题。

正好，也是这家媒体，连续发表了一些批评我的文章。事实上，自从我应中央电视台的邀请，在《百家讲坛》开讲《汉代风云人物》，尤其是今年开讲《品三国》以后，受到了很多观众朋友们的支持，也遭遇了一些批评。这让我感到很欣慰。其实我一直渴望着批评，尤其是那些有分量、能够击中要害、让我深思的公开的批评。人是要有支持的，也是要有批评的。支持让人振奋，批评使人进步，它们对于每个人都是一笔宝贵的财富。借此机会，我向所有支持和批评我的观众朋友表示衷心的感谢。

但是，我也要做一点说明。第一，我没有义务，也没有可能回应所有的批评。人的时间和精力是有限的。所有的批评都必须回应,那就太难为人了。第二,我希望批判者能够公开亮相,使用真名实姓或者常用笔名,这样比较公平,也显得光明磊落。起码,你不能明枪暗箭一起来,打一枪换一个名字,那就变成骚扰了。第三,我希望这种批评是与人为善、心平气和、实事求是的,至少也是负责任的。当然,一个电视节目播出之后,就变成了公共产品,观众也就有权来批评,来讨论,来品头论足说三道四。这是他们神圣不可侵犯的权利。你不能要求所有的批评都有道理,也不能要求所有的批评都负责任。而且,当这个权利受到损害时,我们还应该出来帮助他。这就是西哲所谓"我坚决反对你的意见,但我宁愿牺牲生命也要捍卫你说出这意见的权利"。

不过,作为个人,作为公民,权利都是对等的。你有说(包括说和不说)的权利,我也有听(包括听和不听)的权利。我不能要求你说的都对,都有道理,都负责任,你也不能要求我都听,都同意,都接受,甚至不能要求我都回应。就说前面提到的那家媒体,发表了一篇批评我的文章,署名"老牛"。老牛先生认为,我的《品三国》不像是"平民立场,现代视角",毋宁说是"曹操立场,古代视角"。因为我在讲曹操杀吕伯奢家人一案时,对曹操进行了"曲意回护"。这个批评,我倒是作了回应的。我说,我不否认在讲此案时确有为曹操辩护的意思。但我之所作,并非"无罪辩护",而是认为《三国演义》夸大其辞,后世评价"量刑不当"。这难道违背"现代精神"吗?我在节目里说得很清楚:"凄怆这两个字很重要"。凄怆这两个字,就是曹操"还保留了一部分善心"的证据。这怎么是"无耻小人"呢?这是"有耻小人"!这样一种心情,和《三国演义》里面那种理直气壮的态度难道就没有区别?难道当时曹操应该到官府去自首,而衙役们则会对他说"你有权保持沉默"?不过,好在老牛先生是赞成现代观念的。那么,面对诸如此类的批评,我总有权保持沉默。

这就是我对老牛先生批评的回答。但是,这位先生提出来另一个问题,我觉得是很有意义的,也是应该回答的,就不行使沉默权了。什么问题呢?就是我说了曹操是"宁做真小人,不做伪君子"这句话,老牛先生不同意。他说,这个常常流行于礼崩乐坏、道德失范时代的判断,其实未必。伪君子至少还对某些社会规范怀有畏惧之心,廉耻之心尚存,所以行事多少还有些顾忌或底线。真小人呢,那就无所顾忌的胡来了。

这话说得好,很有分量,而且不容回避。的确,如果"真小人"确实比"伪君子"更坏,那么,我的说法就不仅"误人子弟",而且近乎"祸国殃民"。这可是不能不讲清楚的。

表面上看,这是一个选择题。也就是说,当我们进行人生选择时,是"宁做真小人,不做伪君子"呢,还是"宁做伪君子,不做真小人"? 当然大家可以自由选择,因为选择都是自己的事情。但是,我请你不要匆忙选择,因为这个选项是不完全的,题目也是有问题的。比方说,我们怎么就不能选择做"真君子"呢? 所以我们还得把这个问题都说透了。

实际上这是一个排列组合的选项,逻辑性是很强的。怎么样的排列组合呢? 就是这里有一组概念——君子、小人,那里也有一组概念——真的、假的。然后真的、假的这一组,和君子、小人这一组,两个选择我们进行搭配,我们看看能搭配出几个结果来。大家可能马上就会说四个,那我们看是不是四个? 第一个,真正的君子,真君子。第二个,虚伪的君子,伪君子。第三种,真正的小人,真小人。第四个,虚伪的小人,有吗? 没有。

所以,这个题目不是四个选项,只有三个。四个东西或者项目搭配下来,怎么只有三个结果呢? 这不合逻辑呀! 但事实就是如此——世界上只有伪君子,没有伪小人。为什么呢? 因为恶是不需要作伪的,也没有谁会假装恶,假装小人。如果一个人让人觉得恶,被认为恶,那他一定是真恶。这里说的"让人觉得"和"被认为",都不是指表面现象。比方说一个人看起来"凶神恶煞",实际上"心地善良",就不能说是"伪恶人",只能说是"真好人"。当然,在某些特殊情况下,出于特殊原因,也可能有人必须假装恶人,或假装小人,比方说为了破案而潜入犯罪集团。但那也不能说他是"伪恶人"或者"伪小人",只能说他是"真君子",甚至是"真英雄"。

我们这样搭配下来,或者这样推论下来,得出一个什么结论呢? 就是"恶没有伪",对不对? 比方我们说"伪善",有这个词。有"伪恶"吗? 没有。恶没有伪,小人没有假的。这说明什么呢? 说明恶是一种真实的东西,而善则是对恶的改造。

这也是古已有之的观点。大家知道，我们中国古代的战国时期，有两位思想家，一个孟子，一个荀子，争论过人性本善和人性本恶的问题。孟子认为人性本善。孟子说，人性之向善，就像水往低处流一样，是自然而然的事情（人性之善也，犹水之就下也）。水，没有不往低处流的（水无有不下）；人，也没有不向善的（人无有不善）。在这个问题上，大家都是一样的，就连尧舜也没有什么两样（尧舜与人同）。为什么呢？因为人性本善。一个人，刚生下来的时候，他是干干净净的，叫做"赤子"。赤子的心灵，是很天真，很纯朴的。所以，但凡天真纯朴的心灵，就可以叫做"赤子之心"。为什么要有这样的词啊？就因为赤子的纯洁是很可贵的。所谓"君子"，就是保留了这种纯朴天真心灵的人，叫做"大人者，不失其赤子之心者也"。问题是，大家既然生下来都是赤子，为什么有的人最后变成小人了呢？那是学坏了。所以我们要加强道德的修养，不让我们变成一个坏人，不要学坏。只要大家保住赤子之心，那就"人皆可以为尧舜"。这基本上是孟子的观点。

荀子的观点是什么呢？人性本恶。人生下来都是恶的，所以你必须加强道德修养，才可能变成一个好人，叫做"无伪则性不能自美"。伪是什么？伪就是人为。如果没有后天的修养和改造——伪，那么，天生的那个"性"（人性），是不可能自动变好、变善、变美的。也就是说，只有不断改造自己，你才有可能变成一个好人。

这就牵扯到一个问题——人性本善还是人性本恶，而这样一个问题其实是没有答案的。为什么呢？因为一个人刚刚生下来，还没有接触社会、接受教育的时候，他还不是社会学意义上的人，只是生物学意义上的人。也就是说，从生物学的角度讲，他是人科动物当中的一个；而人恰恰不单是自然的存在物，更是社会的存在物。人是社会的。只有加入社会，才是真正的人，也才有人性；而一旦接触社会，就很难讲他的本性是善是恶了。

不过有一点可以肯定，就是人类社会是善恶并存的。没有纯粹只有善的社会，也没有纯粹只有恶的社会。人的社会就是这样的矛盾体。西方人甚至说，人一半是天使，一半是魔鬼。也就是说，人的身上，既有神性，又有兽性。神性就是善，兽性就是恶，人是神与兽、善与恶的对立统一。

　　当然,话不一定这么说。但可以肯定,真善美是和假恶丑相对立而存在,相斗争而发展的。没有假恶丑,也就无所谓真善美。而我们追求的是什么?追求的是善。何以证明人类是追求善的呢?只有"伪善"没有"伪恶"就是证明。什么是伪?就是伪装、假冒。为什么要伪装、假冒呢?当然是因为人类认同善。善,是人类共同追求的价值。

　　但我们不要忘记,恶可能也是一种本性,一种真实的存在。其实,"追求"二字,本身就意味着"善"这个东西,或者本来没有,或者容易丧失,否则就不必追求了。主张人性本善的,认为它容易丧失;主张人性本恶的,认为它原本没有。所以他们都主张追求,也就是都认为人应该善。那么,认为人应该恶的,有没有呢?没有。就连恶人,也不主张人就应该恶。问题是,没有人主张恶,恶却依然存在,这又是为什么?有人说是学坏了。于是我们就要问:第一,跟谁学的?跟动物么?第二,为什么一学就会?第三,为什么学坏那么容易,学好就那么难,要一再提倡?凡此种种,都说明人性中有恶的成分,而且还很顽固。

　　这就又回到原来那个话题了:人性究竟原本是善还是恶。可惜这个问题是说不清的,也离本题太远,那就先搁置起来。反正,恶是一种存在,一种现实的或者潜在的存在。

　　在这样的情况下,就有一个问题了,那就是如何努力向善而防止作恶?这是我们不能不想的问题。正是由于这个原因,我认为老牛先生对我的批评是很有道理的,也是很有意义的。他说,"伪君子"至少还对某些社会规范怀有畏惧之心,廉耻之心尚存,而行事多少还有些顾忌和底线。在这里,他提出了三个问题,三个概念,三个关键词。一个是顾忌,一个是底线,还有一个是社会规范。也就是说,我们要做一个好人,不做坏人,我们要行善不作恶,靠什么呢?靠社会规范,另外每个人都要有底线和顾忌。这个意见我觉得非常正确。虽然他是批评我的,我还是认为他的意见很有道理。

　　但问题是,我们不能抽象地讲要有顾忌、底线和社会规范。我们还要问:什么底线?什么顾忌?什么社会规范?也就是说,你的底线指的是什么?你的顾忌指的是什么?那个社会规范又是什么?这正是我和许多批评我的人意见分歧所在,也正是我要和老牛先生、和大家讨论的问题。

二

我们先来看底线和顾忌这两个概念。

底线是属于什么的呢？底线是属于内心的。就是我不作恶，决不作恶。我做事情再怎么样，哪怕做一些不好的事，也要有一条底线，不能突破。比方说，我偷东西，但我不杀人。就算被人看见了，也不能杀人灭口。或者说，我偷东西，但我不奸淫。就算女主人国色天香，也不能见色起心。再比方说，我偷东西，但我只偷富人的，不偷穷人的，或者决不偷人家的活命钱、救命钱等等。这叫做"盗亦有道"。这个底线从哪里来？从自己来，只能来自每个人自己的道德观和道德感。所以底线是由道德来负责的，我们也称之为道德底线。

那么顾忌是什么呢？顾忌是外加的。就是说，不是我不想作恶，不是我不想干坏事，也不是我不会干坏事，也不是我不能干坏事，是我害怕。害怕什么呢？恐怕是老牛先生说的"社会规范"。这当然不错。但我还是要再问一句：什么规范呢？老牛先生没有说。不过看他的意思，似乎也是道德。他的原话是"伪君子至少还对某些社会规范怀有畏惧之心，廉耻之心尚存"。所谓"廉耻之心"，当然就是道德了。

于是我们就要问：道德真能够使人有所顾忌吗？我的结论是不能。

我们知道，道德是和良心联系在一起的，而良心是每个人内心深处的东西，是属于每个人自己的。什么叫道德？什么叫善？善不是说没有恶。一个人，为什么没有恶？怎么会没有恶？天生没有吗？这就讲不清、靠不住了。因为我们无法知道人的天性究竟是善还是恶。所以我们只能把这个问题挂起来，而且要把下面这个道理讲清楚，那就是：善，不是没有恶。善是什么？是我本有恶，我也会作恶，我也想作恶，我还能够作恶，但是我不作恶，我发自内心地不愿意作恶，这才叫善。这是"真善"。我本来也想作恶，我也能作恶，我装一个不作恶的样子，我用一个不作恶的样子去作恶，或者等到能够作恶的时候再作，那叫"伪善"。"真善"就是明明可以却偏偏不做，我发自内心地不愿意。我一想到作恶，我的良心就受不了。或者一旦突破底线，自己就先不能通过，甚至恨不得给自己一耳光。这个底线就来自道德。它是内在的，不需要别人监督的。

道德的底线也是别人监督不了的。因为底线来自良心，良心属于每个人自己。一个人如果不讲良心，别人是拿他没办法的。孔子的学生宰予问孔子，三年之丧有什么道理呢？一年也就够了。孔子说，父母去世不到三年，你便吃那白米饭，穿那花缎衣，心里面觉得安不安呢？宰予说，安呀！孔子也只好气呼呼地说，你良心上过得去，你就做嘛！一个君子，之所以守孝三年，是因为在这三年中，他吃好饭不觉得香，听音乐不觉得美，住在舒服的房子里心里不安。你既然心安理得，那你爱怎么着就怎么着吧！可见，良心不需要监督，也监督不了。从这个意义上讲，良心不是顾忌。

良心为什么不是顾忌呢？因为第一，良心不是"不敢"，也不是"不能"，而是"不肯"。第二，良心发自内心，不靠别人管着。实际上所有的道德，真正的善，都是不要别人管，也是别人管不了的。由此可见，道德一旦成为顾忌，那就一定是伪善。这个道理，老牛先生其实是清楚的，因此他把因"道德顾忌"而不敢胡来或者有所忌惮的人称之为"伪君子"。不过他认为，有所顾忌总比无所顾忌好，所以"伪君子"也比"真小人"好。

这就又需要讨论了。

有所顾忌总比无所顾忌好，这话对不对？也对也不对。何以言之故？因为要看是什么顾忌。如果是"道德顾忌"，就未必。为什么呢？因为"顾忌"二字与道德精神相悖，道德也不可能真正让人有所顾忌。为了说清楚这一点，我们不妨问一下：出于道德上的顾忌而不敢作恶，究竟怕什么？无非是怕人家说，即所谓"道德谴责"。我们知道，道德不是法律，没有刑律之类的"硬控制"或"硬惩罚"手段。它是一种"软控制"，其常规手段也就是"口诛笔伐"。那么请问，如果没人说呢？或者说不了呢？或者不在乎呢？一个人，在他还觉得"人言可畏"的时候，道德的谴责是会有约束作用，让他有所顾忌的。但是，一旦他成了某种人物，谁也说他不得时，那就恐怖了。天知道他会干出什么事情来！所谓"王莽谦恭未篡时"，就是这个意思。未篡位时，是谦恭的。篡到了呢？那就对不起！其实，即便成不了王莽，也总有别人看不见、说不了的时候，比方说"背地里"或者"私下里"。所以，一介草民，自不妨"当面是人,背后是鬼";大恶大奸,更可以"寻常看不见,偶尔露峥嵘"。总之是平时夹起尾巴做人,一有条件就原形毕露。请问,这种顾忌,靠得住吗?

当然,要说道德的谴责一点作用都没有,也不是事实。作用还是有的。比方说,说的人多了,会有舆论压力;说的时间长了,会有心理压力;对于其他的人,会有教育意义;对于整个社会,则能够营造道德环境和道德氛围。因此,我们必须坚持对不道德的行为进行谴责,但不能天真地认为,那一定能使恶人顾忌。

或许有人会说,我们说的"道德顾忌",不是怕别人说,而是怕自己说。很好,我们要的就是这个。但对不起,这是"良心",不是"顾忌";是"真善",不是"伪善";是"真君子",不是"伪君子"。前面已经说过了,道德原本应该发自内心,不能是外在的监督。因此,一旦成为顾忌,就有作伪嫌疑;而一旦作伪,就突破了道德底线。道德的底线一旦突破,老牛先生(还有其他女士和先生们)期望的东西,恐怕就没有希望了。

这里有一个问题,那就是:"说真话,不说假话;做真人,不做假人"这个原则,是道德的底线吗?是。道德的终极目的是什么?是人的幸福。幸福是主观的还是客观的?主观的。因此,一种道德如果违背了人的本性,或者逼得人们去作伪,那就一定是"伪道德"。同样,一个人如果违背自己的天性和本真去做人,去说话,那就一定是"伪善"。当然,有时候我们也得说点假话,或者不说真话。比方说,为了保护别人,我们可能要说假话;为了保护自己,我们可能不说真话。但必须指出,"保护别人"和"保护自己"不能混为一谈,"说点假话"和"不说真话"也是两个概念。为了保护别人,可以说点假话(比如一个歹徒追杀一个弱者,问你见他跑到哪里去了,你就应该朝相反的方向指)。为了保护自己,你也可以不说真话,但决不能说假话。或许有人要问,既不能说假话,又不能说真话,那我说什么话?很简单,不说话。如果不能不说,那就说不会伤害自己的真话。根据道德原则,一个人所说必须真实,但他没有义务也没有必要把所有的真实都说出来。

那么,一点假话都不能说吗?除非为了保护别人和帮助别人,一点都不能说。而且,即便是为了保护或者帮助别人,也不是什么假话都可以说。为什么呢？因为说假话就是作伪，而作伪⋯

且，今天你敢说一句假话，明天就敢说十句，后天⋯

今天你可能只是有所顾忌，明天就可能是习惯性作⋯

国大盗。

这样看来，"真小人"就比"伪君子"更可爱，也更可⋯

不装，不假，不作伪。我们知道，"真小人"和"伪君子"⋯

恶。"真小人"是小人，"伪君子"就不是？也是。那么，区⋯

也就一个字：装，"伪君子"装（伪装），"真小人"不装（真实⋯

意义上讲，"真小人"反倒更接近于善。

这个观点，⋯牛牛（怀有其他女士相亲牛们）可能会不同⋯

们会说，不对。"伪君子"和"真小人"的区别，在于一个廉耻之心⋯

行事尚有顾忌，另一个则肆无忌惮无法无天，想怎么胡来就怎么⋯

所以后者更可怕。这话其实似是而非。首先，"廉耻之心尚存"就⋯

"伪君子"，至少也是"半君子"，或"半君子，半小人"。其次，"行事⋯

有顾忌"固然好，就怕他一旦没了顾忌便变本加厉，因为他的"善"原本

就是装出来的。他付出了"装"的代价，自然要设法"赚"回来。不但要

"扳本"，还得有"红利"。第三，肆无忌惮无法无天固然可怕，但在"真

小人"，却是明着来，我们至少有所警惕，可以防范。"伪君子"就相反。

什么是"伪君子"？就是"满口仁义道德，一肚子男盗女娼"，廉耻之心

早已荡然无存，却装出一副还有的样子。这就更加厚颜无耻，也更麻

烦。因为你既不知道他是真是假，又不知道他是善是恶。请问，你是防

他呢还是不防？再说了，谁都知道，明枪易躲，暗箭难防，如果满世界都

是伪君子，那你可是防不胜防。请问，谁更可怕？

所以，不要以为伪君子们"行事尚有顾忌"，我们就可以放心，我们

这个社会就安全。也不安全呐！

或许有人会问，那我们难道就不要顾忌了吗？要。但不是靠道德，

或主要不靠道德。靠什么？法律。为什么是法律而不是道德呢？因为

道德是"软控制"，法律是"硬控制"。前面讲过，什么是"顾忌"？就是

我想作恶，我能作恶，我会作恶，但我不敢。为什么不敢？因为有人管

着，而且一定要管，一定会管，一定管得了。显然，这里说的这个"人"，

不能是个人、私人。个人和私人没有这个权力，也没有这个义务，还没

有这个能力。一个人作了恶,我们可能谴责,也可能不谴责。可能因为正义感而义愤填膺,路见不平一声吼,也可能因为碍于情面或慑于权威而噤若寒蝉。就算管,被管的人也未必听。所以靠不住。

靠得住的只有法律。因为第一,法律代表的不是个人的意志,而是全民的意志,社会的意志,国家的意志,不会因为个人的亲疏好恶而左右摇摆宽严皆误。也就是说,法律是铁面无私的。第二,法律依靠的是国家力量,使用的是公共权力,力大无比。一个人,如果作了恶,哪怕你躲到天涯海角,也能把你捉拿归案,正所谓"天网恢恢,疏而不漏",这就有威慑力。第三,法律有切实可行和实实在在的惩罚手段,不像道德只能进行谴责,这就比道德更能让人畏惧。第四,法律的本性是执法如山,人人平等,不会出现"刑不上大夫,礼不下庶人"的情况。所以,只要是法治国家,是法制健全之时,那么,哪怕你是天王老子,如果胆敢作恶,自然会有人来管你,而且管得你不敢再犯!

当然,以上分析,都是理论上的,实际情况也并不都尽如人意。但我们现在也只能做理论分析,对不对?事实上,世界上没有十全十美的事情,也没有十全十美的方案。法律并不万能,法治也是会有问题的,这个我们以后有机会再说。因此,我们不能求"最好",只能求"最不坏",不能求"绝对可行",只能求"相对可靠"。相对而言,如果要让人心存畏惧心生顾忌,法律要可靠得多。

看来,老牛先生"打包"提出来的问题,是要分析的。人,确实需要社会规范,但不能只有一种;人,也确实需要底线和顾忌,但不能都交给道德。社会规范应该有两种,一种是道德,一种是法律。它们也应该有所分工,那就是道德管底线,法律管顾忌。

三

道德管底线,法律管顾忌,两种社会规范各有分工并行不悖,这是人类经过数千年的探索得出的结论。在此之前,不同时期和文化背景下的不同民族和国家,曾经有过不同的选择,有的更偏重法律,有的更偏重道德。讲历史观,不能不讲这两种选择。

传统社会的中国人是偏重道德的,至少儒家是这个主张,因为他们觉得道德更管用。孔子说,治理一个国家可以用道德,也可以用刑律。但是,用刑律治理国家的结果,是"民免而无耻",就是老百姓不敢犯罪,但是没有廉耻之心,他心里还是想犯罪的。这就"治标不治本"。治根本要用什么呢?用道德。以德治国的结果是什么呢?是"有耻且格"。格,有各种解释,其中一种是"正"。所谓"有耻且格",就是既有廉耻心,又有正义感。因此,治理国家不能靠刑律,只能靠道德,也就是只能实行"德治"。

既然是"以德治国",那么,就先得把皇帝也好,官员也好,都设计成好人,主张并相信"君子治国"。因为如果连治国者都不是君子,又怎么能够指望被治理的人"有耻且格"? 所以必须假设,皇帝一定是仁慈而圣明的,是"圣人";宰相一定是正派而贤明的,是"贤人";地方官则一定是廉洁而高明的,是"君子"。皇帝圣明,宰相贤明,地方官高明——"三明主义"。这就是中国传统政治制度的思路。

这个观念不能说没有道理。一个国家,一个社会,人人都是君子,满街都是圣人,每个人都讲道德,难道不好吗? 当然好得很,实在太好了。所谓"尧舜之世",也无非如此。可是,做不到怎么办? 事实上,我们建设了几千年,这个"理想国"和"君子国"也没能建起来,"伪君子"反倒弄出不少,甚至弄出"非典型腐败"来了。

什么叫"非典型腐败"? 就是区别于"典型腐败"。比方说我的哥们杀了人,要把他从监狱里捞出来,我就花钱买通法官,买通警察,买通律师,把他从故意杀人定为过失杀人,再来一个保外就医,然后我就把他弄出来。这就叫"典型腐败"。因为我送钱、送礼、请客、吃饭是有既定目标的,这种案子一旦发现也是要严惩不贷的。

那么,"非典型腐败"是什么呢? 第一,不是说我有事了,送你一个红包。什么事都没有,什么具体的目的都没有,照送。这可以叫做"无目的贿赂"。第二,按照一定的时间和规矩,到时候就送,比如三节两寿。三节是什么呢? 春节、端午节、中秋节。两寿是什么呢? 就是长官过生日,长官的太太过生日。当时还有一个笑话,说有一个长官属鼠,生日的时候下属就送他一只纯金打造的老鼠。长官非常高兴地说,告诉你,我太太属牛。这个可以叫做"常规性贿赂"。第三,这种贿赂是人人都送人人都收的,不收不送就会被视为异类,检举揭发就更是匪夷所思。明清两代不收不送的只有一个人,他就是海瑞。所以海瑞派到哪儿当官都不受欢迎。这个可以叫做"普遍性贿赂"。

于是我们就要问:为什么啊?制度。明清两代官员的俸禄极低。明代一个县太爷的月薪相当于多少呢?据吴思先生计算,相当于现在的1130元人民币。这点少得可怜的钱,要用来做路费、买官服、养家人、雇师爷。师爷是什么?就是长官的私人秘书,国家不发工资的。这个钱谁出?自己掏。还有迎来送往,还有请客送礼,你说这1130块他够吗?所以惟一不收红包的海瑞,一年只吃一次肉,就是他母亲过生日的时候。这事当时曾在官场传为新闻。官场的人奔走相告,说告诉大家吧,海瑞今天居然买了两斤肉啊!

海瑞后来是被当作了道德楷模的。但在我看来,那是楷而不模,因为没有人学他。怎么能学呢?不收红包没有办法过日子啊!所以这个腐败是逼出来的腐败,是"逼良为寇"。这种腐败因制度而生,最后又形成了一种不成文的制度,因此是"制度性腐败"。我有一本书叫《帝国的惆怅》,谈到了这个问题,欢迎感兴趣的朋友去看。

不过我们还是要问,既然如此,为什么要把薪水定得这么低,就不能调高一点吗?原因也很多。其中之一,就是为了标榜以德治国,君子治国。我们官员都是君子啊!君子不爱财,君子很廉洁,君子艰苦朴素,君子安贫乐道。他们出来做官,是为了报效国家效忠皇上,实现自己的政治理想和人生抱负,少拿一点没关系啦!甚至不拿钱、倒贴钱也可以啦!结果怎么样呢?结果是搞出伪君子,搞出"制度性腐败"。

相反我们看美国这样的国家。它的总统难道都是君子?也有不是的。它的总统想不想作恶?也有想作的。尼克松不是有水门事件吗?克林顿呢,拉链门事件。所以小布什没准也会整出点事儿来。但是最后怎么样?他弄不成。克林顿倒是混到底了,尼克松就只好辞职下台。因为克林顿只不过"私德不修",尼克松却是"妨碍司法"。这个不能容忍。你可以做点缺德事(当然被曝光以后要道歉),但是你不能妨碍司法,更不能利用总统职务和行政权力来干预司法。所以他得下台。克林顿呢?他的事情揭发出来以后,支持率还增加了。美国人说,这个哥们不错啊!他怎么喜欢莱温斯基这样的女人?这么俗气,这么没有品位,跟我差不多啊!支持率反而上去了。民主社会就是这样,领导人必须跟着老百姓的口味走,不能够自命清高。民众也不在意领导人是君子是小人,有学问没学问,有品位没品位。反正有制度管着,谅他也不能如何,学问少一点,品位低一点,没准更好。

在这里我们也能看出中西文化的差异。上次美国大选后,记者问选民,你为什么选小布什,不选戈尔? 有个老太太说的非常有代表性。她说戈尔这个人太聪明,太多学问了。学问多,人聪明,肚子里弯弯绕就多,把国家交给他我不放心。小布什呢? 憨憨的,像个加油站的伙计,这个靠得住。我们就很奇怪。按照我们中国人的观点,应该是精英治国。治国的人,应该是有能耐的、有水平的、有品位的、有修养的,怎么选个傻乎乎的,一口土腔,没有文化? 选这么个人,怎么能够放心? 就因为他们更看重的是制度,不是人品。它制度上已经设计好了,你想作恶也没那么容易,有很多东西管着你呐! 实际上,在美国人看来,所谓"白宫",无非是高速公路上一个加油站。总统呢,也不过是加油站里的修车伙计,充其量是个卖二手车的。这样的人,会两下子就行了,憨厚一点就更好。

当然,小布什也未必就多憨厚。不过美国人的要求也不高,只要"看起来老实"就行。反正他们把所有的问题和麻烦都交给了制度和法律,总统是君子还是小人,无所谓了。我们知道,美国人在设计国家制度的时候,是不太相信什么"廉耻之心"的,也不指望治国的都是"君子",反倒时时刻刻提防"小人"。大家有兴趣的话,可以读我的《美国宪法的诞生和我们的反思》这本书。美国宪法的一个基本设计思想,就是把治国的人先想象成小人,然后再设计一整套的东西来防范。因为一个人作恶,其后果跟他的能力大小是有关系的。比方说一个小民他要作恶,他能恶到哪里去呢? 一个总统如果作起恶来,那就吓死人了。尤其是美国这样一个国家,它的总统要作恶,全世界都麻烦。怎么防止他作恶? 先把他想成坏人。当时制定这个宪法的时候,大家心目中第一任总统就是华盛顿。虽然所有的人都没有明说,心里却是这么想的。可是富兰克林却说了一句有名的话。他说,我估计我们的第一任总统会是一个好人,但是后来的那些家伙,就天知道他们是什么了。因此,必须制定一整套的法来限制他,不让他作恶。这就是美国人的建国思想或者思路。

然而这里面仍有问题。什么问题呢？就是中国古代社会虽然主张"德治"，却也并非单纯地只靠道德。我们也有法律和制度，怎么就不管用了呢？

原因也很多，这里只能简单说说。首先，中国古代是否有法律，本身就是一个可以讨论的问题。我个人的看法，是只有"刑律"，没有"法律"，更没有"法治"。或者说，没有法治意义上的法律。什么是"法治意义上的法律"？第一，这法律必须是全体公民通过立法机关和立法程序制定的"全民公约"。它体现的是全体公民的意志，而不是少数人、个别人的意志。但是，中国古代只有"臣民"，没有"公民"。既然连"公民"都没有，又哪来的"全民公约"？也就只能有体现君王意志的"王法"。王法非法，因为它不代表最广大人民群众的根本利益。第二，这法律必须对所有人都具有同等效力，所有人在它面前都是平等的，而"王法"显然不是，至少它不能约束皇帝。所谓"王子犯法，与庶民同罪"，也不过是一句空话。没有皇帝的批准，是不可能"同罪"的，结果仍然是"人治"，不是"法治"。第三，这法律中必须有国家的根本大法——宪法。宪法高于一切，既高于一般法，也高于执法人。包括国家元首和政府首脑在内的任何人，都只能按照体现全体人民共同意志的宪法来治国。也就是说，治国的其实是法，不是人。这才叫"法治"。

这样的观念和这样的法律，都是中国古代闻所未闻的。因此，中国古代所谓"法治"（比如法家主张的），就只能叫做"刑治"或"律治"，也就是按照一定的条款（律）来实施惩罚（刑），治国的仍然是人。在这一点上，孔子的说法是比较准确的。他反对的是"齐之以刑"，不是"齐之以法"。他也没有说过"齐之以法"。可见，中国古代所谓"法律"，其实是"刑律"；所谓"法治"，其实是"刑治"。这是有着本质区别的两组概念，不能混为一谈。

在法治观念阙如的情况下，制度的作用就会变得可疑。没错，中国古代也有各种各样的制度，包括防止官员作恶的监察制度。而且，平心而论，这些制度还是蛮不错的。比如规定监察官员可以独立行使监察权，不受上级官员的制约。所以，一个七品（县处级）的监察御史，也可以弹劾王公大臣，他的上级管不着。甚至，就连自己的顶头上司，比如相当于监察部正副部长的御史大夫、御史中丞，或者都御史、都副御史，作为本部门下级的监察御史也可以弹劾。这难道还不好？

但是，第一，监察官员虽然相对独立，却非完全独立。他们可以独立于其他官员，却不能独立于皇帝。而且，皇帝也是不受监督和不能弹劾的。第二，这些制度设计出来，是对付君子的，不是对付小人的。所以，一旦朝中出现了小人，尤其是伪装成君子的大奸大恶，就没有办法。当然，办法也不是没有，不过那往往是"不是办法的办法"。比如明代嘉靖年间，朝臣们为了除掉大奸臣严嵩，就使用了"小人伎俩"和"不正当手段"，办法是诬陷严嵩的儿子严世蕃谋反，而且是勾结日本人。你说严嵩的儿子怎么可能勾结日本人背叛祖国？那是不可能的。举报人林润的奏折其实说得也很清楚："道路皆言，两人通倭，变且不测。"什么叫"道路皆言"？就是路上的人都这么说，实际上是捕风捉影，连匿名举报都算不上。然而并不容严世蕃申辩，更没有什么取证、对质，硬是手忙脚乱地就把他的脑袋砍掉了。这事当时就有人认为是冤案。但没有办法。不这样，严嵩一伙就除不掉。难怪黄仁宇先生的《万历十五年》要说这时中国传统的政治制度已至山穷水尽了，因为无论道德还是刑律，都已经不再管用。要防止恶，竟然只能用恶的办法。

四

严嵩的死，让我想起了另一个人，他就是岳飞。岳飞的死，可以说是中国历史上天字第一号的大冤案。其让后人之痛心疾首，一如明代诗人文徵明的《满江红》所说："最无辜堪恨更堪怜，风波狱！"然而岳飞曾经是极受信任和器重的，宋高宗赵构甚至对他说过"中兴之事，一以委卿"的话，还对王德等人说"听飞号令，如朕亲行"。所以文徵明才说："慨当初，依飞何重，后来何酷！"这就和严嵩不乏相似之处。严嵩最得宠的时候是很风光的。因为年纪大，嘉靖特许他乘肩舆出入紫苑，还为他修办公室，每天赐御膳，赐法酒。最后呢？寄食墓舍以死，也就是睡在坟场里，靠人家上坟的供品过日子。岳飞和严嵩在皇帝那里所受的"两重天"待遇，真是何其相似乃尔！

或许有人会说，你怎么能拿严嵩和岳飞比？一个是公认的大奸臣，一个是公认的大忠臣。一忠一奸，泾渭分明；一功一罪，天壤之别！这当然不错。但我们要问:奸臣就可以冤枉么? 坏人就该冤死么? 罢免(后来又抄家)严嵩,处死严世蕃,固然是实现了"实质正义",然而这种正义如果要靠不正当的手段来实现,那就只能叫做"荒唐的正义"。我在《帝国的惆怅》一书中,使用的就是这个标题。

正义要靠非正义的手段来实现,这种荒唐的事情只可能发生在荒唐的时代。不过,即便在那个荒唐的时代,也有很多人不以为然。张居正在主修《世宗实录》时就说,严世蕃是该杀的,但罪名应该定为"奸党"而不是"反贼"。其实,就连说严嵩父子是"奸党",也是冤枉的。他们两个恶贯满盈不假,对皇帝却是忠心耿耿。我们知道,嘉靖皇帝为了长生不老,是要亲自炼丹的。丹炼好以后,要找人吃一下,试一试。谁试呢? 严嵩。严嵩多大年纪呢? 七八十岁。然后吃下去还写实验报告,说什么臣夜服仙丹一丸,浑身燥热,痛下淤血二碗云云。这正是铅汞中毒的症状。一个七八十岁的老人,心甘情愿地充当皇帝实验室的小白鼠,你还说他是奸臣? 所以,严嵩只能算是"奸贼",不能算是"奸臣",更不是"奸党"。

实际上严嵩原本也是"正人君子"。《明史》说他身材高大,眉目清朗,声音洪亮,才华横溢,名重一时,初入官场时也还正派,能和其他大臣一起反对嘉靖的胡作非为。但是,自从嘉靖皇帝发过一次"雷霆之怒"后,严嵩身上原本不多、却好歹还有的那么一点"正义感",就荡然无存了,他也从此踏上了媚上、邀宠、弄权、谋私的不归之路。可以说,严嵩这个"奸臣",其实是嘉靖"培养"出来的。

那么,嘉靖这个混账皇帝,又是谁"培养"出来的? 何况中国古代的皇帝,又有几个不混账呢? 只不过混账的程度各有不同罢了。还说岳飞这个案子。岳飞的死,在民间常常是归咎于秦桧之罪的,但史家却另有说法。许多历史学家都指出,大宋一朝,原本有一个比较好的传统,就是不妄杀重臣;岳飞以前,也不曾有一位大将被杀。秦桧胆敢破此先例,谋杀岳飞,没有高宗的默许,几乎就不可能。至少,也是投其所好。文徵明说得好:"彼区区一桧亦何能? 逢其欲。"也就是说,秦桧那贼,不过算准了皇帝的心思而已!

同样,严嵩干了那么多坏事,没有嘉靖的纵容,也不可能。不要以为嘉靖在西苑炼丹就两眼一抹黑了。实际上就连一只苍蝇从朝堂飞过,他都知道,怎么会不知道严嵩都干了些什么? 不过睁只眼闭只眼,甚至有意放纵罢了。等到不想放纵时,他自有办法对付。所以,严嵩混账是因为嘉靖混账,秦桧丑恶是因为赵构丑恶。皇帝,是所有这一切的罪魁祸首。

但你不能说皇帝就天生混账,皇帝的混账也是被"培养"出来的。谁的"培养"? 帝国制度。前面说了,秦桧谋杀岳飞,是看准了高宗的心思。什么心思呢? "徽钦既返,此身何属!"也就是收复了中原,迎回了钦宗(其时徽宗已死),赵构就得让出皇位来。为了保住皇位,他就不能把仗打得太大,也只能向敌人曲膝求和,甚至帮敌人除掉岳飞。"千载休谈南渡错,当时自怕中原复。"这,也许就是他默许甚至暗示秦桧杀掉岳飞的原因之一。

其实宋高宗也好,明嘉靖也好,如果不当皇帝,也未必就有多坏。靖康之难时,当时还是康王的赵构,也曾有过"慷慨请行"赴金人军营谈判的壮举,而且表现还不俗。嘉靖的个人素质也不差,至少是个明白人。但是一当皇帝,就对不起了,既没有是非,也不讲道理。"尽忠报国"如岳飞,"贪赃枉法"如严嵩,在他们眼里并没有什么两样,都是想用就用想杀就杀的。原因和道理也很简单,就因为他们是皇帝。

从这个意义上讲,混账和丑恶的就不是嘉靖和赵构,而是皇帝制度。或者说,嘉靖混账,是因为皇帝制度混账;赵构丑恶,是因为皇帝制度丑恶。正因为这个制度是混账和丑恶的,所以,就连皇帝本人,也未必都有好结果。黄仁宇先生就说,他《万历十五年》一书中所涉及的人物,从权臣到名将,从清官到太监,从贵妃到皇子,其"最后的结果,都是无分善恶,统统不能在事业上取得有意义的发展,有的身败,有的名裂,还有的人则身败而兼名裂",包括皇帝,也不例外。显然,制度才是问题所在,皇权才是万恶之首。

所以,我觉得对于历史人物,确实要有"历史之同情",要看到他当时的那些处境和原因。最后我们得出的结论,也不应该是个人品质的优劣,而是制度的问题。简单地把历史人物分为好人和坏人、善人和恶人、君子和小人,是没有意义的。人性中不会纯粹是善,也不会纯粹是恶。坏人也有好心,恶人也有善意,小人也曾想做君子。我们要弄清楚的,就是这些原本也有好心和善意的人,是怎么变坏变恶的,如果有此可能的话。

曹操就恰恰是这样一个可以让我们做分析的人。一些朋友不理解我现在的讲法。他们质问:你为什么要用那么多的时间和篇幅去讲曹操? 为什么不多讲讲高风亮节鞠躬尽瘁的诸葛亮? 讲曹操这个"奸雄",有什么教育意义呢? 你究竟是"品三国"还是"品曹操"? 我当然是"品三国",不是"品曹操",但重点是曹操。讲曹操,或许没有多少"教育意义"(其实未必没有),却很有"教训意义"。大家知道,我们对这个节目的想法是四句话:以故事说人物,以人物说历史,以历史说文化,以文化说人性。这就要有一个典型。曹操,就恰恰是一个非常难得的、可以让我们实现自己想法的典型。

为什么曹操是这样一个典型呢? 因为在他的身上,善与恶是并存的,而且都很突出。他的人生道路,也是一个由"不太恶"到"比较恶"的过程。曹操这个人,可以说是少年"顽劣",青年"英雄",中年"枭雄",晚年"奸雄"。这就很有意思了,值得分析。比方说,他临终前曾留下一份《遗令》,其中说到婢妾和艺妓们平时都很勤劳辛苦,我死了以后让她们住铜雀台,不要亏待她们(见本书第一集),很有些人情味。但是,也就是在他去世前没多久,他的一个儿媳妇——曹植的妻子,仅仅因为穿了一件漂亮衣服,便被他以"违制命"的罪名赐死。这就不但毫无人情味,而且简直是暴戾、恐怖了。

那么,曹操又为什么要以如此之小的罪名处死他这个儿媳妇呢?是因为他嗜杀,以杀人为乐,或者容不得别人对他的命令稍有怠慢吗? 恐怕不是。在我看来,他杀曹植之妻,是为了敲打甚至贬抑曹植;敲打贬抑曹植,是为了让曹丕顺利接班;而让曹丕顺利接班,则是为了保证曹魏政权千秋万代。此外,他杀崔琰、杀杨修,也都与此有关。所以,他如此滥杀无辜,只是为了权力。而且,他能够这样滥杀无辜,也因为他拥有权力,并且是不受监督、限制和制约的最高权力。这种权力,才是比任何恶人都更可怕的东西。它甚至能使一个人从"不太恶"到"比较恶"和"非常恶"。我以为,这样看问题,才是"现代视角"。

我"品三国",讲到最后,将会回答这些问题。我在前期,是想把这段历史尽可能按照原貌先交待出来,结论是放在后面的。但是我不会归结于个人道德品质的优劣,只会归结于制度,包括曹操的悲剧,包括诸葛亮的悲剧,都是制度所使然。

不过,制度问题也不简单。比方说,我们前面做的比较,给人的感觉好像是"法治"优于"德治"。其实不是的。中国古代的问题,主要不在于主张"德治",而在于实行"君主制"。美国人能够防止他们的总统作恶,也不仅仅因为"法治",还因为他们实行"民主制"。民主制主权在民,政权民授,总统自然可以监督。君主制主权在君,君权神授,谁能奈何得了? 就连曹操这样的"准皇帝",还有孙皓那样的"小皇帝",也拿他没有办法。所以,讨论一个历史人物是君子还是小人,是没有意义的。争论法治和德治孰优孰劣,也是没有意义的。一个健全的社会和现代的国家,都既不可以没有法律,也不可以没有道德。道德管底线,法律管顾忌;法律防止作恶,道德使人向善,二者是相辅相成并行不悖的。比如我们讲"反腐倡廉",就是既要有法律(反腐)又要有道德(倡廉)。这大概才是比较理想的制度。

其实就连中国古代那个问题多多的制度也有它的道理,也有一个演变过程,而且在诞生的时候还是不错的。否则,我们这个民族早就灭亡了,更不可能有让全世界瞩目的灿烂辉煌。这是一方面。另一方面,这个制度又是有问题的。而且,正是由于自身的弊病,终于导致山穷水尽,不可收拾,最后被革命所推翻。现在我们建立了新中国,我们有了新制度,这是值得庆幸的事情。然而,一个新制度的建立决非一朝一夕之功,它需要长时间的甚至几代人的努力,其中就包括今天的诸位,将来都要为我们新中国的新制度做出自己的贡献。为此我才要把我们的历史做一个回顾,知道我们历史上有过哪些成就,走过哪些弯路,又有哪些谬误是我们现在需要避免的。这才是我出来讲史的一个真实的意图,这也就是我的历史观。

当然这里面的内容是很多的。由于各方面的原因,今天只能说到这里,算是开个头。诸多问题,只好留待将来。不过我还是很感谢老牛先生,让我有机会把这些思考整理出来。虽然我至今不知道这位先生的真实姓名,但我真的很感谢他。

事实上,学术讨论的目的,不是比个高下,争个输赢,而是探明事理,启迪智慧。成都武侯祠有清人赵藩之"攻心联"云:"能攻心,则反侧自消,从古知兵非好战;不审势,即宽严皆误,后来治蜀要深思。"我略改数字，以为自勉，并与诸君共勉：

能攻心，则反侧自消，从古知书非好辩；

不审势，即褒贬皆误，后来治学要深思。

后　记

　　本书是根据我在中央电视台《百家讲坛》栏目所做《品三国》的讲稿重新改写整理而成的,不少地方与播出版并不完全一样。主要原因,是电视节目有自己的特殊要求,其中之一就是时间,必须一分不多,一分不少。主讲人只能"削足适履",真是奇难无比。书稿就不一样了。某些说不清、没说清,或者因为时长缘故忍痛割爱的,都有了交代。另外,原文和出处,也都注明,以便读者查找核对。

　　改动比较大的是原来的第一集《大江东去》,现在改为"开场白",内容也变了许多。因为这一集播出后,听到一些意见。这些意见我虽然并不完全赞同,但觉得也有道理,就进行了调整,而且重新录制。以后大家看到的重播,还有中国国际电视总公司出版的光盘,都是新的版本。其中,争议较大的"空城计"和"攻心联"问题,已从节目中删除,不过都会有交代。"空城计"的问题,请看本书附录《心平气和说空城》一文。"攻心联"的问题更复杂,只好以后再说,而且肯定会说清楚。

　　本书得以出版,首先要感谢中央电视台《百家讲坛》栏目提供的机会,其次要感谢中国国际电视总公司和上海文艺出版社全体同仁。当然,最应该感谢的,还是一直支持我的热心观众。没有他们,就没有本书。为此,我与《百家讲坛》栏目组一起特别录制了一期节目,由中国国际电视总公司制作成光盘,由上海文艺出版社附在书后。这期节目不播出,不上网,不零售,专为本书读者而作,以表示"特别的爱献给特别的你"。

　　此记。

易中天

2006 年 6 月 18 日于厦门